重尋
南懷瑾 的隱士之路

Rediscovering Master Nan Huaijin's Hermit Legacy

吳瓊垺———著

隱士思想，歷來佔據傳統文化精神最崇高、最重要的地位，只是它如隱士的形態一樣，一向採取「遁世不見知而悶」的隱逸方式，所以被大家輕易忽略，而容易忘記。如果強調一點來說，隱士思想，與歷史上的隱士們，實際上，便是操持中國文化的幕後主要角色。

　　至於講到道家的學術思想，更與隱士思想，不可分離。與其說道家淵源於黃、老，或老、莊，毋寧說道家淵源於隱士思想，演變為老、莊，或黃、老，更為恰當。

──南懷瑾《禪宗與道家》

目錄

序　章
只緣避跡出鄉邦

　　「南和尚跑了！」

　　1985 年（民國 74 年）7 月 5 日，在臺灣生活了三十六年的國學大師南懷瑾先生離臺赴美。當時已風燭殘年的蔣經國總統據報，曾說了上述這句話，頗有「不無遺憾」的感喟。

　　南懷瑾「去國」出走，其實情非得已。多年後，他向一位故人之子提到當年「告別臺灣」之舉，說他「不想給蔣經國一個心理負擔，走吧！本來不想出國，後來到了美國。」1988 年 1 月 13 日中午，蔣經國遽然逝世，十七天後，也就是同年 1 月 31 日，暫居美國華府將近三十個月的南懷瑾突然轉到香港，在他一名比利時外交官弟子位於香港半山的白加道 22 號寓所落腳。

告別臺灣

　　南懷瑾「告別臺灣」與蔣經國有何干係？何以年近七旬的有道之士此時必須「出走番邦以避地」？何況他的避地出走時機，又在震撼臺灣的「江南奇案」和「十信風暴」之後，這樁歷史公案又意味著什麼？儘管蔣經國指「他（南懷瑾）變成臺灣新的政學系領袖」，是南懷瑾出

走美國的直接導火索，他自己私下也喟嘆係「盛名之下，難以久居」；惟其背後的「微言大義」，似更有可觀之處，亦不無隱含著牽動國共兩黨的互動，以及觸發海峽兩岸關係歷史性變化以迄於今的脈絡可循。畢竟南懷瑾也說過，自己是「對兩黨都有交情的人士」之一。

在離臺赴美途中，南懷瑾以《首途赴美》為題賦詩，道出了當時他出走異邦的複雜心跡。這首詩說：

> 不是乘風歸去也，只緣避跡出鄉邦。
> 江山故國情無限，始信尼山輸楚狂。

南懷瑾平日嘗言，「我一輩子不想出國（定居）的，對外國有一種中國文化、中國人的精神，從小到現在都是如此。」此番赴美當然不是蘇東坡的「我欲乘風歸去」，回歸他來時的故土，只不過是不得已的避世避地之舉。離開自己國家的土地，心裡不是味道，對於臺灣這個故國江山，懷著依依之情。此時他才徹底相信這位道家、裝瘋的「楚狂」陸接輿對著孔子歌唱「鳳兮之歌」的深意，才明白孔子不如這個楚國狂人。

然而臺灣畢竟是他的「第二故鄉」，較諸 1949 年抵臺時年僅三十一歲的青壯時期，此後南懷瑾在臺灣生活的三十六個年頭，卻是他上半輩子生命旅程中的另一個高潮，是他將學問修養同世間法連結，起而行願的重要階段之一，使後殖民臺灣的中國傳統文化薪火，不絕如縷，生

生不息。

南懷瑾看中國歷史，漢、唐、宋、元、明、清，開基立業的鼎盛時期，都是由三玄之學出來用世。而且在中國歷史文化上，有一個不易的法則，每當時代變亂到了極點，無可救藥時，出來「撥亂反正」的，都是道家人物。對於這些人物的一貫作風──「功成，名遂，身退，天之道也。」──幫助人家打天下，成功之後，自己飄然而退，非常瀟灑，南懷瑾是推崇備至的。

1970年代他公開講演《論語》，轟動臺灣，在電視、報紙乃至國民黨中央都有熱烈的迴響，講記經專人整理後，乃有《論語別裁》述著的出版。他在書中闡述道家人物的隱士路線與歷史文化時指出：「中國一般知識分子中，走隱士路線的人並不是不關心國家天下大事，而是非常關心，也許可以說關心得太過了，往往把自己站開了，而站開並不是不管。」又說：「中國的隱士，每一個對於現實的政治社會，都有絕對的關聯，不過所採取的方法，始終是從旁幫助人，自己卻不想站到中間去，或者幫助他的朋友，幫助他的學生，幫助別人成功，自己始終不站出來。在中國過去的每一個開創的時代中間，看到很多這樣的人。」以上這些見解，頗有「夫子自道」的況味，其實從南懷瑾一輩子立身處世的作風和行述來看，也是如此。

生於憂患

1918年3月，南懷瑾生於浙江溫州的樂清縣，從六歲

開蒙入讀私塾，十一歲插班新制小學就讀一年畢業，再到十七歲結婚生子，他幾乎在家自學諸子百家，十三歲就點讀《綱鑑易知錄》三次，奠定他的歷史文化古文功底。他的父親是老家當地店鋪的小商人，一再要他習藝做生意，南懷瑾一點興趣也沒有。當時國內提倡「強身救國」，各省市紛紛創立武術學校，南懷瑾經親友介紹於 1935 年到杭州入學浙江省國術館，兩年後以第一名成績畢業，並取得浙江省學生集訓總隊武術教練的教席，這是抗戰前的青年南懷瑾。

在國術館習武，幾十位各種武林門派的老師來自江湖社會，南懷瑾既習武藝，也學江湖。他不僅有機會出入西湖畔孤山的文瀾閣藏書樓閱讀《四庫全書》，更因結識國術館附近閒地庵（民國報界巨擘史量才家廟）的出家人，後者向他學習武術，因而得以進入西湖邊史量才的別墅「秋水山莊」，蒐讀典藏的道家祕本，所獲頗豐。

七七事變前夕，為了尋師訪道，親近高明，南懷瑾由杭州經武漢赴四川成都，入川前後九年開啟他新的生命旅程。頭兩年，南懷瑾年少以來「尋仙訪道」的興趣未減，更有「躍馬拭吳鉤」、「做天下第一人」的英雄志向，遂獨闖川康滇之間的大小涼山，創立「大小涼山墾殖公司」，自任總經理兼自衛團總指揮，名義上是準備開發這個地區，實際上卻是一支統有近萬人的、獨立的、鬆散的武裝力量，當時國民黨中央政府亟需組織各種人力、物力和兵力共同抗日，但這支隊伍裡有四川一批前清遺少，

以及不得意的軍官、失意政客、土匪和流亡的青少年學生，這些人跟中央政府又格格不入，大有距離，形成了西南邊區特殊的自給自足獨立王國。南懷瑾二十多歲就當起司令官，留起鬍子權充四十幾歲的中年人，自號「北漢王」，好不威風！後來這支武力曾被報紙披露，也一度引起四川地方軍閥誤以為是中央派來整合川軍打前戰的部隊，正思討滅，哪裡知道南懷瑾實際只是個光桿司令，下統一班烏合之眾。當時國民黨在四川有兩個祕密組織，一個是康澤（「藍衣社」的創社人，蔣中正的十三太保之一）領導的軍事委員會別動隊，一個是軍事委員會蔣委員長直轄的參謀團，而這兩個組織也搞不清楚南懷瑾領軍的這個「墾殖公司」葫蘆裡賣什麼藥？此時南懷瑾似已身陷孤危之地，他臨淵履冰，自忖此路不可為，於是主動放棄「兵權」，留書掛印而去。後來一度生活困頓，顛沛流離。

當時有人建議南懷瑾去找同鄉張沖（淮南），謂此人現任軍事委員會辦公廳顧問處處長（中將銜），蔣委員長對他倚畀甚深，言聽計從，最好設法跟他聯絡。南懷瑾一聽，想起了這個人，而且還有點淵源。南懷瑾回憶，張沖比他大十幾歲，在國民黨當官、榮耀鄉里時，他只有十二、三歲，記得張沖帶著俄國太太回鄉時，鄉人還去看熱鬧。南懷瑾十一歲進樂清第一高等小學時，只讀一年能背榜畢業，就是張沖此前的岳父高性樸先生鼎力舉薦的結果。南懷瑾說，他從小受私塾教育，數學、英語都不會，

那時高小課程等於初中的一半，能進入高小並畢業，在當時是不簡單的事。南懷瑾曾說，他曉得西安事變裡頭很多零碎的故事，此事與他的兩個樂清小同鄉有關，一個是高宗武（時任外交部亞洲司司長），另一位是張沖。而張沖「這個人很奇怪，他是國民黨，但和共產黨關係非常密切，與張學良關係也很密切。西安事變奔走最有力的是他，那個時候他地位不高，蔣也知道周恩來跟他很好，他在中間奔走。」

1939 年秋天，正當墾殖公司處境尷尬的情況下，南懷瑾為找一個憑藉，試著寫一封信投到「重慶，軍事委員會顧問辦事處」，一週後獲得張沖回信，邀他到重慶談談，南懷瑾喜出望外，心想「灰暗的天幕終於露出一線曙光」。在日機狂轟濫炸之下，重慶到處斷垣殘壁。一天傍晚，南懷瑾找到張沖的家，在女傭通報後，張沖出來迎接，拉著他的手，用家鄉土話叫他「童子瘺」（溫州人罵小孩的話，相當於北方的「小鬼」和上海話的「小赤佬」）。南懷瑾說，用這種稱呼，反而增加了親近感。他們談得很得意，張沖留他吃飯，鼓勵他放膽去做。後來，南懷瑾前後到過他家七、八次，當談起中央對他的「公司」有所懷疑時，張沖叫南懷瑾不必擔心，說戴雨農（笠）同他很熟，「你去看戴雨農，我也會同他打招呼」。為了墾殖公司的事，南懷瑾多次去找張沖，雖然對公司的發展沒有多大的幫助，但張沖對他的鼓勵以及告訴他一些個人的經歷，卻令南懷瑾永世難忘。張鼓勵

南：「我看你這個人其志不小。放膽去做，你怕什麼？我三十二歲當中央委員，上過三次斷頭台（指他在哈爾濱讀書身兼中國國民黨特派員的黨務工作，因反張作霖被捕下獄的事）。當今世界四大領袖，我見過三位，蘇聯史達林，德國希特勒，義大利墨索里尼。我們家鄉出來的人，都是有大氣派的。你我都是不平常。」

南懷瑾與張沖的交往雖然短暫，但張沖對他的鼓勵以及告訴他一些的個人經驗，卻令南懷瑾「永世難忘」，晚年更與張沖家族有「三代因緣」，歷史似非偶然。

1940 年南懷瑾在張沖的引介下進到成都中央軍校學習，後又擔任軍校政治指導員兼軍官團武術教官，因此結識不少黨政軍圈子裡的朋友，不論年齡大小、官階高低，大家都稱呼這位二十幾歲的年輕人為「南教官」。

在成都中央軍校不到兩年的日子裡，每逢假日，「南教官」總是外出參賢訪道。軍校後門可通「文殊院」，該寺廟是中國佛教禪宗四大修持場所之一，有成百上千的和尚，平日南懷瑾得空就與院內僧眾往來，甚至隨意出入僧房，他在營房、僧房之間，出入自得。

那時四川灌縣（今都江堰市）的青城山旁有一座靈巖山，山中有個小廟「靈巖寺」，住了一批名人學者，如馮友蘭、郭本道、李源澄、錢穆、王恩洋、蒙文通、謝无量等人，「南教官」常利用假日上山盤桓，遂與他們成了好友，也閱讀了郭本道（燕京大學教授）為防範日本人毀損而從北平搬來的整部線裝《道藏》。馮友蘭在山上住

了三個月，看了《五燈會元》、《傳燈錄》，下山就寫了
《新原人》一書，轟動重慶、成都整個大後方。彼時靈巖
寺名副其實成了戰時華西的文化中心。臨近地區著名的還
有嘉定樂山的烏尤寺，係由儒宗禪學大師，也是南懷瑾尊
敬的前輩和忘年交馬一浮先生主辦的「復性書院」，南曾
一度拜訪馬一浮而懇談禪學，後來譽其為當代「詩學翹
楚」；以及佛學大師歐陽竟無先生在江津開辦的「支那內
學院」。中共創黨人之一的陳獨秀此時也在江津閒居，據
聞蔣委員長曾送生活費照顧他，但他未受，而當時他已很
衰老了。

在山上，南懷瑾是最年輕的一個，可是很受大家注
意。晚年他回憶，「未曾成佛先結緣」，這是他的緣，人
緣、法緣更是他多生累劫修行得來的。靈巖寺住持傳西法
師是歐陽竟無的弟子，而被傳西法師譽為「四川第一禪
德」的袁煥仙大居士，當時也在寺中閉關，後來成為南懷
瑾的老師。

南懷瑾自述，二十六歲（1943 年）那年他明白了從
「內聖」到「外用」的道理，此時又遇見了他的老師袁煥
仙先生，「一切都改變了，英雄事業一齊放掉了」，他
所謂的「英雄事業」，就是以槍桿打天下，爭做天下第
一人，例如早前他在涼山的墾殖武力一樣。那年冬天，
他參與創立「維摩精舍」，成為袁煥仙大居士的首座弟
子，同門都喚他「大師兄」。為了求證前述他已想明白的
道理，南懷瑾接著又用三年的時間到峨嵋山閉關，一方

面融通學理，一方面真實求證。這三年當中，他讀到了《大藏經》、《永樂大典》、《四部備要》，融通學理，真實求證，更為精進。他也提到自己是「根本智」、「無師智」，提起即用，放下便休的說法。他指出「儒家說聖人即是大人，所謂：『大人者，與天地合其德，與日月合其明，與四時合其序，與鬼神合其吉凶。』」「記得我在靈巖山下來後，師友皆說我明白了此事。我自己也覺得對了。……凡是什麼新舊學問，疑難雜症，不懂的，到了心中，只要一念回光，什麼都眾流歸元，都懂了。如石頭投到大海中，連個波紋都不見，提起即用，放下便休……。」

抗戰和內戰時期，帶來中國現代史上的兩次「政治大遷徙」，南懷瑾都碰上了。處在這個歷史的變亂時代，他說「一個戰亂把全國了不起的人都集中在一起了，平常理想中要見的人，都碰上了。」後來到了臺灣，當時共產黨說，把全國的地痞、流氓、惡霸、劣紳都趕到臺灣了；但也有人說，把這些民國的菁英分子都趕到臺灣來了，他也都碰到了。

南懷瑾的一生與百年中國動亂相連，他以「生於憂患，死於憂患」八個字回顧自己的一生。檢視他的傳奇人生，除了天賦又有這種機緣，世間少有，且在和平歲月更不可能。

南懷瑾經常笑自己，一輩子對黨、政、軍，作官、做生意，統統「買票不進場」，自己也沒有參與，但都有

關聯。南懷瑾似乎把政治看成一場戲，依其個性「不買票，看不清裡頭演什麼戲；進場了，怕參與進去戲演不好。」

細數南懷瑾這一輩子「買票不進場」的經歷，或他接觸、應處的著名事件人物、當權高官，包括蔣中正、蔣經國父子及其一眾文臣武將、李登輝，甚至中國大陸的江澤民、楊尚昆、汪道涵等國共兩黨人士之中，他都站在一個文化意識和道統的高度相交往，始終保持「買票不進場」的一貫態度。

此生不上如來座

雖然如此，南懷瑾卻不是消極逃避的。他秉持道家的情懷、儒家「內聖外王」的用世精神和佛家「香象過河，截斷眾流」的修為，特別是傳承上古時代的儒道思想文化，他是積極看待的。他所謂道家的隱士思想，「明知時代不能挽救的時候，他們站開了，但不是消極的逃避，等於保留了文化的精神，培養後一代，等待下一代。」這正是他要走的「第三種士」的隱士路線。南懷瑾著有《禪宗與道家》一書，他在〈隱士思想與道家〉章節中指出，「隱士思想，歷來佔據傳統文化最崇高、最重要的地位，只是它如隱士的形態一樣，一向採取『遁世不見知而無悶』的隱逸方式，所以被大家輕易忽略，而容易忘記。……隱士思想，與歷史上的隱士們，實際上，便是操持中國文化的幕後主要角色。」

　　南懷瑾在閉關出關前後，知道抗戰就要勝利了，也曉得時勢要亂了，共產黨、國民黨之間的戰爭馬上要爆發。時代要發生問題，怎麼辦？要入世走中國文化內聖外王的路線，自己卻像一隻「孤雁」。他想起明末的詩僧蒼雪大師的名詩，「佛也此時難救世」，感覺在這個時候就是釋迦牟尼佛出來，也救不來這個社會，而此時南懷瑾還不到而立之年。「頭陀已去江湖亂，且向風波險處行」，最後他決定行世間法，把學問修養同世間法連起來，走「化民成俗」之道。

　　1947 年南懷瑾返回樂清故里省親，此行距他弱冠西行蜀地闖天下正好十年，這時世道紛亂，何處安身立命？他有一首《自題照影》詩，最能說明他此後收拾人心的志向。詩云：

　　　　不二門中有髮僧，聰明絕頂是無能。
　　　　此身不上如來座，收拾河山亦要人。

　　這首《自題照影》七言絕句，是他「浮海十年家國事」的自我剖析，也是言志的詩，除了自陳他一生要走的居士禪路線，更吐露他「收拾河山」的大悲願，此詩因此經常被用來觀照南懷瑾其人一生事功評價的視窗之一。

　　南懷瑾要收拾的河山，不僅僅是岳武穆「滿江紅」詞誓言收拾的破碎舊山河，更是要收拾人心，從根本收拾被壓迫、曲解的中國文化精神和民族尊嚴，溝通中西精華

文化，為人類指引文明新路。這是他閉關出來後明確的一個願望，而且「生生世世」都是這個願望：弘揚正法，同時一手扶持儒家，一手扶持道家，弘揚人類文化。這也是南懷瑾一生的三大願力。

南懷瑾如何踐行這個生生世世的願望？在他此後一生的行願中清楚呈現，他要走「化民成俗」的師道之路。「大丈夫不能立功於天下，不能使國家太平，只好走師道的道路。」南懷瑾強調，師道的目的就是傳統文化上的「化民成俗」，它是超然物外的，超越了做皇帝、做領袖的君道和做宰相、做好幹部的臣道，所謂「不朝天子，豈羨王侯」，皇帝也必須尊師重道。

為了上峨嵋山閉關，身為中央軍校教官的「南教官」與蔣校長也有一段小插曲。平日南懷瑾口中的「蔣老頭子」，在他心目中是名義上的老長官，見到老先生他仍要稱一聲校長。多年以後，南懷瑾一度在香港回顧臺灣政情的錄音談話中，告訴一位來自臺灣的教授弟子說：「當年進軍校是個染缸，但不管如何，我當年看到他（蔣校長），就曉得不行啦，現在更不要談啦！」

2008 年 8 月，九十高齡的南懷瑾在蘇州太湖畔講課時透露了當年這段插曲的對話情景：「我向蔣老頭子親自請假，很可怕的，等於你們怕毛澤東一樣，他那個時候對我很器重，他問我為什麼請假？因為我想要讀書去。他講了一句話，我當時站在旁邊聽了有點高興，也很好笑。『你還要去讀書？』意思是你的學問已經變好了，還

要去讀書？所以我聽了心裡很舒服，也很好笑。我說：
『是。』他說：『多久？』我說：『兩年吧』，這才勉強
批准。當然不能告訴他，我是去峨嵋山閉關學佛，那他也
許還把我痛罵一頓呢。」此後，直至蔣中正去世，未聞南
懷瑾再與他會晤，但聞有一次南懷瑾講演中國文化，蔣中
正親臨會場「垂幕聽講」，這是後話。

　　這次南懷瑾的「請假」之舉，等於實際辭去了教官
之職，全力投入他的修證之路，就某種意義而言，也算是
南懷瑾「告別」了蔣中正。此前他的私塾同門「學長」、
也是浙江小同鄉陳誠，一度推薦他擔任蔣委員長祕書，南
懷瑾婉拒未受。

　　講到歷史哲學，南懷瑾說，假若抗戰勝利後，蔣委
員長在中國乃至國際上他個人聲望處於頂峰之際，不管國
民黨、共產黨或其他什麼黨，而能飄然引退，交出權力，
下台一鞠躬，那也真是千古一人，不得了的。可是蔣偏偏
想在自己手裡完成國家的統一，建立一個新的國家，結果
犯了兩句古話：「力小而任重，志大而才疏」，不論北伐
或抗戰，他都沒有實現完全統一中國的願望。事實上，南
懷瑾內心對蔣中正早有看法，1975 年蔣病逝於臺北時，
他私下就寫了一副從未公開發表的輓聯，此聯應和了前述
那兩句古話。曰：

　　　　　留得賸水殘山，最難料理。
　　　　　際此狂風暴雨，正好收場！

　　蔣中正喊了二十五年的「反攻大陸」，死守臺灣這個島嶼的「賸水殘山」，最後遭逢「狂風暴雨」，被逐出聯合國中國代表權席次，與國邦交潰散，莫說他的黃埔子弟，連他的兒子接班人蔣經國，也都不信「反攻大陸」能行，而有「革新保臺」，苦撐待變，走向割據一方的歷史殘局。

走「第三種士」路線

　　在時代變亂的面前，南懷瑾下決心走師道的道路、隱士的路線。幾十年來在臺灣以及晚年回歸故國的講學、講演中，他在這條收拾人心的大道上，經常要提起歷史上的兩位通儒大家，一位是隋朝大儒「文中子」王通，一位是北宋名臣「文正公」范仲淹。南懷瑾對他們兩位在中國文化教育史上的大功績，讚揚備至。

　　講到教育，南懷瑾「深深佩服文中子」。「文中子」是王通的謚號，唐代開國元勳房玄齡、虞世南、杜如晦、魏徵、李靖等人，都是王通培養出來的。南懷瑾指出，王通開始本想出來作帝王打天下，後來也同他的觀念想法一樣，走隱士的路線，不打天下，不作英雄，到河西講學、辦書院培養青年人。其實「文中子」的謚號不是君王封給他的，是他這些朝中大臣的學生私下對他的尊稱。

　　文中子自比為當代孔子，歷史有名的「自比尼山」的故事，指的就是王通。南懷瑾高度評價王通的事功，認為「也許文中子比孔子幸運，因為孔子培養了三千弟子，

結果沒有看到一個人在功業上的成就，而文中子在幾年中培養了後一代的年輕人，開創了唐代的國運與文化。」是繼孔子之後，在隋、唐之間承先啟後，教育事業成功的一個典範人物。

至於范仲淹，南懷瑾更讚譽他在中國文化教育史上的大功績，是「不可與理學家混為一談」的一個大儒、通儒。范仲淹是由宋代建國之初的名相晏殊極力提拔，自學成才的窮苦孤兒，而晏、范兩人又特別提倡平民辦書院的風氣，民間講學之風由此大開。南懷瑾強調，范仲淹影響所及，培養出名臣良相，有寇準、富弼、文彥博等，而史稱關、洛、濂、閩諸大儒理學家的發跡，也幾乎都和范仲淹有關，與私人講學的書院傳統更是息息相關。

南懷瑾特別看重一個讀書人成就事功的精神，他說范仲淹可算是千古讀書人的榜樣。大家都讀過范仲淹在〈岳陽樓記〉中的名句「先天下之憂而憂，後天下之樂而樂」，也知道他是宋代事功顯赫的人物，卻不知他在中國文化教育史上的大功績。例如青年時期張橫渠到西北邊疆投軍，見到范仲淹，范仲淹勸他應當好好讀書，成才報國，並隨手抓了一本《中庸》送給他。張橫渠便拿著《中庸》回去好好研讀，後來成為一代名儒，並有四句名言聲震千古，流傳後世，此即「為天地立心，為生民立命，為往聖繼絕學，為萬世開太平。」這四句話影響後世天下讀書人的三觀，自然也是南懷瑾收拾人心的初衷，這是他一生致力的「第三種士」，即自外於「學而優則仕」、「賣

給資本家」或做個「教書匠」的路線，走上培育「新人」的隱士道路。

　　南懷瑾「化民成俗」的教化，經常是「應機教化」，自己從不強求，既不求官，也不求功名富貴。他不是一般意義的學者，自己則定位為「學人」，向一切人學習。他說書多讀有用，但書讀多而不知變化運用之妙，反而有害；又說一個壞人學問越好，做壞事的本事越大，「學足以濟其奸」。他尤其看不起宋明學理中那種「平時靜坐談心性，臨危一死報君王」的理學家。

勤轉法輪扶輪

　　南懷瑾推崇王通、范仲淹，不僅肯定他們內在的修為，更看重他們在時代的轉折中，推動歷史車輪前進的功績；而佛家所謂「轉輪聖王」的事業，正是南懷瑾一輩子勤轉法輪也勤轉扶輪的寫照。

　　此外，南懷瑾總結歷史文化經驗，對春秋時期齊國的哲學家、政治家的道家人物管仲和「外示儒術，內用黃老」的清代中興名臣曾國藩，同樣有其獨到的觀照。他指出，管仲講修養比道家、儒家都早，這是中國上古的文化傳統。而《管子》一書所講的道理，那時《老子》、《莊子》都還沒有出來，比孔子也早了一百多年，這是中國文化傳統的根。南懷瑾主張「講治世之道不要先研究儒家、道家，要先研究《管子》。」他並強調，中國的國家體制，由周朝開始封建共和，土地國有，到了管仲提出「倉

廩實而知禮節，衣食足而知榮辱」，重建經濟政治體制，
以發展經濟為基礎；在那個亂世，使齊國第一個稱霸，
「一匡天下，九合諸侯」，孔子很佩服他，說「微管仲，
吾其被髮左衽矣。」

南懷瑾指出，西方文化思想，17 世紀以後認為解決
一個國家乃至人類的問題，非靠經濟不可，以經濟來解決
政治。中國幾千年文化剛好相反，經濟擺第二位，有好的
政治，經濟自然好。他說，管仲提倡的是政治、文化領
先，不是經濟領先，「倉廩實、衣食足」只是手段。譬如
管仲的名言「禮義廉恥，國之四維，四維不張，國乃滅
亡」，文化沒建立好，國家就很危險了。

1990 年，中國大陸一位研究曾國藩檔案的專家唐浩
明，窮八年之力創作了一部長篇歷史小說《曾國藩》，轟
動大陸官場士林、商界軍營乃至市井百姓，點燃一場為時
十餘年的「曾國藩熱」。南懷瑾推薦給他周圍往來的各界
朋友，連帶也推高了兩岸及華人世界閱讀界的熱議。

這部小說主題敘述了 1850 年代以來二十年的晚清內
戰──太平天國之亂，和曾國藩以一介書生力挽狂瀾，扶
大清於將傾的事功表現及其深諳老莊思想運用之妙。20
世紀百年來的中國人民自救運動帶給人民的苦難，在根
本上與晚清太平天國之亂，沒有兩樣，都是思想文化的
問題。

太平天國之亂距離清廷政權垮台不過六十年，距離
1949 年國共內戰告一段落也不及百年，作者雖然在這場

戰爭的現場，以他自己親兄弟（他的父親唐振楚，曾任蔣
中正祕書，哥哥唐翼明是魏晉文學研究者）分隔兩岸的歷
史經驗，「安排」了一幕「兄弟對陣，各為其主」的情
節，亦不失為歷史的「現實」，映照出華夏大地百年來的
戰亂割據，骨子裡不過是「兄弟鬩牆」，爭食家產而已。

　　南懷瑾舉出曾國藩給他弟弟國荃的一首「示警」
詩，說明曾國藩深切瞭解老莊思想，靈活運用老莊之道。
詩云：

　　　　左列鐘銘右謗書，人間隨處有乘除；
　　　　低頭一拜屠羊說，萬事浮雲過太虛。

　　曾國藩引《莊子》書中的屠羊說這位屠戶隱士，當
年與楚昭王一起逃難出奔的典故。後來楚昭王復國成功，
再三再四敦請屠羊說出來作官，屠就是不肯。南懷瑾指此
舉就是「功成、名遂、身退，天之道也」的老莊精神，正
是最有學問的人。

　　南懷瑾解讀，曾國藩知道當時客觀的環境對他的危
險性非常大，不僅上面那位老太太——慈禧太后非常厲
害，難伺候之至，自己不能不居高思危；何況外面批評
他，講他壞話的人也很多。尤其是曾國荃打進南京天朝王
宮搜刮的許多金銀財寶都成了他的戰利品，這件事連曾國
藩的至交好友王湘綺（王闓運）也把曾氏兄弟的壞處寫進
《湘軍志》，這讓曾氏兄弟很難過，曾國荃的修養到底不

如哥哥。

　　甚至還有一些重要幹部受不了外來批評，進言打到北京，把天下拿過來，更有人把這意見寫上條陳，曾國藩看見了，對那人說：「你太辛苦了，疲累了，先去睡一下。」打發那人走後，將字條吞到腹中，連撕碎丟入紙簍都不敢，以保全自己的性命。

　　此外，曾國藩對他自己訓練出來的子弟兵已成「驕兵悍將」，心知肚明。所以又教他的學生李鴻章趕快訓練「淮軍」來接他的手，沖淡湘軍的自滿驕橫。南懷瑾直言，如果曾國荃一時衝動，半壁江山已在手上，似乎進一步就可以拿下大好江山。但是真的拿不拿得下來呢？亦自有拿不下來的道理。

　　明朝平宸濠之亂的王陽明，清朝打敗太平天國的曾國藩，都是精通、擅用老莊之學，也都是「內用黃老，外示儒術」的作風。南懷瑾特別強調：「如果把他們打入儒家，認為他們只知道在那裡講講理學，打打坐而已，這種看法，不是欺人，便是自欺，否則，便真的要『悔讀南華莊子文』了！」

　　南懷瑾一生行跡奇特，常情莫測；四處奔波，化育無數。二十歲出道，西行入蜀地十年，修證得法；在新舊文化更替，時局動亂之際，誓願入世走中國文化內聖外王之路。三十一歲隻身入臺行願三十六年，弘揚正法，保衛民族文化；又逢國際風雲變幻，臺灣危疑震撼，浮言四起，難以久居，乃離臺赴美避地暫居。晚年回歸故里，闢建

「太湖大學堂」，講學不輟；實驗文武合一、古今合一、中外合一的基礎教育，培育幼苗，振興傳統文化，一生教化功德，收拾人心，在在印證踐行他自己所說的中國幾千年歷史的「不易法則」；而他一生奉行「買票不進場」，「依乎中庸，遁世不見知而不悔」，化民成俗，做「第三種士」的隱士精神，終將載入史冊。

第一章
彩雲飛過海東頭

　　1949 年 2 月 28 日，也是 2 月的最後一天，南懷瑾從上海乘船抵達臺灣基隆港，這次行程看似匆匆，卻又不同於當年數十萬逃難者急如「驚弓之鳥」般的倉皇出走，面對時代的變局，他自有一番見解。

　　此前一年，南懷瑾曾短暫到過臺灣三個月，他眼中的臺灣是：自來水、電力和馬路等基礎建設感覺不錯，甚至驚奇；認為社會秩序也較好，但見滿街的木屐拖鞋，少見鞋襪，老百姓的生活很窮。他曾留下《初遊臺灣雜詠》六首詩，對於國內政局有如駭浪滔天，傷時感事；對於中原蒼生命運多舛，日夜縈懷，自是「遠客孤懷言不得，中原涕淚有蒼生。」

　　南懷瑾首次臺灣之行，似乎乏善可陳。到了臺灣，他一句閩南話也聽不懂，當時從南京帶來的行李中，有很多佛像、佛經，打算碰到合適的朋友就送，希望讓佛經有機會留存臺灣，但事與願違，在基隆的旅館住了三個月之後，他又把佛經帶了回去。

巡禮故國山河

　　臺灣旅次歸來之後，南懷瑾曾到江西廬山天池寺短

期閉關，稍後寄居杭州靈峰，並在杭州武林佛學院授課，再閱文瀾閣《四庫全書》等藏書。說到此番到廬山，乃十年中南懷瑾第二度到此客居，但他的心情卻是「每過江西一惆悵，禪門寥落道門衰」，蓋因唐、宋時期，贛、湘之地原是禪宗、道家發祥之地，而今眼見佛、道兩教於亂世中寂寥清冷，因而想到國運日蹙，民生愁苦，不禁悲從中來。

南懷瑾也到了南昌的百花洲，此地在抗戰前就是國民政府軍事委員會委員長蔣中正的「剿匪行營」所在，統領江南五省的剿匪總部，時人稱之為中華民國的「第二首都」。1934 年，蔣中正與宋美齡曾在此地發起「新生活運動」。南懷瑾寫下「零落殘紅似舊遊」、「黃菊凋殘人影瘦」的詩句，慨嘆人世滄桑，如夢似幻，變化無常，慨而傷之。

他在出關之際，重遊舊地，頗有巡禮故國山河，作最後的告別之意。斯時離開大陸的去意已堅，但他仍反覆思忖，前途未卜，後會何期，對這片土地眷戀既深，內心難免煎熬。

在離開大陸前夕，南懷瑾還辦妥了一件「不可能的任務」，為大陸內地佛教界的「未來」，保留了薪火相傳的可能。

著名的佛學教育家，也是杭州武林佛學院的創辦人巨贊法師，曾與虛雲老和尚和陳銘樞居士聯絡，誓願留在大陸為佛教盡力，保護佛教；因此被國民黨特務機關列入

刺殺的黑名單，罪名是「通共」。巨贊向南懷瑾求救，說他為保護佛教，願意留在大陸；南懷瑾認為保護佛教立意很好，決定要救巨贊一命。為此，他立刻動身到南京跑一趟，向保密局的朋友商量「槍下留人」。

南懷瑾在四川與軍統頭子戴笠早有交情，後者在1946年墜機身亡後，軍統改編為「保密局」，由鄭介民主事，南懷瑾與鄭介民手下的人還能說上話。他說，「這個和尚不要殺，請手下留情，放巨贊一條命；巨贊同共產黨搭上手，是要保護佛教，其實，你們最好也去同共產黨搭個手。」在鄭介民下屬口頭答應不殺巨贊後，南懷瑾仍不放心，還要對方寫一張條子，拿回去，讓巨贊自己交給保密局杭州站站長。此事經南懷瑾一陣奔波，總算救回巨贊一條命。

當時南懷瑾在巨贊主持的杭州武林佛學院教課，而巨贊在佛學院的教學主張，要求學生不僅要勤讀佛書，而且應讀文史哲學科的書，認為只有深入瞭解「世間法」，才能更深入體悟出世間的佛法，同時他也鼓勵學生關心國家大事，經常閱讀報紙新聞。他的這些主張都與南懷瑾對學生的學習修證方式，不謀而合。

巨贊年長南懷瑾十歲，據「百度百科」的介紹，他年輕時曾入南京支那內學院，依宜黃大師歐陽竟無研究深造，刻苦勵學，閱讀佛經數千卷，寫下上百萬言的讀書筆記。博通三藏，對先秦諸子、宋明理學乃至科學哲學，莫不涉獵，而且通達英、日、德、俄諸國文字，晚年猶孜孜

不倦勤學法文。中共建政後，巨贊曾長期擔任中國佛教副會長，也是在 1949 年 10 月 1 日出席中共天安門「開國大典」的宗教界人士，此前亦參與當年 9 月的中共首屆政治協商會議。

南懷瑾慨嘆動盪不安的亂世劫難，是真正妨礙修持佛法的邪魔。他從自己年少的「英雄夢」，是做世間的英雄，還是要當出世的菩薩，時光荏苒，兩邊都已耽誤，後悔此番重來人世，遺恨多多。從世間塵劫未有之前的「威音王」前世，到如今涉足的塵世國土，誰說只有紅顏情女，才是修持道業的業障天魔？藉由浮海去臺灣前夕，告別巨贊法師，南懷瑾賦詩敘說與巨贊的別情及此生之遺恨：

> 英雄菩薩兩蹉跎，卻悔重來恨轉多。
> 欲起威音話塵剎，誰云紅粉是天魔。

南懷瑾搶救巨贊時，還有個小插曲。他從杭州動身坐火車到南京，身上帶了一本部長級通用的「紅護照」，不必買票可坐頭等座，由國家付帳。上了火車，滿車人擠人，他只好站到廁所去，站到很疲累時，看到兩個軍人的行李有一個是木頭箱子，想坐一下，剛挨到屁股一坐，就被那個軍人開罵了。南懷瑾身穿長袍，邊說對不起，慢慢站起來跟對方溝通，對方一直斜眼看著他，越斜著眼睛看，南懷瑾就越勾搭他。

　　南懷瑾說：「你好像是軍校學生一樣。」對方答：「是啊！我是十五期的。」南又說：「我說你們十四、五期，我都在那裡講課。」「啊！教官！請坐。」南說：「不坐了，南京到了。你們現在到哪裡啊！」對方答：「現在到哪裡你還不知道嗎？抗戰勝利了，他們裁軍不要我們了。」「此處不留人，自有留人處，處處不留人，爺爺上八路。」南懷瑾說：「你們這不算是投共吧？」對方答：「現在還說什麼投不投的，反正是中國人亂搞，沒辦法。」

　　這是 1948 年南懷瑾在京、滬一帶經歷的景況。南懷瑾回憶，「東北裁了三百萬部隊都到林彪那裡去了，這三百萬還非裁不可，但裁了就參加共產黨，林彪就是這樣一下壯大了。」那個時候，國共兩黨表面上還是合作，朱德統領八路軍，是共產黨的總司令。

民國社會動亂的根源

　　此前，約莫在抗戰中期，南懷瑾在成都中央軍校擔任中校銜政治教官，曾與張治中（時任軍事委員會上將軍銜政治部部長，即後來與共產黨和談的國民黨代表）有一段強烈的對話。有一次，南懷瑾當著張治中面，率直批評中央軍事教育計畫不當，造成國家亂象，兩個人吵了起來。南懷瑾說：「我們軍校黃埔精神，是培養統帥的，培養英雄的，每年畢業萬把人，教人家革命，也是搞破壞的，萬一國家不打仗，這些人到哪裡去啊！因為一點建國

和建設的本事都沒有教。」又說：「我們培養出來那麼多的英雄統帥，這個國家一定會亂，怎麼亂法就不知道了。」當時南懷瑾算了一筆帳：全國青年參加的軍校，有七個分校，每年畢業萬把人；另外也是中央系統的步兵、砲兵、騎兵學校，加起來每年畢業起碼幾千；還有戰時的抗戰團，也屬於中央軍校分校；各地也辦學，如西北的胡宗南、葛武棨、蔣堅忍辦西北戰時幹部訓練團（戰幹團）；各軍區還自辦訓練團。此外，共產黨在延安辦有陝北公學，也是抗戰時期開辦的，再加上毛澤東又在延安辦了抗日大學（抗大）。南懷瑾強調：「我們這裡是革命大本營（指成都中央軍校），可是現在的教官，能幹的不肯幹，肯幹的不能幹，剩下的跟我一樣，既不能幹又不肯幹。」張治中聽得眼睛直瞪著「南教官」，火來了；這時南懷瑾也來火，管你階級比我大。張治中也知道蔣中正對南教官特別好，不敢跟他碰。

抗戰時期，南京民間曾流行一句話「少將滿街走，上校多如狗」，這在戰前，軍閥割據，私家武力四起，早已亂象叢生。蔣中正就曾在 1933 年某次的中央軍校總理紀念周講話時，針對這些歷史亂象指出，「我們個人的階級越高，國家的地位就越低。」及至抗戰軍興，軍隊大規模擴編，以及戰場上中低級軍官大量戰損和基於戰功人員獎勵的需要，軍官階層變動極大，舊有的「軍銜制度」又跟不上現狀的變化，以至於「銓敘軍銜」和「職務軍銜」差距日漸拉大；1949 年這些「革命軍人」到了臺灣又碰

上軍隊整編，甚至出現將校級軍官在辦理退役時，只能以銓敘軍銜而非以職務軍銜的本俸標準，領取相對差距較大的微薄退役金，生活頓時陷入困窘潦倒的悲慘境地，成為社會底層的弱勢族群，影響社會和諧至深且廣。

南懷瑾從十幾歲起就沒有過太平的日子，可以說一輩子都處在「生於憂患，死於憂患」的時代變亂之中。在抗戰勝利後的最初三年中間，全國東西南北中的戰後復員，各地出現忙著搞「五子登科」的「劫收大員」，再加上國共內戰方興未艾，又一次掀起「政治大遷徙」的浪潮。

此時的南懷瑾除了走下峨嵋山轉移地點繼續閉關，出關後不久就遠走康藏參訪密宗上師，持續求證，也不斷思考戰亂中新舊文化的變易和時代將要爆發的危機，這個時候南懷瑾還不到三十歲。出關入世，尋尋覓覓，沒有歸宿，自己卻像一隻孤單的雁，等於京劇《四郎探母》，「我好比籠中鳥，有翅難展。」南懷瑾下了峨嵋山準備轉到他處繼續閉關，當時抗戰即將勝利，但尚未結束。他路過嘉定（今四川樂山）要到烏尤寺「復性書院」參訪大儒馬一浮先生，其中有段公案值得記述。

下了峨嵋山　拜見馬一浮

馬一浮先生與另兩位先生熊十力、梁漱溟被尊稱「現代儒家三聖」。南懷瑾有一回在太湖大學堂講課時，談到他參學馬一浮先生的緣由。南懷瑾指出，全國人都很恭敬

馬一浮先生，他辦的復性書院，以儒家為主，其實他是
參禪見空的，道、儒、佛都會，很佩服他這個人，道德學
問，東西皆通。又說馬一浮先生是這一代的大儒，還是美
國留學生，懂五、六國文字。

　　南懷瑾憶述，他在一本書上讀到馬一浮的文章，謂：
百丈（懷海禪師）的「靈光獨耀，迴脫根塵，體露真常，
不拘文字，心性無染，本自圓成，但離妄緣，即如如佛」
就是佛。可是馬先生在他的《爾雅台問答》〔按，馬一浮
先生在書院講學期間答覆院內外學者的書信〕裡頭說，百
丈這是果位上的境界，果位就是悟道得道以後成佛了的境
界說法。南說：「我不同意，心裡不同意，沒有講。」南
懷瑾下了山，第一步就先到書院去。到了復性書院所在的
和尚廟——烏尤寺時，見大門緊閉，平日都從偏門出入，
他規規矩矩遞了名片，要見馬先生。等了十幾分鐘，都沒
有影子，心想算了，老先生大概年紀大了，聲望地位那麼
高，不想見我，於是準備走人。不料，剎那之際，突然聽
到門內嘩啦、嘩啦聲音，緊接著大門門栓拉開了，兩扇大
門打開，眼見馬先生出來了，穿著長袍，相貌道然，人很
矮，頭比較大；袁先生（袁煥仙先生）人很高，頭比較
小。南懷瑾當下的感想：這兩位把頭換一換，都是了不起
哦！中門打開後，也見左右各有七、八個學生列隊隨後而
出。南懷瑾回憶，「他的學生都是很有地位、很有學問，
（當時場面）好像是見那個外國的貴賓一樣。」

　　南懷瑾一見此場面，心想不得了，對方以大禮相見。

他趕緊一腿跨上門檻，在馬先生面前，準備正式頂禮跪下；而馬先生卻一把扶住他說：「久仰」，南回說：「客氣」，又說：「我是年輕人」；老先生則說：「不要客氣」並擺個「請」的手勢，完全像古禮；南懷瑾了然於心，趕快挨著主人左側。馬先生又一聲：「請坐」，右手一拿要他坐到貴賓位置，自己坐到左位。南懷瑾幼承家教，從來就懂得尊行古禮。此時他沒辦法向主人行禮，只好回椅座，就坐半個屁股，不敢全坐，以示尊敬。接著「送茶」，南懷瑾細說：「我想這個真的不得了，真細了，完全古禮一套，好在我知道。茶碗一端，他也端了一個茶碗：請。那個茶碗蓋碗到嘴邊，並沒有喝，馬上蓋好放在茶几上。」南懷瑾說完以上古禮，接著回憶他與馬一浮老先生充滿機鋒的禪宗對話，邊說邊詮釋：

南懷瑾：先生啊！（當年不叫老師，叫「先生」，很平等。不叫馬先生，加上馬姓，比較生分又疏遠近，所以直接稱呼「先生啊」。）

馬一浮：我知道，你在峨嵋山閉關三年，可是剛一出關下山嗎？（很親切）

南：對啊！我向先生這裡來參學。

馬：你不要客氣，我久仰你的大名哎。

南：我還是你的老鄉哎，都是浙江人。

馬：我也知道，你是溫州，我是杭州。（噢，都清楚）在關中三年，好吧。

南：很好，總算沒有出差錯啊！

馬：那真了不起。你準備到那裡？

南：我想到成都。

馬：以後呢？抗戰，跟日本人還在打仗呢。

南：到成都再看吧。

馬：你不要謙虛嘛，那麼客氣，什麼問題啊？

南：你書上寫的百丈禪師「靈光獨耀，迥脫根塵」不是
凡夫境界，是果上的事，有嗎？

馬：哎呀，南先生。（客氣的來了，一個重擔來了，受不
了了。你們要懂規矩做人。）

南：這個言重了！

馬：我啊，年輕的時候出了很多的書，現在想起來都後
悔，恨不得拿一把火把自己的書都燒了。（你看重重
打我一棒，就是大棒，這就是禪宗，吃棒了。他也很
謙虛，也不否定自己的話，不跟我來辯論，就把我嘴
給封掉了。）

南：哎呀！不敢，是我失禮了，不應該的。（我趕快站
起來給他行禮，頂禮，準備叩頭告辭了。）那我告辭
了。（他就站起來，我還沒有叩頭下去，他就給我扶
住了。）

馬：不行！不行！你不叩頭了，我很恭敬你。

南：告辭了。

馬：就這樣走了？

南：是啊。

馬：哎呀，太匆忙了，可惜我這裡沒有什麼好的招待。

　　（他這個書院很苦，吃的都很少，他還常常沒飯吃，吃稀飯。我口袋裡摸那個紅包準備供養，他就給我塞回來。）你剛出關，我還想供養你呢。（我就告辭了。）

（參見太湖大學堂南懷瑾授課影片）

　　南懷瑾細說他參訪馬一浮的全過程，說得那麼細密，無非要年輕人注意，這是他親自經驗的前輩風範。此前他在授課時也提到此一經驗指出，那就是《法華經》中佛說的「不輕後學」，也就是孔子所說的「後生可畏」，並不是他可畏，而是人家對後生的期待重視。

　　事實上戰後三年當中，南懷瑾都在大西南講學，也沒有急著返回故里省親。他有一首詩表達當時出關的心情：

　　　　轉身冰雪清涼界，萬水千山自在飛。
　　　　淺度危磯斜照遠，蘆花明月任高樓。

　　他說，在峨嵋山上閉關修道，冰雪清涼的世界是一念不生，達到了定力的那個境界。可是準備出關下山，面對時代變化怎麼辦？下山不碰現實政治，也不做生意，碰了現實滾進去就很難跳出來。至於出關到哪裡去？「蘆花明月任高樓」，看起來很美的詩句，實際上卻很淒涼，何去何從？時局已是危機四伏，起用實難。

　　1946 年，在四川的外省人紛紛東遷或回歸故里，或當「劫收大員」去了。曾任四川省主席的王纘緒勸南懷瑾留下來，出山作官；他的道友，曾任四川省財政廳長的甘典夔甚至把自家的百花洲別墅讓給他住，但都被南懷瑾婉謝了。他說：「梁園雖好，絕非久住之鄉。」約莫在同一時候，國民政府正在籌備制憲國民大會，「民主政治」喊得震天價響。南懷瑾有兩位朋友，一位是曾任四川大學哲學系主任的傅養恬，另一位是中央軍校教官、留蘇出身的葉道信，他們兩人因在報上發表唱和毛澤東「沁園春」的詞而被蔣中正免職。後來兩人都在成都西門外的茶館開講座，傅養恬講《大學》、《中庸》，葉道信則主講社會革命，聽講的市民反應熱烈；他們準備要組織新黨，覺得此時正是另組新黨，參與國事的大好時機，並請南懷瑾出任新黨的黨魁，認為南懷瑾年輕有為，而且具備世間和出世間的學識修養。南懷瑾聽後哈哈大笑說：「你們大家都是我的好朋友，真想把我抬到火爐上烤啊！」抗戰末期，日本覆敗僅為時間問題，最後勝利已成必得之勢，國內政治改革成為社會關注討論的焦點；抗戰勝利後，復員時期的「五子登科」現象，成了各界抨擊的目標，組織新黨話題不斷，成了政治時潮。

　　翌年，他來到昆明講學途中，以中國歷史的治亂經驗，冷眼看待這身不由己的亂世，感喟之餘，用鷓鴣天詞牌填了一闋詞：

今古英雄丑末粧，歌場舞榭少年狂。

漫遇聖域賢關外，卻笑如來苦自忙。

為底事，試思量，無端飛渡水雲鄉。

晴空萬里昆明海，回首巴山天那方。

南懷瑾年少以來與動亂的中國一起成長，所以他看待歷代平天下的英雄，如漢高祖、唐太宗、朱元璋這些人物，都是唱戲的粉末花臉。他「自認為聖人境界、菩薩境界都摸過了一下，不敢說完全到了，（但）有經驗了。」卻笑如來佛還要度盡一切眾生，到底度了誰啊！他飛到了昆明，回頭再看四川，曾經住了九年，現在已在天的那一邊了，那時他「那個心境是很難受、很矛盾的。」

1947 年底農曆春節前，南懷瑾從昆明赴上海轉溫州，回到了闊別十年的樂清老家，這是他離開家鄉後第二次回家，也是他一生中最後一次回家，與雙親最後的團聚。

深夜父子床邊對話

返家省親期間，南懷瑾倡議族人修訂了《南氏家譜》，當時溫州還未聞內戰的槍聲，但消息傳聞不斷。南懷瑾回憶：「回去的那天晚上，我跟父親睡在一張床上。到了半夜，父親翻來覆去睡不著，忍不住問我：『如今天下大勢究竟如何？』我說：『共產黨一定會坐天下。』父親當場大驚，抓住我的手緊張地問：『你是不是共產黨？』我給

父親說：『我是你兒子，我要是共產黨，我會告訴你的。但如今也不管國民黨的事，兩面都不管。』父親又問：『既然如此，你為什麼認為共產黨一定會坐天下呢？』我說：『大勢所趨，理由很多，一言難盡。』」此時距離溫州「解放」，還有一年多。

這一幕父子深夜的「床邊對話」，道盡了南懷瑾一家在時代巨變下的離亂之苦。此前的戰爭歲月，南父全無兒子的半點音訊，以為這個獨子已歿於戰場；抗戰勝利後又因接獲一幀寄自政府有關部門由蔣中正落款「懷瑾同志惠存」的玉照，而燃起重逢的希望；如今聞聽這個有如「晴天霹靂」的天下大勢，怎能不令他老人家傷懷憂心？

南懷瑾向父親表明心跡，這次回家，是想帶全家人一起走。父親長嘆一口氣說：「我素來是不喜歡出門的，外面語言也不通，就留在家裡聽天由命吧。」父親問起南懷瑾：「你打算上哪兒呢？」他回說：「有三個地方可以去，臺灣、香港，或新加坡。」

後來，南懷瑾父親催著他：「既然要走，那就馬上走，不要在家裡待了，很危險！」就把他送走了。1948 年春，再度離家後，南懷瑾來到上海佛教醫院的空病房暫住，再到臺灣待了三個月後旋又回到杭州，歸隱於中印庵。翌年，他隻身入臺一住三十六年，直到當道疑慮而避地美國。

1949 年 1 月 10 日，徐蚌會戰（淮海戰役）打了六十六天結束，共軍六十萬人擊潰國民黨八十萬大軍，邱清泉

將軍當天舉槍自盡，國民黨大將黃維、杜聿明則先後被俘，整個江北全部由共軍佔領，震動全國。兵荒馬亂之際，南懷瑾在杭州，欲走還留，靜觀天下易變之勢。儘管他對國民政府的情況了然於胸也感到失望，雖未介入實際的政治是非，但對國共兩黨人士的交往亦所在多有，光以抗戰時期全國十二個戰區司令長官，其中多位就與他有「友生之間的關係」，而戰時他在西南行走時，國民政府軍事委員會成都行營主任賀國光中將曾送他「少將參議」的頭銜，雖然沒什麼用處，一旦共產黨坐天下時，這頂帽子就足以讓他人頭落地。賀國光生性寬厚，篤信佛法，曾為家鄉子弟在川遊學籌款而抵押房產，以抗法幣貶值之苦，是公認的有善施之德的軍政大員。戰時為了國民政府遷都重慶，賀國光在對川軍「國有化」及政治「中央化」的抗戰體制籌劃和落實，都大有功勞。後來賀國光來臺，1950 年代晚期曾參加南懷瑾在臺北的私人講堂聽講。

　　1949 年 1 月 21 日，蔣中正宣布引退，李宗仁代理總統。李宗仁的盟友，有「小諸葛」之稱的白崇禧從武漢託人傳話給南懷瑾，許以「政治參議兼祕書」之職，請他出山。有人戲稱此為「老亮找小亮」，南懷瑾視此為笑話，當然不會接受。時局若此，他引用古詩「千里長江皆渡馬」，指長江抗不住了，共產黨馬上要過江了。稍早，他在南京與一群黃埔的同學聚談，同學問，國民黨幾百萬大軍，與共產黨周旋了一、二十年都沒有辦法，為什麼八個月當中一下敗了？南懷瑾告訴他們：「病至如山倒，病去

如抽絲。」一個人得病的時候，一下感冒了，如山一樣倒下來，那個兵敗也是如山倒。

蔣中正下野不過一周，「太平輪事件」爆發，加速社會人心摧枯拉朽。一波波的渡臺人潮，除加大臺灣島的承載壓力，更增添幾許恐共的氣氛，而大批的外省人士渡臺，則為臺灣的文化注入新血。由於飛機的運量有限、票價陡高、航行的時間受到天候及戰事的影響較大，渡臺幾乎以海運為大宗，而高雄港在太平洋戰爭末期遭美軍轟炸，破壞慘重，1947 年後雖已大致修復，但當時的旅客輸送仍以基隆港為主。1948 年底以後，往返上海與基隆的客運大增，尖峰時一天有五十五艘船隻穿梭於基隆港，當時往來上海與基隆的主要客輪為中興輪、太平輪、華聯輪、民眾輪，「太平輪」海難事件雖屬意外事故，但也凸顯當時逃難或移民來臺的民眾的掙扎心態，折射出政局的詭譎多變和亂世的無奈。

1949 年 1 月 27 日中午，上海外灘碼頭擠滿了人潮，因為本航次是年關前最後一班往臺灣，大家爭相擠上船，希望到臺灣與家人團聚。登船時間未到，已有近千旅客搶登「太平輪」（客貨輪），旅客當中有些是商人，趕著在農曆年前到臺北迪化街等地對帳或收帳；有些是隨各單位轉進到臺灣的軍公教人員及其眷屬，或者是回臺灣、到臺灣工作的；有些則是著眼於大陸情勢不穩，急著到臺灣避難的民眾，船上也載有許多貨物和文卷。當天已是農曆小年夜，全船大多數人都浸淫在歡樂氣氛中，大口吃肉，大

碗喝酒。船上大副、二副，當晚也在喝酒賭錢。

當時國共內戰吃緊，下午6時至翌日上午6時，實施夜間海上宵禁，「太平輪」原訂下午2時出海，因故卻延至4時20分開航。雖然公告夜間宵禁，但違規航行者到處可見，為了躲避共軍襲擊，大多不掛燈，且為趕時間又抄近路，高速航向基隆，當晚海上無霧，旅客大多在出海後不久即沉入夢鄉。大約在夜晚11時半，船抵浙江外海的舟山群島附近，與另一艘載著兩百七十噸煤礦和木材從基隆往上海的「建元輪」相撞，對方噸位較小先即下沉，船上七十餘人死亡，三十人被救上「太平輪」。稍後，那些被驚醒的乘客又陸續回船艙睡覺，不料緊接著前艙就開始進水，超重的船身傾斜嚴重，掌舵者想找沙灘擱淺又無力航行，於是船體逐漸下沉，約至28日凌晨0時30分，「太平輪」沉沒，近九百人死亡，當天正是農曆春節前的除夕。

1949 大撤退

「太平輪」船難悲劇之後，從上海到臺灣的人潮稍稍緩和，但過了春節，搶搭輪船，天天擠爆碼頭的現象重現，「太平輪」事件的陰影似已煙消雲散。上海的市民除了在物價波動的威脅下大有感受之外，報紙上的新聞報導，依舊是歌舞昇平。類似一票難求或自求多福過日子的情況，在廣州、重慶、成都等大城市，卻隨著戰爭腳步的逼近，輪番上演，老百姓兩種完全不同的心態，同時

並存。

　　徐蚌會戰終結、蔣中正引退、北平失守等三大事件都在 1949 年年頭同時發生，國共內戰攻守之勢大翻轉，國民黨政權兵敗如山倒。在情勢逐漸明朗前後，國共兩黨高層開始關注知識分子的去留問題，用以爭取政權的話語權，而就思想界的實際情況，當時知識分子的主流，還是以左傾居絕對多數。

　　此時搶救知識分子的行動，從北方到南方，甚至蔓延到香港。教育部部長朱家驊在任內已訂定「搶救大陸學人」計畫，北平方面則由蔣經國、傅斯年、陳雪屏組成三人小組推動，並緊急任命傅斯年接任臺灣大學校長，安排學人遷移臺灣，延續學術命脈。共產黨方面則利用個人關係及地下黨從中策動留人，其中周恩來、董必武都發揮了較大的影響力。

　　臺灣島內在不斷湧入的外省難民、移民和軍公教人員的多重壓力下，省政府開始規劃管制工作，除了因應吃、住、電力、公共衛生和物價波動，也擔心共產黨滲透破壞和社會治安的問題。1949 年 1 月陳誠擔任省主席後宣佈，自 3 月 1 日起施行出入境管理，進出臺灣得有政府頒發的出入境證件和入境保證人。新聞見報後，南懷瑾擔心晚走就麻煩了，他倒不是怕申請不到入境證件，而是不願向主其事的陳誠低頭求情，於是趕緊買好去臺灣的船票。抵達基隆港當天，正好是新規則實施前一天（2 月 28 日），他慶幸自己及時在閘門拉下之前入臺。想起當

年清軍攻入金陵，那個在百川橋下的乞丐寫下的絕命詩：
「三百年來養士朝，如何文武盡皆逃？綱常留在卑田院，
乞丐羞存命一條。」又回想這些日子的變化，南懷瑾感慨
萬千。

　　1930 年代伊始，南懷瑾自高等小學畢業後，曾留在
家裡附近的家廟井虹寺自學讀書，廟裡有個跛子老和尚作
伴，還有一盞琉璃燈，後面堆了四十口空棺材；老和尚晚
上在前面「南無阿彌陀佛……」唸經，他在後面拉著老
和尚的僧衣：「公公啊！你快一點，我怕鬼啊！」這是家
廟當時環境氣氛如此。每隔三天，南懷瑾會回家取媽媽做
好的菜餚，吃完後再回家拿，三日一來回。這樣來來去
去，他沿著鄉間小徑，一路欣賞風光，忽有所悟，遂得此
七絕：

　　　　西風黃葉萬山秋，四顧蒼茫天地悠。
　　　　獅子嶺頭迎曉日，彩雲飛過海東頭。

　　少年南懷瑾作這首詩時，尚未讀過那位遊俠性格的
唐代詩人陳子昂的名詩《登幽州台歌》，當然也尚未體會
「念天地之悠悠，獨愴然而涕下」的境界。不過他把這首
詩拿給老師看，老師說：「好詩！好詩！可惜啊，太衰老
了！你年紀輕輕寫得這麼可憐。」晚年南懷瑾回顧這首年
少偶作時說，這個叫做「詩讖」，自己作的詩已經斷定自
己的命運。

　　南懷瑾走出老家先去習武修道，然後跨過「那一灣淺淺的鄉愁」，東渡臺灣島，「彩雲飛過海東頭」，臺灣在海東。南懷瑾說：「臺灣號稱『寶島』，在他年幼時期的心目中，只知道它是海外名山，蓬萊仙島，可望而不可及。」十五歲的少作，雖有靈氣，惟檢視他往後幾十年的經歷、襟懷，竟語語成讖，而臺灣也成了他的「第二故鄉」。

　　一個甲子之後，南懷瑾在任顯羣和顧正秋的小女兒任祥著作的《傳家》一書，寫下序言，指出他對這座「蓬萊仙島」的觀察：目前「中國人的生活方式，亦正處於不古不今、不中不外的轉變之中，大家莫衷一是。」「推溯十七世紀中期，明末清初之際，鄭成功率領全國各地豪傑及不願做貳臣者，進駐臺灣、澎湖，因此二百餘年來，尚能保留中國傳統文化與各地生活習俗。及至二十世紀中期，中國的局勢掀起空前未有的變量，導致全國各界人士及文化菁英遷移臺澎，這是又一次中國文化在臺的滙流。由於歷史上這兩次文化總滙，雖不盡能代表中國全體各民族的傳統生活習俗，但也具體而微，足以代表中國文化於一隅，其中包括了客家文化、八閩文化、甌粵文化等遺風，這些大致都脫胎於河洛文化的古風。」

第二章
劇憐蝸角大王風

　　1950 年代對兩岸的中國人而言，都是特殊的年代。

　　這個時候，國共內戰戰役已進入尾聲，中共正當「宜將剩勇追窮寇」；國民黨政府則處於《莊子》所謂的「有國於蝸之右角」，據於一隅，稱孤道寡，惶惶然不可終日。

　　南懷瑾到臺灣之前的最後一站，掛單在杭州的千年古剎「中印庵」，他說，這裡也曾住過禪宗大師寶掌和尚，據說見到了達摩祖師才大徹大悟，活了一千多年，分別在印度活了五百年，在中國活了五百年。南懷瑾在庵裡想著下一站要到哪裡？他對朋友說：「到香港嘛，靠不住；到新加坡嘛，到底是海外；到臺灣嘛，還算是中國的。」於是到了臺灣。

　　南懷瑾因著陳誠的一紙入出境管制新規，趕到臺灣來，至於到臺灣幹什麼？他也沒有一定的打算。此時他的「校長」蔣中正老先生則以上國衣冠自許，效法勾踐「臥薪嘗膽」，積極改造黨國，打造臺灣成為「反共基地」，誓言「一年準備，兩年反攻，三年掃蕩，五年成功」，大造「反攻大陸」的輿論聲勢。

　　關於共產黨是否能坐天下？南懷瑾早在 1947 年春天

返回老家省親時，就已肯定答覆了父親的探問，指「國民黨已是落日殘陽，共產黨絕對會成功。」如今面對「反攻大陸」的「政治正確」，他又是怎麼想的？初到臺灣，南懷瑾心知肚明，講「反攻無望」的話是要殺頭的。

國共內戰終局

1949 年到臺灣之前與之後，他在南京和臺北兩地曾與「黃埔同學」有過兩次聚談，談的都是國共內戰終局的話題，這也是當時全體中國人時刻關注的焦點。在南京那次聚談，南懷瑾說：「他反正一輩子都站在邊緣，國民黨也好，共產黨也好，各方面都是朋友。」他跟這些黃埔同學講，古人有一句詩「千里長江皆渡馬」，共產黨馬上要過江了。同學們笑問：「你準備怎麼辦？」南懷瑾強調：「對不起啊！你們都是吃葷的，我是吃素的，幾十年當中同你們沒有關係，只是朋友而已。」他接著笑指他們是「敗軍之將不足以言勇，亡國大夫不足以圖存」，共產黨要過江，國民黨政府敗象已露。

至於在臺北的聚談，則是一班黃埔同學在南懷瑾家聊天說笑，「也是說真話」。有位黃埔八期的蕭天石公開講：「校長要反攻大陸，休想！」他說：「這個時候還想幹什麼呀？再搞軍統？在這個海島上還能反攻回去嗎？史無先例！」蕭天石舉拿破崙到海島，鄭成功在海島……。南懷瑾制止他說：「天石啊，不好意思，不要亂講！」

南懷瑾的見解是，天下事有一個哲學的原則，政治也

好，經濟也好，做人也罷，有個原則叫「無可奈何，只能如此！」人到某個時候無可奈何，只能如此，這是人生的一個原則。蕭天石一聽，說你這樣講，我就不講話了。

蕭天石與南懷瑾是至交，情如兄弟，蕭長南懷瑾九歲，黃埔軍校畢業後就棄武從文，抗戰時兩人時相過從，曾相偕遍訪僧道。蕭天石在戰前曾著有「世界偉人成功祕訣之分析」，頗受注目，他有個哥哥蕭贊育是黃埔一期畢業的，為蔣中正的「十三太保」之一，也是南懷瑾的朋友。

四川青城山是道教聖地，位在四川灌縣，蕭天石曾任縣長，因緣際會自青城山天師洞之李八百丈人得其南宗真傳，並由易道士心瑩而得盡窺藏經樓之祕笈，曾攜出青城祕錄及其他多種不傳之抄本。蕭在臺創立自由出版社，也得到南懷瑾提供的道書出版，致力於中華道學之發揚，海內外譽為「刊萬世不刊之書，傳千聖不傳之學」，是公認的 20 世紀研究與弘揚中華道教養生的學者。

南懷瑾先後在兩岸與黃埔同學的聚談，折射出 1950 年代的臺灣，即使是「天子門生」的黃埔軍人，在大時代的變局中也是百般無奈，正如南懷瑾所說得人生那個原則——「無可奈何，只能如此」。

南懷瑾落腳基隆，在海濱的一個陋巷中住了下來，絕口不提佛法，先求溫飽，就想做點生意，但身上只帶些小錢和佛道書籍，做生意沒錢難辦。當時的處境，如他所言，大多數人的心情是「朝不保夕」，早晨起來不曉得下

午怎麼樣，共產黨隨時可能過來，臺灣馬上就沒有了。那時共產黨嘲諷臺灣說，沒有關係，這一批傢伙是官僚、地痞、流氓，還有貪官污吏，聚在那裡，幾天就能把他們消滅了。

朝不保夕的臺灣

如同大多數國人一樣，內心揣著不安。南懷瑾指臺灣什麼都沒有，真的很危險，「白色恐怖」非常嚴重。他講著笑話說：「我的頭還能夠保住，沒有在臺灣被槍斃，那講不出道理。」當時要入境臺灣，不管你是將軍還是什麼官，進海關要入境證，要有保人。基隆關有個「聯檢處」管事，由海關、警備總司令部、警察、憲兵等單位聯合組成，負責的處長是黃埔十四期畢業的，南懷瑾入境時他正好碰上，「哦，教官你也在這裡？」，然後他替「南教官」擔保入境，兩人因此相熟。

後來不少人找南懷瑾作保，他有求必應，也不管識與不識，是不是共產黨，凡是救人濟世的事情，他都來者不拒。有時鄉親到了基隆海上，沒有入境證也沒有擔保人，聯檢處人員登船檢查，只要乘客能說出「南懷瑾」的名字，聯檢人員就讓他先行進港，待徵得南懷瑾作保，就放行上岸。後來請託作保的人多了，南懷瑾怕麻煩，索性將圖章放在聯檢處處長那裡。

那時情治單位防共抓匪諜方興未艾，1949 年 5 月，戒嚴令施行後，基隆、高雄兩港市實施宵禁，展開戶口普

查，並正式換發身分證。12月，大批外省人開始以各地良民證和居住證，換發標明「外省」字樣的身分證。來臺人員換發「臺灣身分證」較臺籍同胞困難，不僅須申報表和一張保證書，也須找兩家店號作保。外省籍人士若無身分證，一旦遭軍、憲、警盤查，也可能被迫入伍服兵役，成為補充兵員，如果被查明是共產黨，擔保人也會跟著連坐送命。當時來自大陸的部隊都被要求繳械，重新整編。

有一天，南懷瑾忽然想起政府的法令，哎唷！他這才想到了危險，於是向聯檢處處長要回自己的圖章，並問一聲，自己保了多少人進來？對方答稱，有三百多人。南懷瑾後來說：「要命啊！所以我在臺灣的三十多年當中，隨時準備坐牢被槍斃，保的是誰我也不知道，我常常做些莫名其妙的事。」這個時候的臺灣政治經濟就是這樣危險。當時，國共內戰還在進行，1950年春，林彪等共軍在閩粵沿海集結數千艘漁船及八十萬大軍，準備進攻海南、臺灣；蔣中正雖號稱六十萬大軍，但其中只有三十萬部隊有即戰力，因此在全臺各地廣建碉堡，貯積彈藥，臺灣仍處在兵凶戰危之中。

抗戰時，南懷瑾在西蜀待了十年，遊走大西南，三教九流交了不少朋友，加上海峽對岸的鄉親，這些人成了他最大的「資本」。從大陸撤到臺灣的朋友鄉親，將他拱成了「老闆」，開辦了「義利行」，從事海上貿易，生平第一次做生意，他講利也講義，更忘不了古人明訓。

從溫州港到基隆港航程僅需半天可到，當時有些溫州

人跟臺灣有海產等貨品貿易，他們曉得溫州人的南懷瑾就住在基隆，因此都來找他、看看他，而這些往來兩地的航船都備有槍械以保衛航行安全。此外，當年抗戰打游擊的朋友，特別是川康、重慶一帶退下來的這批人也來找他，知道南懷瑾要做生意，而他們人、地兩不熟悉，於是就把帶來的美鈔、黃金交給他代管，做生意，圖個保險、可靠。不久，南懷瑾很快就籌集了幾千兩黃金，但是有了資金，要找到經營的工具——船隻與槍枝，談何容易！此時，從對岸過來找南懷瑾的戴笠老部下就起了作用，幫他順利取得了三艘機帆船、十幾枝槍，於是「南老闆」開張大吉，做起生意了。

當時國府還控有舟山群島，這三艘機帆船航行舟山——琉球之間，來回一趟，獲利不少。正當生意風生水起之際，晴天霹靂，突如其來一場滅頂之災，實際操持工作的合夥人賺錢貪多，將三艘船交由國民黨徵用，載運撤退的居民和兵員，不料卻發生三艘船被船上汽油引燃燒毀而在舟山沉沒的意外事件，損失一萬根金條，把「義利行」的老本也統統賠光。此刻正逢 1950 年前後，兵荒馬亂之際，海上討生活，財來財去，其興也勃焉，其亡也忽焉。

南懷瑾自述，生意做起來後，期間老家那邊的鄉親一來幾百人，要入境作保的、招呼生活的，在他日式的房子裡裡外外擠滿了人，榻榻米的房間，到處睡的都是人，供他們在過渡期間吃住，每餐席開五、六桌流水席，太太、傭人煮飯燒菜煮到暈倒，自己還吃不上飯。有些年紀

大的老頭子，還教他們學佛、閉關供養著；有些從大陸撤下來無所歸的朋友，也養著他們，等於開著救濟院。後來他說，內心這麼想，這樣一發心，做生意沒有不失敗的。

南懷瑾一度慨嘆：「這人生啊！學了佛法會倒楣，非要逼上這條路不可，不管願不願意出來弘法，旁人還是會逼你出來。」這是南懷瑾生平第一次做生意，也是最後一次。他一夜之間成了窮光蛋，往後一些時日，甚至要靠典當衣物過日子。

就在這個時候，有位年逾花甲的朱鏡宙老居士，是南懷瑾的同鄉和先後同門的學長，也住在他那裡。朱鏡宙曾任陝、甘兩省財政廳長，「西安事變」時也在張學良的扣押之列。多年後，據跟隨南懷瑾工作多年的女弟子李淑君追述，有一天朱老居士見到南懷瑾，在他跟前雙腿一跪說：「懷瑾，佛法的正法就在你手上，就在你身上，你怎麼可以不弘揚，就成天做生意啊！」

朱鏡宙早年曾參與辛亥、倒袁、北伐等運動，也是民國報人，受章太炎賞識，將三女章㛃（音「展」）許配給他，納為女婿；後轉入軍需、財稅工作，在甘任財政廳廳長還曾聘倪文亞（在臺灣曾任立法院院長），襄贊工作；此前他在福建中國銀行任職時，信奉基督教，到了五十歲始皈依佛教。1949 年底南懷瑾與他還有一段印經流通的故事。

南懷瑾先前在 1948 年曾帶了一些佛經來臺，結果無緣流通又帶返大陸，這次來臺，他同樣在皮箱裡帶了一些佛

經、道書。此前他曾在基隆街上逛,看見書店擺著的都是一些日文書,找不到幾本中文書,較好的《四書》也買不到,更談不上佛經。

有一天朱鏡宙告訴南懷瑾,有一件大事要做。他說,不得了,臺灣連一本佛經也沒有。「豈止沒有佛經,連普通的書籍都缺乏」,南懷瑾讚同老學長的說法,支持他去辦個印經處;心想,他是章太炎的女婿,做過財政廳長、銀行董事長,地位高,名氣大,做了很多事。

過了一個多月,朱鏡宙愁眉苦臉回來告訴南懷瑾,臺灣印經處搞不起來,因為錢不夠,到處募款,只收到幾百塊錢。南懷瑾心想「你老哥身邊的黃金拿幾條出來,不就成了嗎?」但是他把話藏在肚子裡,心想,雖是老同學,人到了某個階段,不能隨便開玩笑。其實南懷瑾手頭也不寬裕,當時他曾在海關拍賣時得標一部舊片《洪學嬌》的拷貝,曾交給一批生計無著的退伍軍人去放電影謀生。此時文化生活非常枯燥苦悶,露天放映電影居然十分賣座,這些東北退役軍人賺了錢,就還了拷貝。南懷瑾又利用這個在基隆放映五天,居然賺了二千元。於是南懷瑾順手拉開抽屜,將裡面所有的鈔票都抓出來,大概有兩千多元吧?南懷瑾回憶,記不清楚了,那時一兩黃金行情是二百二十元。朱鏡宙數完鈔票大喜,雙掌合十說,夠了!夠了!阿彌陀佛!菩薩保佑!臺灣印經處開成了!

印經保存傳統文化

南懷瑾說，你趕緊到臺北去辦吧！再問：「你第一
部印什麼經？」這時老學長又患難了，不曉得到哪裡去找
佛經？南懷瑾一想，「送官送到縣，送佛送上天」，你等
著，他打開自己的皮箱翻找有好幾本佛經，一翻是《圓覺
經》，就問：「《圓覺經》，好不好？」於是就印《圓覺
經》。1983 年南懷瑾離臺之前，在臺北十方叢林書院第
一次講《圓覺經》，透露前述這段三十四年前的往事。他
手裡拿著《圓覺經》無限感喟：「天下事之因緣多奇妙，
想不到三十年後在此講《圓覺經》。」

儒家常告誡人，不要得意忘形。南懷瑾說，以他的
經驗還發現另一面，有許多人是「失意忘形」；這種人在
功名富貴的時候，修養可以蠻好，一到了沒得功名富貴的
時候，就都完了，都變了；自己覺得自己都矮了，都小
了，變成失意忘形。「圓覺經」說，「現逆順境，猶如
虛空」。

雖然做生意失敗了，南懷瑾依然口角春風，自成一個
精神世界。應道友之請，他曾在基隆佛堂講經弘法，後來
甚至每天從七堵家中轉兩班公車，到基隆山上正在興建的
楞嚴寺工地茅棚，與道友習佛打坐，風雨無阻，直到半夜
才回到家休息，而且持續了大半年之久。後來他又與道友
魯洙居士等合力，找了一個山頭要闢建清修之地，辛苦
借攏來的工程款近百萬元卻被包工頭騙走了，南懷瑾背上
巨債，不得不離開基隆來到了臺北，另闢他途。

　　除了《圓覺經》的因緣，南懷瑾在臺灣自印的第一本書卻是禪宗的《指月錄》。話說抗戰勝利後，大家都急著復員搶官作，南懷瑾還在成都打坐，後來到昆明講學。1947年秋天，負責看守張學良的劉乙光（湖南人，黃埔六期，與戴笠同期，也是與南懷瑾一起拜師學禪的師兄弟），從臺灣寫信聯絡，要他替張學良代購一部《指月錄》寄到臺灣。南懷瑾到臺灣後，劉乙光去看他，南懷瑾劈頭就問：「他（少帥）學禪，跟你學嗎？」劉乙光答說：「哎喲！他什麼都亂搞。上面老頭子（蔣中正）有交代，他要什麼，就買什麼。先是學明史，我給他請一個老師（周念行，南懷瑾也認識，說此人能一目二十行，也學明史）來上課。學史不成又想搞禪宗，所以託你買。他哪裡看得懂，現在又搞起基督教來了。」

　　南懷瑾初來乍到，看到臺灣是文化沙漠，什麼都沒有，只有一些日文書，覺得臺灣很需要《指月錄》這部書。正好劉乙光來見，南懷瑾想印《指月錄》，於是問道：「你叫我幫張學良買的那一套還在不在？」劉答：「還在。」南懷瑾說：「那挺好，我正要這部書，你幫我拿來。」當年南懷瑾就在中央軍校後門的成都文殊院印經處，自費買了一部寄送臺灣的，後來劉乙光送還這套書，也算是物歸原主。

　　南懷瑾也不管這部書印出後能不能賣出去，借錢賠本也要印，印了五十部。後來果然乏人問津，不得已找到當時擔任社會處處長的學生聶公陽，要他設法賣出，結果他

就把錢弄來讓老師去還債，再來處理待售的書。後來臺灣的文化出版活動慢慢起來，開始流行。南懷瑾又問聶公陽：「現在很需要這部書，你還有的話幫我找回來。」聶公陽說：「老師！統統沒有了。那書除了我們要看，當時誰看得懂呀？我也沒辦法，又不能敲竹槓，公開叫商會來買。最後找了跟我比較要好的屠宰業公會會長，叫他幫我想想辦法，他就把書拿去，把錢拿來，所以老師我才把錢交給你還債。」

南懷瑾再追問，才知道這些書都用來包豬肉包完了。替張學良弄來的佛學書籍，印出來以後（原書仍由南懷瑾保留），卻賣給屠宰公會包豬肉去了，這也是天下一大奇事。南懷瑾嘆道：「所有歷史的真實故事，都被屠宰業包豬肉了，豬肉也吃完了，連毛都不剩，誰能找到蹤影呢！」南懷瑾晚年在香港憶起此事，直說後來在臺灣的三十多年中，那更是「不堪回首」啊！

至於看守張學良的劉乙光，看守工作一輩子，從中校開始，最後晉升到中將。南懷瑾常笑他：「你真是蘇東坡詩文中說得『無災無難到公卿』，是個福將。」劉乙光看守著張學良，抗戰時住在貴州風景最好的花溪，到臺灣住在新竹，也是風景最好的地方，始終有一排憲兵保護，始終有多少男的、女的侍應生服務。

南懷瑾笑指劉乙光，陪人家坐牢，又不是牢，是在名山勝水之處讀書享福；張學良一個單子要什麼就給他買什麼，要吃什麼就給什麼。他很羨慕劉乙光，「我如有這種

命，我願意調換，正好借此閉關修行啊！」

搶救僧寶　保衛佛教

　　整個 1950 年代，南懷瑾都在清貧的歲月中度過，四個子女先後出生，自己也活在白色恐怖的氛圍之中。2007 年 11 月，他應中國人民大學國學院之請，向師生及其他各界旁聽人士講演「國學與中國文化」，談及他的人生歷史經驗時透露：「蔣中正先生是我的校長，固然對我很好，但也隨時盯住注意我，尤其他太太宋美齡對我很是反感，因為她要提倡基督教。她把我打入佛教裡頭最重要的人，所以她對我討厭極了。我在臺灣那個白色的恐怖，不曉得哪一天，算不定我就沒有了，可是我也不在乎。」無獨有偶，有關南懷瑾指宋美齡討厭他，打壓佛教的事，星雲老和尚也有相似的親身經歷。星雲在口述見聞《百年佛緣》一書中揭露，他辛苦化緣籌建南臺灣首座弘法寺廟高雄「壽山寺」行將落成之際，近在咫尺的高雄要塞司令部突然透過高雄市政府，以「建物過高，妨礙軍事目標」為由，要求拆除；經星雲親自上門曉以大義，舉出越南天主教徒總統吳延琰不准民眾懸掛佛教旗，引發廣德大師自焚，連總統也被刺殺的前例，以及中國大陸正因毀壞寺廟、解散僧人而喧騰國際，最終促使要塞司令部收回成命，化解滿天烏雲。星雲又說，壽山寺位於壽山公園路口，寺廟有一部自用的中型巴士固定停放在山寺門前，公園管理單位認定係停放在公園裡面，要求駛離。有一天蔣

夫人宋美齡來到壽山寺後面的「高雄婦女習藝所」參觀視察，過了一天，公園管理單位拆解了公園入口處的坡道，改砌了三個台階，明眼人一看就知道，這分明是不讓壽山寺的巴士開上寺廟門前；星雲不得已趕到現場，指著在旁監控的警察說：「你真是不懂事，怎麼敢來拆除這個坡道？難道你不知道前天蔣夫人才來視察婦女習藝所，下次她再來，車子開不上來，她的安全你能負責嗎？」警察聽星雲這麼一講，嚇得不知如何是好。星雲接著說：「你趕快把它修復好！我為了蔣夫人的安全，在這裡花錢做坡道，你卻來這裡搞破壞。」星雲自知這是蠻理，但他也不敢得罪蔣夫人。心想，你們用蔣夫人做背景，我也用蔣夫人做背景。這個坡道迄今四十多年，仍保留原狀。

臺灣光復初期，國府給予佛教的自由空間很少，帶給佛教徒的壓力很大。1948 年就到臺灣的大陸佛教界長老慈航法師，後來遭遇國府大肆逮捕來臺的大陸僧青年，這些出家人有如喪家之犬，慈航法師喊出「搶救僧寶」的口號。1949 年 7 月，佛教派系間的紛爭，有人密告指慈航法師建立的臺灣佛學院，有匪諜潛伏。星雲回憶，他與慈航法師也分別被囚禁，其中星雲這一組有二十餘人，被關在桃園一處工廠倉庫，為時二十三天；慈航法師與另外七、八十人關在臺北長達一百多天，據說關在監獄裡，他還帶領大家念佛打佛七。當時有個太虛法師的弟子，曾任蔣中正的軍需處處長李子寬出面奔走營救，也曾匆匆忙忙到臺北找南懷瑾蓋章保人。後來南懷瑾遇見星雲時還曾對

他說：「你小和尚時我保過你出牢的。」南笑著說，他
（星雲）也不曉得我曾蓋章保過他。

此外，浙江籍的印順法師於 1952 年抵臺，他曾於
1947 年在奉化雪竇寺主編《太虛大師全書》，出版過《佛
學概論》、《成佛之道》等書。後來因《佛學概論》被人
密告說內容歪曲佛教意義，有為共產黨宣傳之嫌，被警備
司令部拘提審訊，認為思想有問題，也是經李子寬居士奔
走說項，才免於災難。

白色恐怖歲月

2008 年夏天，已年屆九十高齡的南懷瑾，猶心繫
「傳統身心性命之學」的傳承，一連十天在「太湖大學
堂」與學子面對面討論、傳授，談到讀書人的救世用心，
要救這個社會的民族文化時，又說：「我三十一歲到臺
灣，十年當中生活在白色恐怖裡，你們不知道，臺灣的白
色恐怖非常嚴重，也不敢說一定能活下去，朝不保夕，知
識分子在臺灣受冤枉死掉的，我可以肯定地講，不計其數
哦！包括我在內都很害怕。臺灣的政治慢慢到十幾二十年
以後才轉過來。」

近年來，蔣中正、蔣經國父子日記在海內外公開，有
關臺灣的官方檔案也陸續解密，加上專家學者的研究專著
出版，過去七十年兩蔣治臺歷史的沉積或者迷霧，都逐漸
清晰，這些資訊和解讀，從一個時代側面印證了自 1950
年代走過來的南懷瑾這一代人，在歷史波濤中的無常與無

奈。南懷瑾強調，宇宙的生命，無論過去與未來，它永遠
是常新不古。他指出道家素來認為「天地是一大宇宙，人
身是一個小天地。」並引申這個道家觀念說：「歷史是一
部大人生，人生是一部小歷史。」從南懷瑾一輩子所接觸
的各方人士，包括若干歷史事件中人的「小歷史」之現身
說法，實際上也豐富了百年中國近現代史這部「大人生」
的血肉，甚至點出了「歷史之眼」。

　　美國史丹佛大學胡佛研究所研究員、1970 年代出生的
冷戰史專家林孝庭先生，在他的著作《蔣經國的臺灣時代
──中華民國與冷戰下的臺灣》所揭露的史料，及他試圖
走進蔣經國內心世界的新的歷史敘述、詮釋和觀點，對重
建當年的時代真相頗有可觀之處，亦呈現兩岸關係發展
中，若干歷史變化的可能。

　　在蔣經國權力競逐的道路上，前揭書中披露，抗戰
後期他與陳誠「兩人之間的芥蒂，在 1949 年以後繼續延
續下去，讓陳誠與其追隨者，成了臺灣時期小蔣政治生涯
中的一個艱難考驗。」陳誠與小蔣的芥蒂源於「小蔣欲在
青年軍內部拓展政工業務，與當時全面主導青年軍的軍政
部長陳誠發生嚴重衝突」。這個衝突在兩蔣統治臺灣的早
期，也是軍政之間緊張關係的根源。

　　此外，抗戰勝利後，蔣經國主導的「三民主義青年
團」希望獨立組黨，遭到以陳果夫、陳立夫兄弟為首的國
民黨「中央俱樂部」（Central club，簡稱 CC 派）成員的
強烈反對而胎死腹中，最終且被併入國民黨內，成立不到

十年的「三青團」遂壽終正寢。

　　從蔣中正下野的 1949 年 1 月 21 日到同年底退據臺灣期間，是他平生最慘淡的歲月之一。當時他身邊只有蔣經國隨伺在側，妻子宋美齡則在前一年秋天匆匆離華赴美，為爭取更多的美援做最後一搏，但此刻她已風華難再，備受冷遇。這個時候，美國杜魯門政府正對國民黨政府採取「袖手旁觀」的消極政策；而蔣中正則積極安排退路，在他下野前的 1948 年 12 月底，先任命陳誠為臺灣省主席，又任命蔣經國為國民黨臺灣省黨部主任委員（不久又由陳誠取代主委一職）；1949 年 1 月 10 日，蔣中正派兒子到上海，安排中央銀行儲存的九十二萬兩黃金、三千萬銀元和八千多萬美元的外幣，悉數轉運臺灣。

　　1949 年 7 月，蔣中正到高雄召集蔣經國、唐縱、毛人鳳，成立「政治行動委員會」，統籌自大陸撤守臺灣的情報和特務機關，重整特務組織，初由唐縱負責，不久交給蔣經國。翌年 3 月，蔣經國被任命為國防部政治部主任（中將軍銜，至 1954 年 5 月改稱「國防部總政治部」，蔣經國仍任主任）並兼任總統府「機要室資料組主任」，指揮一切黨政軍特務機關，下設保安處，等於取代毛人鳳保密局的業務。同年 8 月蔣經國兼任國民黨「幹部訓練委員會」主任委員，9 月他指令總政治部第一組副組長王昇設計建立「政治工作幹部學校」；10 月，國民黨第七次全國代表大會召開，蔣經國得票排名第一（第二為陳誠，但公布時兩人並列），當選中央改造委員，次年 11 月政

工幹校正式開學。

　　林孝庭引述蔣經國 1950 年秋天的日記自述，「將以情報、游擊、政工和軍隊黨務作為日後工作的重心」，不過他的工作重心屢遭挑戰。蔣經國在日記中不斷「反省」，指三軍高階將領敵視政工，視政工人員為軍中密探，專司監督部隊指揮官，製造軍中恐怖與猜忌的氣氛。同年稍早，在他接掌國軍政治工作時，辦公室除了幾張破桌椅，別無他物，也沒有優秀軍事背景的人才可用。

　　1950 年 8 月，陳立夫離臺赴美，辦「養雞場」謀生，遠離國民黨是非，而次年陳果夫也在臺病逝，CC 派的兩大要角退出政治舞台。大陸時期國民黨內各派系和地方勢力的瓦解消散，這些演變相對於蔣經國來臺後重組權力核心，更上一層樓，最後順利接班，乃屬有利；而1963 年底陳誠肝癌惡化，蔣經國可望跨過權力競逐道路上的那道「坎」，則不辯自明。事實上，「1960 年代時，蔣中正已經把權力交給兒子了。」自 1960 以來的二十年間，經常與蔣經國接觸的歷史學者許倬雲，就有親身經歷的體驗。

　　1962 年許倬雲留美返臺，到中央研究院任副研究員兼臺大歷史系副教授。中研院是直屬總統府的單位，當時的院長王世杰（中研院之前曾任總統府祕書長）已跟蔣中正鬧翻，他不願意同蔣中正談話，又覺得蔣經國是小輩，也不願意屈尊見蔣經國，於是指派許倬雲代表他執行院內的學術涉外事務。許倬雲曾透露：「我這個光頭副研究員，

去和『國防部總政治部主任』蔣經國〔按，時已任國防部副部長〕打交道，怪不怪？」一直到 1970 年王世杰卸任，蔣經國一路從副部長、部長到行政院副院長，都是許倬雲代表王世杰同蔣經國打交道。許倬雲的經驗，反映蔣經國的權力之手早已伸向各個領域。

陳誠主政臺灣期間，推動金融幣制改革和三七五減租、公地放領等政策，以耕者有其田的溫和土地改革政策，助力於農工轉型，奠定後來臺灣經濟發展的基礎。土地收歸國有，使耕者有其田，這是貫徹孫中山先生三民主義民生主義的政策，而民生主義就是社會主義、共產主義。

半世紀後，南懷瑾回顧臺灣早期經驗，以此作為對大陸銀行監督管理委員會二百多名全國代表講演「中國文化與金融問題」的開場白。他說，土地究竟國有公有好？還是民有私有好？這個歷史哲學很難講通，講不清楚。

上古周朝行「井田制」，封建八百年政權是土地公有；管仲開啟土地私有政策，至商鞅變法真正落實，然後是四、五百年的秦漢時期；王莽篡漢，變私有制為公有制，結果失敗，結論是「民曰不便」；又過了一千多年，王安石變法想走公有制也失敗。變革常常因為「民曰不便」而失敗，習慣了私有，一下變為公有，老百姓反對。中國共產黨絕對推行公有制，臺灣則是先做到公有，再行分配，兩岸的兩種方式不盡相同。

土地資本牽涉非常廣泛，當代兩岸土地制度大異其

趣,但是房地產財富的移轉及其土地金融問題,都呈現財富兩極分化的問題,干擾政策制定方針,已帶來複雜的社會經濟隱憂。

「南和尚」與陳誠土地改革

南懷瑾透露,陳誠曉得他信佛,講些玩笑話,叫他「南和尚」。當陳誠積極推進土地政策時,當時的地主豪門激烈反對,他聽了部下轉述反對的聲浪後說:「你們不要怕,南和尚只要不講話就可以了。」自抗戰以來,南懷瑾對陳誠這位同鄉學長沒有少批評過(南懷瑾對抗戰前後的徵兵和裁軍方式有不少批評,而這都與時任軍政部長的陳誠有關)。但這一次,他卻很贊成。

南懷瑾描述,身為軍人的陳誠,時任包括臺灣在內的「東南軍政長官公署」長官,他身著軍服,把所有地主財閥都找來開大會,剛開始時沒說話,等一切陣勢擺好後,開門見山說,三天後開始施行土地收回,重新分配,你們同意也好,不同意也好,就是那麼辦!陳誠語帶威嚇強調,我是拿錢來跟你們換的,再不同意……我是軍人,大家罵我軍閥,搞慣了,你們都知道!然後站起來就走。當天夜裡,那些有權有勢的地主都「疏開」了(日式臺語,躲藏、逃走之意),有的逃到日本等地。晚近,研究「台獨」的專家曾指出,1970年代以前在日本的「台獨運動」一度興起,有些主事者便是當時地主的後代,此或與早期國民黨治臺的土地改革政策有關。

　　陳誠與「南和尚」兩人年齡相差二十歲，但兩人年幼時的私塾先生都是朱味淵老先生，算是同門先後期的同學；據說，陳誠晚年曾傳話想見見這位小同鄉，但兩人終其一生卻緣慳一面。不過 1980 年，南懷瑾在臺北開講中國文化專題及歷史經驗，國民黨高層的文臣武將及部分企業、學界人士都來聽講，其中曾任中央大學校長、教育部司長的陳誠女婿余傳韜也在座中，這是後話。

　　1950、1960 年代之際，南懷瑾曾應當時航運鉅子、立法委員楊管北之請，陸續在其寓所「奇岩精舍」講授佛經、儒道思想及傳統文化，連帶雙方的朋友也來聽講，當時已退居二線的老將，如何應欽、顧祝同、蔣鼎文、錢大鈞、賀國光、何競武等人都是常客。課後晚餐時往往閒聊往事，講講牌經（打牌）、嫖經、打仗的經歷見聞，許多歷史現場的一手祕聞和盤托出，包括當時對政工制度持異議的何應欽，一度遭到「不准離開臺北市」形同「軟禁看管」的白恐經歷等等，在飯桌上，此類活生生的歷史「現實」，都付談笑中。在南懷瑾留下的詩作中，類似傷時感事的詩句所在多有，如「西風吹起劫塵灰，殘夢驚回百事哀」，他是哀而不怨，感同身受的。

　　1950 年代的臺灣，經濟情勢處在驚濤駭浪之中，要養島上幾十萬軍隊，公教人員及一般人民都要能溫飽，是財經部門工作的頭等大事。此時出口完全依賴稻米、香蕉和蔗糖，由楊繼曾、李連春負責增產，尹仲容負責銷售，時任省財政廳長兼臺灣銀行董事長的任顯羣，居間調度財

政並管控輸入審核。從抗戰、光復臺灣到內戰、撤守臺灣，先後受知於陳誠、陳儀與吳國楨的任顯羣是個能吏，官聲也不錯，每週都要出席由蔣中正親自召集的總統府「財經會報」，例如舟山撤退、軍用蚊帳、各軍事單位首長特支費等，層出不窮的需求，任顯羣每次無不遵令籌措，一一擺平。當時臺灣負債很重，沒有錢，大陸運來放在臺銀的黃金又不准動，蔣中正準備用來買武器反攻大陸，主管財政的任顯羣相當難為。而那時新臺幣剛發行不久，仍處在舊臺幣四萬元兌換新臺幣一元的期限內，導致臺幣兌美元滙率一度暴跌，市面上搶購美元風潮四起，任顯羣可說是一日數驚，不得不找「六哥」（楊管北）幫忙。

任顯羣曾於 1946 年 5 月應陳儀之邀出任臺灣省交通處處長，不到一年就改善島上陸海空的交通運輸。二二八事件後離任回到上海，被上海市市長吳國楨聘為「民食調配委員會」主委，負責解決當時因配糧不公引起的工潮、學潮等問題。在上海時，任顯羣曾與蔣伯誠、洪蘭友、吳開先、張劍鳴、江一山、楊管北、劉丕基、嚴欣淇等八人結拜兄弟，他年紀最小稱「老九」，楊管北行六，任顯羣喚楊為「六哥」。這九個兄弟在 1949 年後有多人留在大陸或到香港，在臺灣的僅有洪蘭友、吳開先及楊管北，任「老九」常找「六哥」商量事情，兩人比較親近。

任顯羣的故事

　　在奇岩精舍定期的講課和餐聚，時有閒話臺北政壇消息，或者本身就成為臺灣政情的掌故逸聞，令人津津樂道。南懷瑾轉述，有一天任顯羣黑著臉來見「六哥」，楊問：「有什麼事？」任直說：「六哥啊！今天來見你一下，明後天我就坐牢去了，也許要槍斃。」楊再問：「為什麼？」他說：「實在沒辦法，臺灣這個局面我怎麼維持？你看這兩天的美鈔飛漲，我沒有來源，抵不住啊！責任就在我身上，我準備坐牢，槍斃就槍斃！老頭子（蔣中正）一問到我，我說實在維持不下去，又無來源。」任顯羣敞開話題強調：「我只有命一條，沒有什麼辦法，我不會變出錢來啊！一千多萬人口，連部隊都要錢，美鈔這樣漲下去，這個怎麼辦？」這時，楊管北發話：「這樣吧！你立刻回去向老先生報告，向陳誠報告，你說由我出來跟你聯手，把這個問題臨時解決，可是他們兩個要同意我隨便做什麼都可以。」任顯羣一聽：「六哥啊！你真肯幫忙？」楊管北回應：「這不是幫你啊！我們一樣哦！一條船上的人，死一起死，活一起活。」當時臺灣同香港、新加坡有船運往來，沒有航空交通，而楊管北有輪船公司，旗下貨輪定期往來臺港。

　　楊管北的對策是，發出緊急電報（當時沒有長途電話），命令公司旗下的三艘港臺線貨輪通通在香港公開買美鈔，運回臺灣，錢由公司支應，政府將來再還他。任顯羣收到美鈔的同時，找來「行政幹部訓練班」（政府為來

臺的「流亡學生」開辦的培訓班,後來中興大學法商學院的前身)的學生,穿便服上街兜售美元,與黃牛販子博弈,壓低黑市行情,結果三天內就把通貨膨脹壓制下來。

南懷瑾因此強調,搞財金、經濟,沒有流氓手段或非常辦法,不能應急;當然這是當時變局的因應,不是常態。後來任顯羣再進一步創立「愛國獎券」,一張五塊錢,每月開獎兩次,特獎二十萬元,當時黃金行情每兩大約二百四十元,此舉不僅回收社會游資,循環利用,幫助基層民眾解決日常生活需求,同時在苦悶壓抑的年代也能給升斗小民編織「發財夢」的想望和心理出口;接著又推出「統一發票」制度,召集前述「流亡學生」施以短期培訓,再分散到各地小店、工廠緊盯落實開立發票,以充裕稅收,任顯羣因此被譽為臺灣「統一發票之父」。

這兩項施政舉措在短期內有效遏制了兇猛的「通膨之虎」,闖過了財稅金融危機這一關,也改善當時國府的經濟窘境。後來,「愛國獎券」持續發行了三十七年;「統一發票」則延續至今,發揚光大,也是後來大陸仿效的「臺灣經驗」之一。以「愛國獎券」為例,在發行之後一個半月,蔣中正在 1950 年 5 月 27 日的「日記」總結:「臺省在一個半月間要發行獎券八千萬臺幣,聞之驚悸,惟賴天佑,得以順利進行,渡此經濟重大難關也。」顯見連蔣中正自己對此一類似福利彩券的創新措施,都信心不足,還要「惟賴天佑」,反而輕忽了任顯羣創新應變的能耐和戮力從公的品德。

　　除了「美元驚魂」，任顯羣又經歷了一次「黃金戰慄」。南懷瑾後來在大陸面對金融圈人士講演，再度提到 1950 年代的臺灣經驗。他說，又有一回，任顯羣跑來見「六哥」楊管北，這次與老蔣的「黃金」有關。任顯羣嘆了一口氣，對「六哥」說：「我今天跟蔣老先生吵架了。」在場的朋友好奇，問怎麼回事。任顯羣透露，老先生突然叫他來見，一見面他就臉色發青說：「顯羣，你該死！」任顯羣滿頭霧水，不解何意？站挺身子答道：「請問總統什麼事？」老先生憤憤地說：「人家報告我，運過來臺灣的黃金，你統統給用了一半，怪不得你做得那麼好！」他立刻回報說：「報告總統，黃金絲毫沒有動，放在臺灣銀行倉庫，不但沒有少一分一毫，我還給你增加了不少。現在我不走，你立刻派人去查。」這下子，老先生愣了一下：「啊！真的啊！」任顯羣加重語氣說：「這個怎麼行呢？總統一聲令下，一顆子彈我就沒命了，這不是開玩笑，我不走了，你們立刻派人去查。」結果老先生電話打過去，真的是這樣，這才保住了任顯羣一條命。

　　任顯羣在 1950 年代初所親歷的「美元驚魂」和「黃金戰慄」的故事，在在凸顯當時臺灣經濟貧困的險境，亦透露出任顯羣在政治上的困窘，即使是能員大吏，在那個風聲鶴唳，寢食難安的歲月，伴君如伴虎，甚至在疑忌的眼光下，有才難展，有志難伸，仍得戰戰兢兢，如履薄冰，如臨深淵，方足以保住項上人頭。

　　就在吳國楨與兩蔣鬧翻去了美國後，任顯羣也隨之

去職，他頂住了任內三年多的財政重重危機，卻頂不住籠
罩全島的白色恐怖。他的女兒任景文出國留學在機場的行
李通關時，一件簇新的旗袍立領圓襟也被拆開檢查，似乎
深怕包藏任何「不利」當局的物件。卸任後兩年，任顯羣
被以「知匪不報」的罪名判刑七年，繫獄兩年半後，經張
羣向蔣中正求情，得以假釋出獄，而情治單位又示意他不
得在臺北市區做生意，夫婦兩人也不能在市區公開活動云
云。出獄後，任顯羣重操此前在金山農場開墾舊業，當地
是缺水缺電的荒村，人煙稀少，他不改初衷，不走捷徑，
始終如一，與愛侶顧正秋胼手胝足，共同奮鬥；1975 年
在臺北永和創辦中信百貨公司，不久罹癌謝世。2012 年 7
月 15 日，時任總統馬英九代表政府向任顯羣家人致歉，
平反他的「罪名」，並頒發「回復名譽證書」。

任顯羣、顧正秋祕密結婚

　　根據顧正秋口述回憶，1939 年她十歲以第一名入學
上海戲曲學校，跟隨多位名師學戲，也以第一名畢業。
十五歲在上海拜梅蘭芳為師，在抗戰勝利那年就與梅大師
同臺演出，出名甚早。1946 年自組「顧正秋劇團」在南
京、上海一帶登台獻藝；1948 年冬天赴臺北永樂戲院公
演，場場賣座，檔期一延再延。永樂戲院在日據時期為
大稻埕永樂町的「永樂座」，是專演臺灣人所看的戲碼，
即光復後的迪化街城隍廟口附近小巷內的永樂戲院，1921
年林獻堂、蔣渭水等成立的「臺灣文化協會」，在臺北召

開大型會議時也常常在此地舉行，戲院空間為上下兩層，約有一千二百個座位，後來為拓寬馬路，永樂戲院被夷為平地，永不復見。顧正秋憶述，後來國內內戰方酣，國軍節節敗退，顧正秋自此誤了歸期，回不了故鄉而落籍臺灣，此時既然一時回不去了，而團員和家眷也增多，大夥老住戲院也不是辦法，加之市面上的通貨膨脹也日漸激揚，於是顧正秋利用演出的收入在中山北路一段的二條通買了一座平房供作團員宿舍，不久又在七條通買了一樓一底的洋房自住，而從早先在三條通買來自住的一百多坪、有前後院的日式房子搬離，房子也留讓團員自住。當時社會治安不好，顧正秋住在三條通的日式房子就曾被四名著黃綠色軍便服的歹徒持槍（盒子炮）侵入行搶；而當天她還應時任行政院政務委員的雷震和監察委員宋英夫婦在金山街的家裡請吃午飯，當時雷尚未創辦《自由中國》半月刊，夫婦常到永樂看戲，那天的來客還有時任國民黨臺灣省黨部主委的蔣經國和立法院長張道藩等人，飯後顧先告退，雷震還特別請他家的司機開車送顧正秋回家，到家時大約是下午兩點半，她還看見兩個穿黃綠軍服但沒戴軍帽的年輕男子蹲在他家對面，她因急著進屋裡休息，也就沒在意，沒想到當晚就遭到穿同樣軍服的男子搶劫。

　　雖然顧正秋在臺北公演站著了腳，而且演出唱作俱佳，那幾年來戲迷越來越多，但該團的演出也並非一帆風順，間中也時有演出的困境出現。在大陸時期，顧正秋走南闖北演出，排戲碼主要還是以展現實力和觀眾喜愛度為

主，到了臺灣，劇本要送警總審查，每一齣戲必須先取得
「准演證」才能登台演出。到了 1950 年前後，斯時蔣夫
人宋美齡赴美一年多爭取美援未如預期，行將歸國之際，
「顧劇團」有五齣戲碼先後被吊銷了「准演證」，而這五
齣戲都是在大陸內地舞台唱了一百多年的老戲碼。首先被
禁的是《霸王別姬》，接著依次是《貴妃醉酒》、《馬嵬
驛》、《王昭君》、《四郎探母》。當時有些敏感人士認這
五齣戲的劇情、戲詞有「影射」之嫌，特別是前三齣，因
此每當警總一紙公函，顧劇團只能聽命，把戲碼掛起來。
至於《王昭君》一劇，則因昭君出塞時的唱詞：「文官
濟濟全無用，就是那武將森森也枉然」，被老報人龔德柏
一秉「愛國赤誠」，寫信告將警總，指有動搖民心之虞；
《四郎探母》被指說楊四郎在遼境隱姓埋名，被蕭太后招
為駙馬與鐵鏡公主完婚，不思歸宋，不忠不孝，漢賊不兩
立，怎能「通敵」又通婚呢？不久老戲迷針對好戲未能上
演而漸知劇團的苦衷，遂不斷提出修改劇名、劇情或戲詞
的建議，要求向警總「申訴」，後來劇團依計而行，果然
奏效。《霸王別姬》改成《虞美人》；《貴妃醉酒》改為
《百花亭》；《馬嵬驛》則因太難修改且劇情太過悲慘，
只好放棄。而《王昭君》被指控的戲詞改為「文官濟濟
全有用，武將森森也英勇」也就過關了；此外，《四郎探
母》的劇情修改，依愛戲的王叔銘將軍建議：將「不忠不
孝」的楊四郎劇情修飾深夜偷返宋營探母和弟弟六郎，以
及偷盜遼境地圖，再盜令牌出關把地圖交給六郎，以方便

宋軍按圖索驥反攻遼軍云云，如此一來，《四郎探母》就忠孝兩全了，全劇又可重回舞台了。這些荒謬的劇情，儼然是 1950 年代臺北永樂戲院演出的「劇外劇」，更具體而微折射出時代苦悶的現實。

　　1950 年 10 月 10 日，顧正秋退出舞台，洗盡鉛華，與長她十七歲的任顯羣祕密結婚，而任顯羣也因老長官、臺灣省主席吳國楨辭職赴美也辭去財政廳廳長等一切公職，與顧正秋共同追求新的生活。任顯羣辭職後與友人開辦法律會計事務所，先是因吳國楨罷官而遭到國府打壓、特務跟監及客戶遭到查帳而不敢上門，也中斷了與朋友的往來；後又因與顧正秋走在一起，承受更大的外部壓力。有一天，他的結拜六哥楊管北請他和顧正秋吃中飯，陪客是陳儀的弟弟陳公亮先生，飯局相當私密，用餐之際，楊管北力勸任踩剎車：「感情的事就要歸感情，不要影響到你的家庭和政治前途！」楊管北分析當時政壇的鬥爭以及兩人結婚的後果，直言數落任他這位老弟的不是，又對顧正秋說：「小秋，你得為他的政治前途著想啊！」時任職中央印製廠的陳公亮也在一旁幫腔，那年 6 月 18 日他哥哥陳儀在馬場町被槍決後，他的心情一直低落，對現實難免有驚弓之鳥的感受。兩位「新人」聽完六哥的話，站起來深深一鞠躬，畢恭畢敬的說道：「這是我們的私事，還是讓我們自己決定吧！」後來任顯羣坐牢出獄，第一個請他夫妻倆吃飯的就是陳公亮。任顯羣與顧正秋結婚那天，只有兩人的兄弟姊妹等家人參加，並請吳國楨的父親吳經

明老先生證婚，從狀元樓叫了一桌酒席就完成簡單儀式。婚後任顯羣住在顧正秋三條通的房子，任的母親也搬來同住。祕密結婚消息慢慢傳開之後，自然引起不少親友的不快和抱怨，這些都在預料之中，他們反倒認為，「為了愛情與長相廝守，總要付出些代價。」而結婚之後，第一個也是唯一一個請這對新人吃飯的竟是參謀總長周至柔，新人有些意外。任顯羣說，他與周並無特別交情，或許他任財政廳廳長負責籌措軍中經費，而時任空軍總司令的周至柔曾為空軍經費事向他請託，但任強調這本是職責所在。

一代青衣祭酒的傳奇際遇

　　任顯羣與顧正秋的「家難」，在 1950 年苦悶的臺灣社會，是相當引人關注又隱而不彰的話題之一。「一代青衣祭酒」顧正秋的傳奇際過，比她的拿手戲《鎖麟囊》劇中主角薛湘靈的遭遇還要曲折，甚至更有過之。1955 年 4 月 3 日他夫婦在出席顧的同學兼搭檔張正芬在空軍新生社的婚禮時，一張兩人坐在一起合照的照片，上了《大華晚報》重要版面，這是他倆婚後一年半首度公開露面，消息、照片，引發新聞報導效應。隔了一週的 4 月 10 日相同的照片又在《大華晚報》的〈星期畫頁〉出現，引起社會矚目，也招至厄運。第二天，4 月 11 日，任顯羣就被保安司令部保安處的特務「請」了進去。當時謠言四起，任的家人分頭找了行政院院長俞鴻鈞、省主席嚴家淦、空軍總司令王叔銘幫忙營救，結果大家都不知任顯羣身在何

處。任顯羣的次女任治平多年後在公開的影片中如此憶述，當兩人來到婚禮會場時，「還特別不一起走進去，王叔銘（將軍）搗蛋，把他們兩個拉了坐在一起，被報紙登了一個照片。蔣夫人（宋美齡）大概看到報紙這張照片，說這個人（任顯羣）還來開什麼會？有時間去捧戲子還來開會。蔣經國就在旁邊加一句話，他（任顯羣）還保了一個匪諜進來。」任顯羣就被打入大牢了。（參見 2021 年 3 月 14 日 20 時三立新聞台的《呂讀臺灣》）曾撰寫兩本顧正秋傳記的臺灣女作家季季，曾於 2016 年 9 月 4 日在網媒《風傳媒》為文〈顧正秋的骨氣〉，文中指出她在撰寫《休戀逝水──顧正秋回憶錄》時，曾當面向顧請教有關蔣經國追求她的說法，顧不願證實蔣是否追求過她，「因為蔣方良還在」，甚至說「我的回憶錄不需要靠蔣經國的名字賣書」；2004 年 12 月 15 日蔣方良去世，媒體又開始炒作任、蔣關係，季季打電話給顧正秋，謂蔣方良已逝，是否願意談談那個問題？顧正秋直接回應「我還是不想說」。戲劇學家俞大綱曾指顧正秋「用隱忍來協調一切矛盾，使生命歸於和諧。」這是對顧正秋生命情調最佳的讚嘆。（參見顧正秋，《休戀逝水──顧正秋回憶錄》，1997）

　　1996 年 11 月，任顯羣去世二十一年後，他的舊識袁方在《傳記文學》雜誌發表〈任顯羣的故事〉，指陶希聖曾於 1954 年要求任顯羣提供吳國楨的「不法證據」，但受到任的斥責。陶乃發動相關人員查核省府購置物品的虛

實，據說連省府買茶葉的發票，也被持往店家核實有無訛報云云。作者披露，他曾當面問過任顯羣，為何吳國楨要辭職？前者妙答：「吳先生精通外科、老人科、內科，就是不通小兒科。」並進一步解釋：「吳先生和美國關係很好，夫婦倆與老先生、夫人的關係也不錯，就是和蔣經國的關係沒搞好。」文章指出，那段時期的政壇人士，因不通「小兒科」而落馬的，大有人在。

為作序赴香港拜見南老師

　　1997 年 10 月 3 日，顧正秋約請季季以及女兒任祥、女婿姚仁喜一起赴香港拜見南懷瑾，請她為回憶錄出版作序。南懷瑾於 1949 年到臺灣後，曾到過永樂戲院觀賞顧正秋的演出，對於顧正秋的戲劇風格也有所瞭解；而任顯羣生前也是南的摯友，夫婦倆都很敬重南懷瑾的學問和品格。赴港當天，季季依約來到桃園機場，但見顧正秋戴著墨鏡站在人少角落等候辦理登機手續，身邊立著一隻中型黑色行李箱，問她這箱子不托運嗎？顧覥腆笑道：「這裡面是一些素菜，我們家自己做的，送給南老師嚐嚐。」2017 年 8 月 21 日顧正秋去世一周年，季季寫下〈回顧「一代青衣祭酒」顧正秋〉長文，細數這經典的一幕，直說這一箱子自家特色菜，從臺北提到香港，「這細密的大禮，除了顧老師，誰想得出來？」顧正秋家居與她的姨妹同住，後者是烹飪高手，她們家的的私房菜往往是外間的江浙館所不及也品嚐不到的。顧正秋早年領導劇團和生平

在人際上禮儀上的修為，心細如髮，且都在其日常行為顯露無遺。季季憶述，當時南懷瑾住在堅尼地道 36B 4 樓，可以鳥瞰香港公園，抵達南寓時，南老師已備好一桌菜待客，乃交代左右，將顧正秋送上的那一桌菜先冰藏起來，第二天再嚐。是時金溫鐵路工程剛剛初步完成通車儀式，南懷瑾與李素美忙著接聽電話、交代辦事，裡裡外外又有其他訪客，好不熱鬧！南懷瑾笑談：「唉，真是忙，兩岸的人來來去去也常到我這裡，外面說我這裡是香港的中南海，人家要來，我能叫人家不來嗎？」

飯後，南老師要李素美領著顧正秋一行，到其他房間去練習「九節佛風」呼吸法健身，又顧自到客廳接待其他訪客了。

1997 年秋末，顧正秋自傳《休戀逝水》出版，南懷瑾為之作序，讚揚傳主是「大時代靈光獨耀人物的代表」。南懷瑾說：「在歷史潮流大時代中，常出現特殊的人物。時代的磨難，突顯了這些人的高尚情操，在混濁的社會洪流中，他們靈光獨耀，這正是中華傳統文化燦爛的一面。」「婚姻家庭遭受波折，乃有莫須有家難，夫婿繫獄三載，驚心動魄，而顧女士於數年艱危中，志不改，情不移，實非『難能可貴』可足形容其品格之高超。」

南懷瑾慨嘆其人其事「較之《鎖麟囊》劇中主角的曲折遭遇，更有過之。人生即戲劇，戲劇即人生，佛說：『應以何身得度者，即現何身而為說法。』顧女士迨亦佛乘中人也。」

約莫在半個世紀後，任顯羣與顧正秋的小女兒任祥與夫婿姚仁喜，專程到舊金山史丹佛大學「胡佛研究所」閱覽該中心典藏的「蔣中正日記」，找尋當年的「歷史真相」，並抄錄 1950 年 10 月 26 日蔣中正在桃園角板山寫下的心聲：

> 自忖復職以來，行將八月，軍事、政治與黨務皆以重起爐灶之精神，已建立初基，惟外交尚在危險之困境，而經濟、財政亦未能完全脫險也。惟基本漸臻穩定，其於軍事與防奸方面得力者，為政治部之經國與郭寄嶠（安徽人，時任副總參謀長，為郝柏村妻子郭婉華之四叔），政治、經濟方面，則為國楨、顯羣與雪艇（王世杰，湖北人，時任總統府祕書長，後任中央研究院院長）為最優。而最大之成果，乃為研究院與軍訓團之訓練事業，彭孟緝（湖北人，時任革命實踐研究院主任）實為後起之秀也。
> 〔註：以上括弧內容為筆者所加〕

「蔣中正日記」對 1950 年代初期治理臺灣的政治經濟方面人才的評價，看來相當滿意；但從後來的結果看，王世杰、吳國楨與他鬧翻，任顯羣下獄，顯然與他早先的評價相悖。歷史固然無情，但公道自在人心。

任顯羣曾在光復後來臺，當時在陳儀主政的統制經濟政策下，篳路藍縷，不足一年內，打通島內陸海空的交

通運輸，事功耀眼而「顯揚」。1950 年代又在短短三年多，穩住臺灣經濟的險局，為臺灣的生存開路，後續則有陳誠的財經班子尹仲容、嚴家淦、楊繼曾、李國鼎等人接棒，奠定臺灣現代開放經濟初基，而有 1980 年進入「亞洲四小龍」前沿的蓬勃發展。

　　南懷瑾於 1950、1960 年代之際在楊管北寓所「奇岩精舍」課堂，因著各路人馬吉光片羽式的「小歷史」，呈現歷史與現實交融而成當下的日常；而任顯群與「六哥」楊管北獨斷家國大事於廟堂之外，又有一班老將眾議於江湖之遠，等於「一室之治，而以天下國家為」，無形中日常的當下鑄就了明日的「大人生」，「奇岩之會」乃成鮮活的歷史現場。正史湮沒不了的「小歷史」，實則彰顯了時代的「大人生」。

「反攻大陸」與「接班人」權鬥

　　蔣中正自 1950 年 3 月在臺灣「復職」以來，其國策立基於「政權穩定／反攻大陸」，而此時內戰尚未全面止息，臺灣危在旦夕，直到 1960 年三連任成功，其間黨國高層的政治緊張關係未嘗稍止。十年之間，無論是當國的權力鞏固，還是反攻大陸國策的策進，直接間接都離不開「接班人」問題的影響；而外有美國的干預，內有「自由中國」雜誌以胡適、雷震、殷海光等外省菁英為首的所謂「自由主義分子」的挑戰，政爭不斷，白色恐怖氛圍也持續推向高峰。

迨至韓戰爆發，冷戰從歐洲漫延到亞洲，為避免再打世界大戰，美國改變對華「袖手旁觀」的消極政策，積極介入兩岸現狀，遂有「中（臺）美共同防禦條約」，以框限兩岸再動干戈，此舉雖然穩住了國民黨政府，但也開啟了「美帝」干預蔣氏父子之間權力更替的惡習；此時「自由中國」頻頻對國府當局發起民主挑戰，提出「反攻無望論」、批評蔣中正三連任，乃至結合本土在野勢力，籌組「中國民主黨」，最終引來蔣氏父子的強力反撲，而有雷震一干人等下獄，以及殷海光形同被「軟禁」的白恐局面。

在這十年中間，有「吳國楨事件」（1954）、「孫立人事件」（1955）和「劉自然事件」（1957，即抗議劉自然遭美軍槍殺案於該年 5 月 24 日引爆的反美暴動）等三大事件，牽引社會巨大的議論和臺美關係的震盪，也帶給蔣經國極大的負評，特別是「劉自然事件」為國府遷臺以來最大規模的反美暴動，讓蔣經國在權力接班過程中「摔了一個大跟斗」。美方將此暴動幕後策動的矛頭指向蔣經國，他深感悲憤，自認受了一次天大的冤枉，但他的政敵卻群起而攻。

蔣經國在事發後的「日記」（5 月 25 日、27 日、28 日、31 日、6 月 2 日、8 日）指出，陳誠逢人就說「這都是蔣經國幹的好事」；國防部長俞大維向美方強調事件發生時，聽命於蔣經國的國安局曾命令憲兵不要前往大使館維持秩序，小蔣感慨政府內有不少「賣國求榮與媚外之

徒，撥弄是非，捏造事實，達成其自私自利之目的」。

　　蔣中正在暴動案發之後，曾在總統府內召見參謀總長彭孟緝，詢問為何當天兩個衛戍師未即時調動，迅速平息暴動？彭回答當天兩個師被調到新店進行演習。蔣又質問為何兩個師全去，沒留下半個人？彭支吾半天無法回答，蔣大聲責問是誰下的命令？彭回稱「總政治部」，當下蔣勃然大怒，斥責總政治部何以能夠下達軍令？當彭孟緝走出蔣的辦公室時，上半身軍裝都是紅墨水，顯然蔣在盛怒之下，向彭摔了一瓶紅墨水。當時人在總統府內的國民黨中常委陶希聖，親身經歷這一幕。（轉引自阮大仁，《放聲集，第二輯：蔣中正日記中的當代人物》，2014，臺北／學生書局）1957 年 10 月國民黨第八次全國代表大會，蔣中正交議，恢復設立副總裁，並推舉陳誠擔任，翌年 6 月陳誠以副總統兼任行政院長組閣，此舉等於抑蔣（經國）揚陳（誠）。

放逐蔣經國？

　　根據前揭林孝庭著作揭露，1954 年春天，美國中央情報局首度在臺北設立情報站，名為「美國海軍輔助通訊中心」，接管此後美、臺的一切情報合作業務，取代稍早的「西方公司」，也開啟了蔣經國二十餘年與中情局的愛恨糾結。此時蔣與該中心一位駐臺特工「藍日會」（中文譯名），維持著不尋常的私誼，彼此得以分享許多機密情報，兩人經常見面討論公務，兩家人也往來頻繁。林孝庭

爬梳這段時間蔣經國日記所載，例如「劉自然案」反美暴動後，「藍日會」私下示警蔣經國，稱「華府正嚴肅考慮是否在未來支持他，或者逼他離開臺灣流亡海外」，蔣聞訊後至為憤慨。（《蔣經國日記》，1957年6月13日）。林孝庭又根據英國駐淡水領事館1957年6月17日的解密文件指出，「此消息很快就在臺北外交圈傳開來，最後竟傳為蔣中正準備聽從美國建議，把蔣經國送往美國『改造』一段時間。」這些流言顯示，外界對於蔣經國「未來」權力之路的想像，和對臺灣島上政治生態的認知，相當一致。

　　1959年1月4日，一篇以蔣經國名義發出的文章〈我們是為勝利而生的〉，在臺灣各大報刊登，文中特別強調海明威名著《老人與海》書中，老人「永不灰心，永不放手」的精神。據信，該文是為蔣中正「三連任」的輿論造勢開路的。同年5月18日，蔣中正在「總理紀念周」的講演中提到，他「一向不為自己出處考慮」；但目前應顧慮三點，即「一不要使敵人感到稱心，二不要使大陸億萬同胞感到失望，三不要使海內外軍民感到惶惑。」（參見1959年5月20日《中央日報》）後來就有各地的「勸進」活動和修訂「動員戡亂時期臨時條款」的行動，以排除憲法第四十七條規定「連選得連任一次」的條款約束。1960年3月21日，蔣中正在國民大會當選第三任總統，陳誠當選連任副總統。蔣中正此一三連任的安排，表明未來將不受任期限制，這個結果不但讓陳誠繼任總統的希望

破滅，也令蔣陳之間的關係出現緊張無解的狀態，陳誠雖然留任且兼行政院長，但他幾度以健康為由請辭行政院長兼職，似已心灰意冷。而蔣中正自失去大陸以來，一生中的最後一次「反攻大陸」計畫——「國光計畫」，也在次年展開，直到 1971 年在聯合國的中國代表權被中共取代而終止。

「天下不是蔣氏父子的」

蔣中正的三連任，在客觀上，也勢必拉長政壇各方在「接班人」議程的政治角力戰線，而這對當時羽翼尚不豐滿的小蔣而言，則為他爭取了更寬廣的時間與空間。儘管「自由中國」集團及若干在野人士的反對聲浪，看似波濤洶湧，但是仍不足以成為蔣中正的「心腹之患」；緊接著「雷震事件」爆發，直接撲滅新黨的誕生。又過兩年，陳誠的健康狀態亮起紅燈，蔣經國「接班」的態勢，更為篤定。

1963 年 12 月陳誠肝病惡化，請辭兼行政院長（由嚴家淦接替），至 1965 年 3 月病逝臺北。2007 年 5 月號的《傳記文學》雜誌有篇文章〈周至柔之徒勞無功與嚴家淦之漁翁得利〉，作者阮大仁〔按，著名的時評政論家，其尊翁阮毅成，曾任臺北《中央日報》社長〕透露，陳誠去世當夜，時任國民黨中央政策會副祕書長的阮毅成前去探視，後來告訴兒子阮大仁，謂陳誠臨終時的遺言之一是：「天下不是蔣氏父子的！」

　　阮大仁在文章中又提及，1963年12月周至柔交卸省主席職務後，閉門不出。後來曾經對到訪的《中報》老闆傅朝樞透露，原以為蔣中正有意讓他成為「他們父子之間傳大位的過渡人物」，因而有當行政院長的想望，豈知「上了蔣氏父子的當，擔任打陳誠之急先鋒」。周至柔從1963年到1986年去世，其間足足坐了二十三年的冷板凳，莫說「保國公之夢」夢碎，連個「過渡哥」都是自我幻想的海市蜃樓。（註：「保國公」一詞，是筆者借用蔣經國之弟蔣緯國私底下的玩笑話，他說，「咱老哥逝世後，有人說我們國家群龍無首，一國三公。在我看來是一國五公：治國公李登輝（總統）、保國公俞國華（行政院長）、輔國公李煥（國民黨祕書長）、鎮國公郝柏村（參謀總長），加上我這個監國公（國安會祕書長）。」）

　　在白色恐怖高峰的1950年代，蔣經國心裡對於特務系統雖然未必全然信任，但他又必須倚賴這些情治耳目「餵養」的政治情報，以監控政敵的一舉一動，防患於未然。他在1955年6月20日、30日及7月9日的日記中就坦言，1950年代他關注的重點對象包括吳國楨、孫立人與一批「擁護陳誠做領袖」的黨政要員。

　　根據《蔣經國的臺灣時代》一書披露，在已出版的中外著作顯示，「在1950至1955年白色恐怖最高峰時期，被關押於綠島的政治犯高達一萬四千人（一說有八千餘人），直到1987年臺灣宣佈解除戒嚴為止，三十餘年間軍事法庭受理的政治案件達三萬件，約三千餘人遭到

槍斃，受牽連的政治受難者可能高達十萬人之譜。」該書作者認為，「白色恐怖最盛之時，國府所逮捕的人自有不少共黨份子或者同情共黨人士，但恐怕更多的是無辜的本省籍民眾，或是光復初期來臺的外省知識分子。」（參見第 57 頁）

　　1960 年歲次庚子，南懷瑾在臺居住已屆十年，此時，他從基隆移居臺北不久。是年新春 2 月，他漫步臺北南門古城樓街頭，撫今追昔，深感世事蝸螗，人生多變，避世不能，避地無方，即使避色、避言，亦難無憂無慮。感喟之餘，乃賦律一首，題為《庚子二月漫步臺北南門古城樓》云：

> 寶馬香車不再逢，劇憐蝸角大王風。
> 渾忘東漢中興主，卻是南陽田舍翁。
> 名士新亭悲往事，英雄淮海泣途窮。
> 何如別有千秋業，盡在簞瓢曲肱中。

　　「劇憐蝸角大王風」，鄭氏當年在海外孤島建國，稱孤道寡，儼然以上國衣冠自居，卻不思積極規復故國河山。「英雄淮海泣途窮」之「淮海」即清詩人筆下的「江山之役」，南懷瑾遙想三百年前（清順治 16 年，公元 1659 年），鄭成功會同張煌言率大軍北伐，原為規復河山之大好良機，卻因驕兵坐失戎機，以致折兵損將，功敗垂成。而東晉南渡的衰衰諸公，除相聚於新亭悲嘆往事

之外，別無用處。

對照國共內戰最關鍵的「徐蚌會戰」（淮海戰役）之英雄失路，島上當局未能推位讓國，反而排斥異己，謀求子繼父位；南懷瑾以詩言志，大有不勝今昔之悲也。唯有如顏回身居陋巷，曲肱高臥，自度度人。

第三章
世事玄黃說變亂

　　1960 年，南懷瑾已從基隆移居臺北，仍居陋巷，不改其樂，時時處處心繫弘揚正法，傳承文化之行願，此前他在臺北的私人講學已持續開講了三年。此時文化荒原的臺灣，驚魂甫定，民生經濟初起，在世界冷戰格局中，與大陸「鐵幕」對峙；而隨著「美援」挾雜而至的歐風美雨，有如拍浪，不斷敲打著中國南天的這個島嶼。南懷瑾「憂道不憂貧」，一面鼓勵支持印經流通，一面積極現身說法，此前他已出版《禪海蠡測》一書，封底直書「為保衛民族文化而戰」作獅子吼；接著又在立法委員楊管北（時為益祥輪船公司負責人）領銜發動各方和同事等三百多人助印之下，出版《楞嚴大義今釋》（又名《宇宙人生真理探索》）。他主張：「專就文化而言，整理固有文化，以配合新時代的要求，實在是一件很重要的事情。」在新書的「敘言」中開宗明義指出，在這個時代裡，一切都在變，變動之中，自然亂象紛陳。變亂使凡百俱廢，所以事事都須從頭整理。南懷瑾強調：「目前一切現象，乃是變化中的過程，而不是定局。」「事實上，科學並非萬能，物質文明的進步，並不是文化的昇華。於是在科學飛躍進步的世界中，哲學和宗教，仍有其不容忽視的價

值。」又說，明儒推崇此經，曾有「自從一讀《楞嚴》後，不看人間糟粕書」的頌詞，其偉大價值可以概見。

整理固有文化　迎接新時代

南懷瑾主張整理固有文化的願景是：「我們的固有文化，在和西洋文化互相衝突後，由衝突而交流，由交流而互相融化，繼之而來的一定是另一番照耀世界的新氣象。」這是 1960 年代，南懷瑾經歷幾十年的大變亂，在臺灣展望中國文化國運的「定見」；而今一甲子過去了，時代的端倪似乎顯露了他的「定見」。此後的一、二十年間，南懷瑾在公開的演講或在其述著的《老子他說》都指出：「回顧歷史的陳跡，展望未來，我們現在所處的這個動亂的時代，大概不會再延續太久了，照歷史法則的推演，應該是丁卯年（1987）以後，我們的民族氣運與國運，正好開始回轉走向康熙、乾隆那樣的盛世，而且可以持續兩三百年之久」。（參見《老子他說》（上），第 9 頁，1987）

1956 年起，南懷瑾每週定期在臺北北投楊管北寓所「奇岩精舍」的私人講學，其來有自。這位精舍的主人翁在上海讀完大學後，曾加入北伐軍東路總指揮部工作，國府遷都南京後，他脫離軍職進入上海商界，大半生在上海灘聞人杜月笙的事業王國進出，青年時期就蜚聲上海工商界，後當選立法委員並隨國府來臺，繼續經營航運事業。此前一年楊管北曾以中華民國全國航聯理事長身份，代表

出席在英國舉行的世界船東大會，會後遊歷歐陸時突發心臟病，倒臥柏林街頭，纏綿病榻四十天，後轉到紐約的子女處靜養，又賦閒半年多。回到臺北後，楊管北「息影山居，浮雲世事，日以讀書自遣，瀏覽既多，理有不明於心者益眾，然佛學難通，尤甚於世典。」遂請老友田寶岱（曾任駐沙烏地阿拉伯大使，其夫人為著名居士葉曼）引介，敦請南懷瑾夫子教導打坐修身，講授佛法。楊管北幼時曾隨老家鎮江的宿儒讀經，僧道無緣，常以「儒理自勉，對佛教沒有好感，對韓文公（韓愈）的排佛，倒是心有戚戚焉。」從南懷瑾修習後，逐漸感悟「南老師」的修證工夫和通儒見地，後來他在臺北善導寺講演此一「大事因緣」，透露其心路歷程：「從南懷瑾老師修習打坐，由此我發現南老師精通儒、釋、道三家，堪稱『經綸三大教，出入百家言』，於是敦請南老師開講佛法，經過三年窮理鑽研，我終於對這無上大法生起了信心。」南與楊在臺北結緣，論道講學，誼為師友，二十年來兩人情意契合，無論道情、友情，情誼特殊，更是南懷瑾移居臺北，打開弘法新天的重要「護法」。

　　如前所述，南懷瑾每週六下午在「奇岩精舍」開講，葉曼也來聽講，後來又吸引軍系黨國大老陸續參加聽講，他們都是走過抗戰、內戰時期的老將，也是南、楊兩人的舊識、同事或共同朋友。南懷瑾講課，從禪宗佛法，講到道家修養功夫，乃至中國儒釋道各家傳統文化，開啟當時臺灣私人講學的先聲。課後，主人家經常以精緻酒菜招

待，席間老將不時講到所見所聞的歷史祕辛，各人經歷，特別是遍佈中華大地各個戰區特殊的「抗戰經驗」，點點滴滴，由線及面，無形中填補了大時代的某些歷史畫面卷軸。這些「老同學」雖非歷史大人物，卻是歷史事件的參與者，茶餘酒後，歷史塵埃重現於前，往往令人省思、低迴不已，或為正史打開另一扇窗。

有一回，楊管北談到抗戰後期，上海灘國民黨特工與杜月笙合作無間，委由他打頭陣，搶運淪陷在「孤島」上海的戰爭物資──紗布的奇聞。在敵人眼皮子底下，這幕「戰場奇觀」堂堂上演，不特反映抗戰末期日軍在中國戰場已陷強弩之末的困境，同時也凸顯中華民族的強韌特性以及國情文化的特殊，這是中國人「持久戰」的勝利。楊管北與杜月笙的另類抗戰事跡，其實也投射出國民黨、共產黨和日本皇軍之間的「三角戰爭」的奇特現象，以及戰時歲月社會經濟之一斑。

「上海統一工作委員會」

1943 年抗戰進入第六個年頭。此前一年太平洋戰爭爆發，與中日戰爭合流，中國戰區成為二次世界大戰東方的主戰場；日軍趁勢入侵香港，同時也搶佔英、法在上海的租界區，這使得國民黨潛伏在租界的特工生存受到威脅，國府在渝，港、滬三角之間的聯絡更加困難，國內與國際的通路也被日軍阻斷，軍民日用物資供應變得異常匱乏，「搶運物資」成了另一個新的戰場。此時盟軍對日本

本土的封鎖，則逆轉了整體戰爭的態勢，且明顯不利於日本，日方內部對於中日雙方「戰略相持」的意見也出現分歧，有人主張向重慶媾和，不過談和也很難談攏；一方面重慶堅持日方必須全面撤離中國，交出全部已侵佔的領土，包括東北，日方當然不幹，但是戰爭又打不下去，日本國內業已民窮財盡了，雙方戰事遂呈現膠著狀態。抗戰中期，蔣中正曾派駐一位高級特務蔣伯誠長期潛伏上海，以因應必要時保留一個談和代表的現實問題；此君是老輩的留日學生，曾追隨中山先生革命，與蔣中正誼屬平輩，也不歸戴笠的軍統節制。蔣伯誠潛伏上海，主要背靠以杜月笙為主任委員的「上海統一工作委員會」（統委會），當時杜已移居香港，地頭上裡裡外外、方方面面，則委以杜的屬下萬墨林以及杜的密友也等於其上海代表人徐采丞。徐打著杜月笙的名號，在淪陷區的「孤島」上海與日本陸軍軍部的關係，發揮了難得的作用，包括配合「統委會」運作對大後方人才、物資的供輸，爭取上海金融工商界免為日汪政權所用，以及掩護重慶派駐上海的地下工作人員和杜月笙留滬的門生弟子，這些在在都有徐采丞奔走的身影，這是後話。

　　話說 1943 年正月，北方已進入冬季，中國軍隊的禦寒衣物不足，重慶方面趁此時戰爭膠著情勢，指令蔣伯誠搭線與日本磋商，要求日方「歸還」中國紡織界來不及撤走而留置上海的紗布。而此前日方曾透過管道，試探雙方媾和的可能性，蔣伯誠因此向日方放話，如有誠意談和，

不如先把中國人留在上海的紗布還給中方，然後雙方再談，此時日軍在戰場上已有些打不下去了，竟然同意「放行」。於是蔣中正交代戴笠落實（當時戴笠兼管國府的戰時貨運管理局），戴透過杜月笙安排，找上人在重慶的楊管北，責成後者由重慶取道西安轉赴洛陽，設法深入敵軍火線，搶運來自上海的三千件棉紗布匹，其實這個任務非常危險，一旦擦槍走火，不僅前功盡棄，還危及性命。楊管北後來告訴南懷瑾，他一路化裝成商販，日夜兼程趕到豫、皖交界的地方跟上海來人接頭，當時安徽、河南一帶是兩軍交戰區，必須冒險先到商丘以北的十字河接收這批紗布，再改走陸路運到西安轉送到大後方。這時蔣鼎文（時任陝西省主席兼戰區司令官）見到了楊管北，著即慰勉他的一路辛勞。楊管北說，等這批紗布都上了往重慶的火車，他放下緊張的情緒才想到要在西安暫歇洗個澡，沒想到此刻蔣鼎文又派人知會他，請他趕快跟火車走，因為戰事又起，楊管北一跳上火車，槍聲就響了，雙方又再交戰。大概是局部小部隊的接觸交火，當時戰場狀態經常如此。

祖孫三代　火線重逢

　　楊管北在這趟危險行動中，還有一個插曲，附帶圓了一齣祖孫三代在「火線重逢」的倫理親情故事。原來楊母在滬臥病垂危，當時他自己還不知道，不料父親已知他要到豫、皖一帶接運物資的事情，臨時起意要設法到戰場

火線上與闊別七年的兒子相見。楊管北追憶，當時他父親
私下想：「我只有一個兒子，如讓孫兒留在上海接受偽政
權的教育，恐怕害了他的前途。希望孫兒能受到正常教
育，經歷戰時苦況，也可以鍛鍊心身。」楊管北之子楊麟
素來由祖母撫養長成，兩位老人合計後，於是楊父帶著
十四歲的孫兒北上，啟動了祖孫三代可望在火線上重聚的
冒險之旅。

　　楊麟九十高齡之際，曾在上海受訪時回憶這趟少年
時期的冒險旅行及其沿途親見的「悲慘世界」，這在他年
少的心靈激起極大的震撼，改變了他的人生觀。當時他隨
祖父從上海祕密搭上載運棉紗布的火車，一路從京滬線－
津浦線－隴海線到了河南商丘，再往西行的路線就因戰事
而阻斷了；然後從火車卸下的紗布就交由汽車、人力車接
力運送，他爺倆隨同押運隊繞開封鎖線，沿著古驛道前
行。他說，當時有一場罕見的春荒正席捲整個華北，不出
幾個月就餓死三百萬人，運紗車隊所經過的河南、皖北一
帶是災情最嚴重的地區。他親眼目睹災區屍橫遍地、生靈
塗炭的慘況，大為震撼，惻隱之心油然而生，慈悲心遂成
了他往後人生的追求。爺倆後來到了鄰近商丘的皖西北省
界的縣城亳州，祖孫三代在火線上重逢，楊麟見到了一身
化裝打扮的父親。

　　戰時離亂重逢，當然悲喜交加，但楊管北尊翁卻表示
「異常快樂」，當他將孫子交給兒子時笑著說：「一代交
一代，我無負於你了。」老人家有一種卸下仔肩的輕鬆感

覺。這次重聚，楊管北與父親匆匆談了兩小時又即離別，楊管北事後說：「（父親）愛兒子而阻我回滬，愛孫兒而送麟兒到後方。忠於國家，犧牲自己，又堅決主張他回重慶，不必以病重的母親為念。」當楊管北完成搶運紗布的任務，即帶著兒子來到重慶，之後不到一個月就接到母親病逝滬上的噩耗。

物資交換　另類戰場奇觀

　　楊管北穿梭於敵我交戰區，成功搶運軍需物資的行動，看似荒謬卻又真實存在，此不僅體現出當時戰場上的另類奇觀，實際上也隱喻著抗戰終局可期。這回搶運紗布成功，背後有著微妙的布局，似乎也為接下來敵我戰場上的「物資交換」舖平了道路，打開了通途。根據杜月笙祕書胡敘五在戰後的回憶，1942 年暮秋，杜月笙來到重慶後，正進一步加深與西北方面的關係之際，他在上海淪陷區的密友徐采丞也積極打通關節，計畫搶運棉紗布匹等民生日用物資到重慶大後方。徐所規劃的路線，正是稍後由楊管北在敵我交戰區接運紗布至渝所進行的路線，即從上海啟運，循著京滬、津浦兩線轉入隴海線西行至河南商丘止步，再改走陸路從豫東、皖北的商丘、界首一路——當時已成交戰區封鎖線罅隙的所謂「陰陽界」——轉入西安，再從西北源源輸入重慶。

　　徐采丞的這個構想，早在香港淪陷前就向杜月笙提出，並打出「搶運物資」的大招牌，但他得通過「打通日

本人」和「取得重慶的諒解」這兩座大山。長袖善舞的徐憑其以杜月笙在滬代表身分，多年來在上海孤島與日本陸軍軍部、興亞院的周旋應對關係，加上日方策略性的沽恩市惠，也賣點交情，對徐的構想也持默許態度。雙方協商結果，日方要求採用「物資交換」的方式運作；但杜月笙這邊則持保留態度。杜自己心理設想：兩軍陣前，絕無貿運有無之理。即使是敵方策略，亦必擇人而施，以期收到相當效果。像采丞的地位和能耐，敵人未必如此重視。也許這裡面已將我牽涉在內，亦未可知。他進一步細想，就計畫本身而言，只限於交換物資；受益的僅屬敵我兩方，經手的卻一無所得。如果絕無其他作用，何致冒通敵之嫌。於是杜月笙只能「從長計議」。

據曾負責杜月笙電台收發報務的胡敘五指出，1943 年春末，杜月笙在重慶的家中架設無線電台，與上海恢復通訊，從此又能與久失聯絡的上海灘互通聲氣。不久，徐采丞舊事重提，在該年秋天再向杜提出搶運物資計畫，而杜對此的「資敵」疑慮未消，乾脆主張以法幣抵償貨款，不作他想。徐采丞只好另闢蹊徑，準備將收來的法幣自行設法套取內地物資，作為重慶的「交換物資」，俾向日方有所交代。他自忖，此時的戰爭態勢，日方所交換的紗布原自佔領區徵收而言，如售予中國人，對其本身亦一無損害，且或可釋放向重慶媾和的信號。事實上，日方當時已開始收縮戰線，鞏固佔領感，緩和高壓統治，對於物資交換原則，有意變通，亦未可知。於是徐采丞在上海成立

「民華公司」，推銀行家周作民為董事長，徐自任總經理；重慶方面，杜月笙向有關當局請准備案，聯合中中交農四家銀行共同投資，成立「通濟公司」為對口，杜自任董事長，楊管北為總經埋，並在陰陽界上的界首設立分公司，負責點收上海來貨、接駁事宜。至於運銷，則與戴笠主持的貨局管理合作，以平價發售，供應市面。

　　界首這個地方原本是安徽與河南交界的一個荒村，如今成為淪陷區和大後方的交通樞紐，一時行旅往來，市面繁盛，遂有「小上海」之稱。當地人不時看見載著紗布的貨車從海陷區直駛而來，卸貨之後又來了大批車輛把紗布運走。在此陰陽界上，敵我兩軍向來都是面孔猙獰，虎視著來往行人，但是這些載貨車輛竟然通行無阻，鄉民無不以駭異的眼神，面對這些不可思議的戰場異象；就在老百姓狐疑納悶之中，通濟公司先後已轉駁了二千多件棉紗和五千綑布疋，這可能也是繼此前楊管北親自下海接運三千件棉紗布疋之後，空前絕後的持續性火線行動。後來豫東軍情驟緊，這個搶運物資接駁轉運的樞紐改由浙江淳安承繼。淳安當時在顧祝同管轄的第三戰區，緊貼著江、浙淪陷區，上海隱然在該戰區的幅射影響之中，也是徐采丞安排的另一條內運路徑，通濟分公司後來更從界首遷移此地落戶，自然也為當地帶來一片繁華。

　　以當時大後方的日常情況，日用品極度匱乏，居民想裁縫一襲陰丹士林的短褂袴，都是有價無市；而法幣一再貶殖，已形成惡性通膨，居民為保幣值，如有到手的法

幣，無不想方設法易回貨物，決不存留過夜。前文提到，杜月笙在這筆買賣上，以平價供應市面卻不在這些紗布上沾染分毫，他這番布置，除了在組織上取得合法地位，在業務上完全公開，而在其利益上則自有盤算。換言之，當時在上海灘特務工作的經費、被捕人員的營救、若干特定私人生活的接濟以及其他緊急用款，幸而有這筆「搶運物資」的買賣，讓他很能從中調度，通常一紙電報拍發給徐采丞，限時足額交割，乃能從容運轉而不迫，這是杜月笙的深謀遠慮。（參見胡敘五著，蔡登山編，《上海大亨杜月笙》，2013）

　　遍翻中外戰史，居然在敵我戰場上公然出現此番物資交換的場景，實屬罕見，這不能不說是抗戰史上的特殊景觀。日方在徐采丞的運作下肯於放手「交易」，而杜月笙遠在重慶仍能接引如此物資，不能不說是在不可能的時空裡，成就了一椿無名的公案。徐采丞的傳奇故事，的確有如好萊塢巨片「亂世佳人」劇中男主角白瑞德（Rhett Butler，美國著名男星克拉克・蓋博飾演），是在美國南北戰爭中，販運物資闖過戰場封鎖線而發戰爭財的典型人物。抗戰勝利後，重慶來滬的接收大員，有不少人帶著勝利者姿態要求杜月笙安排房子落戶，杜雖有求必應，但其後的落實工作都由徐采丞埋單。徐在物資交換中間即使發過國難財，他所遭受的變相「劫收」，光頂替房子的支出，恐怕也不知損失了多少金條。

　　前述1943年抗戰晚期，除了有楊管北、徐采丞等的

戰場「物資交換」情事，同一時期在淪陷區中共控制下的「山東根據地」，也上演著八路軍與日軍「物資交換」的相同版本，而此版本則更貼近以物易物的原始貿易特色。這些另類的戰場奇觀，往往突破了正史禁忌的框框，局部還原了中國抗戰乃至內戰，同時在一個歷史時期的複雜現象，也是國、共黨史中「半公開的祕密」。在人類歷史長河中，戰爭同時扮演歷史倒退和歷史進步的綜合矛盾體。

《去大後方》

整整過了一個甲子，當年在火線上與父親重逢的楊麟，此際已回歸故里，定居上海。將屆八十高齡之際，壯心不已，尋思籌拍抗戰紀錄片《去大後方》（該片後來殺青，命名為《抗戰》的大型文獻紀錄片，於 2005 年抗戰六十週年，在北京中央電視台首播），為此他於 2003 年深秋專程到香港南懷瑾寓所求教。南以「少友」相稱，讚賞他「沒人幹的（事情），他出來幹。」並封他一個「民族孝子」的稱號。南懷瑾在臺北認識楊麟的祖父，緣自他父親的關係，跟楊麟已是三代交情，其一貫的家國情懷因著此一紀錄片拍攝，重溫抗戰歲月而發皇。此前楊麟向南懷瑾提出拍片的想法時，南就答應把他所知的資料提供出來作為參考，又口述他親身的見聞以見證抗戰史事，後經集成《對日抗戰的點點滴滴》一書（2015 年在臺灣出版）。南懷瑾也在紀錄片中現身，為《去大後方》同名的主題曲作詞，此歌詞改編自清初戲曲名家李玉（一笠庵主

人，其同世代的詩人吳梅村曾讚他「其才足以上下千年，其學足以囊括藝林」）的作品，其中「似這般寒雲慘霧和愁苦／訴不盡國破家亡帶怨長／誰識我一瓢一笠走他鄉／勝利在望　熱血中華　國運隆昌」，頗能為千千萬萬因抗戰而奔走他鄉的同胞，一抒胸中之塊壘。

南懷瑾說：「他（楊麟）的動機跟我們是一樣的，撇開政治、黨派關係，撇開人我是非的意見，以自己親身所經歷、所見、所聞，講一個公平現實的歷史情況。」其實要這樣做，是很難的。南懷瑾強調抗戰迄今幾十年：「中國的歷史經過這麼大的轉變，可說是幾千年來的一個大變化，由於這個大轉變，許多歷史真實的事情都沒有了。」由此，南懷瑾想起 1993 年，大陸一般人稱之為「左王」的鄧力群（中共理論家，北大經濟系畢業，曾任中國社科院副院長、中宣部部長等職，2015 年去世，享耆壽一百歲），領頭中華人民共和國國史學會，想要編寫一本由推翻滿清到中華人民共和國建立的歷史，他們想公平的講述這段歷史，並為此事開會研商，當時香港《九十年代》雜誌曾報導這件事情。後來他們推出王震（中共平定西北有功的名將）為名譽會長，南懷瑾曾以詫異的口吻指出：「很奇怪的，把我也推為名譽會長了。」南懷瑾認為：「因為他們希望對兩黨比較都有交情的人士參與，才能很客觀的編寫一本歷史。」他說：「我提這個事的意思是，真的要對歷史有個公平講法是非常難的。老一輩的人差不多都過世了，尤其親身經歷，對各黨各派藕斷絲連有一點

交情，真知道內容變化的人，並不多了。」南懷瑾感嘆：
「老實講，即使是親身經歷的回憶，也像是夢幻泡影一
樣，都非真實。就連自己本身經過的事，要講起來都難，
更何況一個歷史大變動的事實，那就更加困難了。」

幾千年來的大變化

　　雖然如此，南懷瑾將抗戰這段歷史置於中國歷史長
河之中，著眼於「幾千年來的一個大變化」。從歷史哲學
的演變來看，他認為「禍兮福之所倚，福兮禍之所伏」，
所謂八年抗戰，恰是為我們國家民族帶來幾千年空前未有
除舊更新的轉捩點。從今開始新中國的隆盛，也正因為這
一關鍵而展開。南懷瑾指出：「抗日聖戰一開始，宣布
『地不分東西南北，人不分男女老幼，必須全民奮起，不
惜犧牲焦土抗戰』的號召，我們全國上下，無論工、農、
商、學各階層的人，並不需要任何命令，都自動自發拋棄
身家財產，湧向大後方，投身國難救亡的工作。所謂奔向
後方，就是轉投前方，因為抗日聖戰，是全方位的，去後
方，向前方，它的意義跟精神是一致的。」談到抗戰精神
的發揚，南懷瑾首推三部小說，《三國演義》、《精忠岳
傳》和《水滸傳》，這是全國上下都知道的中國文化。他
說：「一個文化影響一個時代，影響後代不是儒家、道
家、佛家，也不是什麼哲學家，（而是）小說與戲劇。中
華民族能夠對日抗戰，是靠戲來的，京戲裡面，一個忠義
之士沒有奴性。……老百姓只曉得像關公、岳飛一樣，不

投降，至於關公、岳飛長什麼樣？他們也不知道，這個精神是看戲看來的。抗戰打了八年就是這幾部小說的思想精神在影響。」

南懷瑾與戴笠（雨農）是朋友，經常說笑。他說這些作特務的人，他們的精神是「七俠五義」加上「三國演義」，「你以為戴雨農所領導的特務是三民主義的精神嗎？不是的。他掛個關公像，要大家磕頭，起來發誓，要為國家盡心盡忠。」「大家不要小看這種精神，就是這個特務組織，像幫會一樣，才能跟日本作戰。戴雨農在大後方所培養的人，為了打日本人，打游擊戰，搞暗殺，都是這個精神來的。」推翻清朝帝制之後，中國各地出現軍閥割據，有如「小皇帝」，這些軍閥有些曾留日，清廷也曾派人去德國學軍事，但後來也起不了作用。南懷瑾總結那個割據年代的軍閥思想，指「中國文化一百年，凡是軍人，滿腦子思想離不開《三國演義》；社會上的黑白道離不開《水滸傳》、《三國演義》的思想。」「這些軍閥們學了軍事以後，都想當劉備、孫權、曹操，包括毛澤東、蔣老頭（蔣中正），也是這個思想。」他用三句話概括了這些人都想：「縱橫天下、割據池城、獨霸一方。」

「三個半可憐人」

回顧百年來的中國，南懷瑾經常說「有三個半可憐人」。他指出，國民黨以蔣中正為中心的政府，並沒有統一全國，孫中山夠可憐，蔣也是夠可憐的。南懷瑾進一步

為楊麟解析：「半個可憐人是孫中山，他有理想，但沒有成事實。假使孫中山先生不早死，推翻滿清，真的統一全國，主持政治，他的是非功過的結論就很難講；因為早死，倒真的變成中國的聖人一樣，真變成印度的甘地一樣。」

至於另外三個可憐人，南懷瑾說：「第一個是袁世凱，第二是蔣中正，第三是毛澤東。推翻滿清以後，成立中華共和國，孫中山讓位，由袁世凱當大總統，袁如果沒有野心，拋開帝王思想，好好作一個現代化的總統，那真是歷史第一人，可以說是跟美國華盛頓差不多了。結果他不幹，不到一兩年，他想當皇帝了，造成悲慘的下場，讓中國進步推遲了七、八十年。」

「第二是蔣中正，抗戰勝利，他的聲望如日中天，全世界聞名，真是了不起的一位民族英雄，他的功過是非也都不談了，他要是在抗戰勝利後，下台一鞠躬，不管國民黨也好，共產黨也好，什麼黨也好，你們大家一起幹吧！我太累了，不幹了。那也真是千古一人，不得了的。可是偏偏想在自己手裡完成國家的統一，建立一個新的國家，結果犯了兩句古話：『力小而任重，志大而才疏』。」南懷瑾又舉楊管北老友杜月笙批評蔣中正的兩句話：「民主沒有度量，獨裁沒有膽量」，認為很有道理，這話拿來批評別人也一樣。南懷瑾強調，蔣中正「個人有理想，不肯下台，才鬧成這樣，他又把中國歷史拖延了二、三十年。」

南懷瑾最後提到第三個可憐人是毛澤東。他指毛領導共產黨統一中國之後，「肅反吧！肅反一下，自己下台優哉游哉，永遠是個精神領袖，也是個實際領袖，不擔任實際的事，也是歷史第一人。結果，他個人主義太濃，充滿帝王創業情結，臨老搞公社，搞文化大革命、紅衛兵等瘋狂動作，又把中國歷史發展倒拖了三、四十年。」

南懷瑾以道家的標準——「功成名遂身退，天之道也」——品評中國百年動亂中，四位關鍵歷史人物的功過，總結「中國這一百年當中，有三個半可憐人。」這個結論體現他歷來推崇三代「禪讓政治」公天下的功德政治精神，此情此景，猶如歷史老人身臨歷史長河之濱，發出一聲喟嘆的景況。

中華大地　逃難大場景

抗戰一起來，中國老百姓在中華大地上的逃難大場景，悲慘的故事多到不忍卒聞。南懷瑾特別從千家萬戶的一般難民、中學生、投筆從戎的愛國青年以及「徵兵制」的腐敗不堪，細說國難當頭，百姓的悲苦：

「日本人打到上海、南京，大家揹著行李向南方逃，至於逃到哪裡去，誰也不知道。火車上都是人，浙江大橋擠滿了人，有的掉到江裡去；有錢的，沒錢的都亂擠，路上自己擠死的就很多。」

「有一家人，母親帶著兩個兒子逃亡，也沒吃的，到處討飯；母親路上病了，最後決定把自己憋死，叫兒子

快走，免得拖累兒子。」

「平民的逃亡，有些是盲的，有些是逃災避難的，有些是流氓，反正跟著人潮亂走的，裡頭有好人也有壞人；像杭州、蘇州一帶這些千金小姐，原來不出閨房一步，因為日機轟炸，只好逃亡；那些小姐們一路走，不曉得米是長在哪棵樹上，於是發生騙財失身的、戀愛的、悲慘的遭遇，可以寫一千部小說。」

南懷瑾舉出兩家上海人千里逃難的遺恨：有一天，他剛好到重慶，等到重慶回來，成都被炸了。朋友告訴他，有一家上海人，帶了兒女及十幾個皮箱，全家逃到成都，剛進旅館，警報就響了，大家都出去逃警報；這一家人累極了，心想逃那麼遠到了成都，轟炸沒有關係吧！結果這家人全被炸死了。像這樣，千里、萬里迢迢從上海各地到成都後方，中間卻冤枉而死的很多。另有一家上海人逃到了貴州邊境，警報響了，當時肚子很餓，看到一個貴州鄉下人拿兩條包穀（玉米）在啃；上海那家人拿出一兩黃金向這個鄉下人買這兩條包穀，鄉下人也聽不懂上海國語，手上接過黃金問：「你要幹什麼？」上海人答：「一兩黃金買你手上包穀」，貴州人連連搖手說：「不！不！我還沒吃飽。」黃金也不要了。

還有中學生的逃亡，這些人等於是孤兒，跟著學校走。身上揹著板凳、書包，所謂書就是印在泛黃色紙上，像揩屁股的草紙一樣，印出來供給流亡學生讀的書；由老師帶著學生，邊走邊逃日本的飛機轟炸，休息時板凳一

擺，就地上課，課上了又開始走，這樣一直走到大後方的重慶各地，這個偉大的場景很多。事實上，從國民黨在抗戰前十年「清黨」開始，因這樣的內戰冤枉而死的全國知識青年也有很多。南懷瑾追憶當年老家那個鄉下地方，有三個讀書讀得很好，也讀到大學、愛國家的青年，抗戰以前離鄉而去，大概是北上參加義勇軍抗日，從此斷了音訊；他還記得有位前輩老先生作了一首詩，懷念這些結了婚，為救國家都離家出去的年輕學生，詩云：「壯士十年歸有約，如何北雁少南來。白頭二老閨中婦，東閣慇懃待汝開。」父母都等到頭髮白了，太太剛結婚先生就走了，沒生孩子，在家等你回來啊！

　　除了抗戰逃難，一路向南方輾轉逃到重慶、昆明等大後方，還有救國的精英，大多投軍，參加抗戰。南懷瑾人在大後方曾寄錢幫助好幾個朋友，要他們到重慶參與抗戰，結果他們跑到延安去讀抗日大學。他說，像這樣的青年並不一定是為了國民黨或共產黨，一心只曉得是要抗日，只要有人收就幹了，究竟是共產黨？國民黨？都不管。南懷瑾指出，國民黨最慘的是從募兵制轉為全國皆兵的徵兵制。他親眼見到，原來舊時募兵時，招兵司令到一個地方，插上一面旗子，號召一下，地痞流氓都來，先發一點錢，跟著去打仗，既沒槍彈，也沒有衣服；這樣帶兵，慢慢有幾把破槍、幾顆子彈，能不能打也不知道。國民黨時代施行徵兵制，一家三兄弟出兩個，獨子的不出，而這徵兵制又被地方的土豪、劣紳、地痞、流氓利用，買

兵的、逃兵的層出不窮，民怨沸騰。南懷瑾說，人嘛！都有這個心理，「抗戰應該的，但我的兒子可不能去啊！」「愛國，可是愛啊！都愛自己。」他強調：「像我們出來參與抗戰，那也不是父母同意的，是自己出來的。」這是抗戰時的一片亂象。

此外，更悲壯的是南懷瑾指出：「還有些兵出來到大後方，夜裡被狼吃掉的很多。」南懷瑾引述他的朋友劉建華（曾任領導「東北義勇軍」的抗日名將馬占山的參謀長）告訴他的一個慘烈故事。有一回，劉建華向馬占山報告：「我們的兵又凍死又餓死，還給狼吃了。」馬占山一聽，說：「建華！你是我的參謀長！」此時劉心想不知何意？馬繼續說：「你曉得，現在我們中國人帶兵，要有親手殺了自己兒子的勇氣，你有這個精神再來帶兵。」劉建華被訓得不敢答腔，馬占山邊講邊流淚，又說：「我都知道，每個人都是人生父母養，同我們一樣啊！可是現在我們國家要跟日本人打仗，中央沒有錢沒有糧，你叫我怎麼辦呢？」劉建華聽了之後說：「是」，就走了。他自己也哭了，兩個人都哭了。沒有吃的，沒有穿的，還被狼吃了。後來到了臺灣，1980年代初，劉建華還曾應南懷瑾主持的十方書院邀請，以「東北義勇軍與抗日」為題講演，並整理講記交由南懷瑾開辦的「老古文化」結集出版，作者在封裡首頁自題一首七絕云：「屠狗屠龍兩不能，酬恩報怨亦無憑。丹心垂老情猶熱，只為國魂喚後生。」頗能吐露他喚醒國魂的心跡。

抗戰與「和談」

　　抗戰初始，主和與主戰兩種聲音在一些圈子中間迴盪，有些人士如胡適、高宗武、梅思平、陶希聖、周佛海（陶、周兩人時任職國民黨中央宣傳部）等人，被歸為「低調俱樂部」中人，認為對日抗戰，中國絕對打不過日本人，主張通過外交方式解決一切爭端、懸案；另一派人士如孫科、程潛、黃紹紘等人，則堅決主張抗戰到底。當時蔣中正身邊就有兩位「密使」出入其間，隨時向他報告內外情勢及若干談判進展；其中一位是「聯俄聯共」的張沖（張淮南），一位是「對日談判」的高宗武。七七事變前後，張沖穿梭國共兩黨之間，積極佈置國共合作的平台；高宗武則賣力推進中日和談，尋找化解盧溝橋事件的危機不擴大，進而維持中日之間的「現狀」，以爭取建國的時間。張、高兩人同時奉蔣中正指令，奔走於盧山、上海、南京之間，甚至兩人出入蔣中正官邸，還一度偶遇，相視無語，恐怕也只能「各為其主」了。這些特殊景況，適足以反映當時蔣中正對日和戰的兩手安排，亦凸顯中日關係和中國國情的複雜情況。

　　盧溝橋事變前一年的「西安事變」（1936）時，南懷瑾人在杭州，一邊做事，一邊讀書，他曾說「我曉得西安事變裡頭很多零碎的故事，與兩個小同鄉都有關。」南懷瑾所指的「兩個小同鄉」就是張沖與高宗武，雖與他們兩人都相差十幾歲，但關係密切。抗戰前後，這「兩個小同鄉」正巧是蔣中正身邊的兩位「密使」，而在戰時與戰

後，南懷瑾曾在重慶、臺北和美國華府分別與「兩個小同鄉」有所交往，也有不少歷史細節的交流。

話說盧溝橋事變爆發的次日上午，蔣中正正在盧山主持暑期軍官訓練團，接到北平軍政當局的電報，立刻下令「固守華北」，同時也電令參謀本部「準備增援華北」，指示周邊地區駐軍「準備全軍動員」；又打電報給時任冀察政務委員會委員長的宋哲元，要他速回保定指揮軍事（當時宋與日方正進行艱難的外交折衝，對日問題一時難解，回到老家山東樂陵休養暫避），並要求宋堅定「不屈服，不擴大之方針，就地抵抗。」稍後，宋覆電蔣稱：「決遵照『不喪權，不失土』之意旨，誓與周旋。」蔣中正在同日的日記寫道：「決心應戰，此其時乎？」似乎在思考與日方「決裂」，一改他自1933年長城抗戰以來的「隱忍」態度。蔣中正自當年5月下旬就根據各方面湧入的情報判斷，日軍將在華北有所動作，戰與不戰，非中央所能決定，而冀察當局的行動，亦非南京可以掌握。

事實上，從事變發生以後的反應看，就蔣中正個人而言，他對於和戰已有定見，能和則和，不能和則戰，關鍵還在日方的態度，但蔣對於「和」不具太大信心，因此必須做好「戰」的準備。這個「定見」或可解釋，何以蔣一邊放手讓張沖加快推進「國共和談」，一邊又讓高宗武密會日本首相近衛文麿的「私人密使」船津辰一郎。高宗武與船津的上海密談雖無結果，但日方試探蔣中正的和戰態度，則至為明顯。此亦可解答高宗武在上海密談前到盧

山官邸接受密令，卻又巧遇張沖並引來高的「注意」的懸念。何況，盱衡當時的東亞現勢，日本一向視蘇俄為潛在的生存「威脅」，看待中國則為四分五裂的「一盤散沙」，也不當一回事。

此前，鑑於對日外交問題日益嚴重，內政上的政治、經濟、教育等問題亟待討論，從事整飭。蔣中正正思整合全國各界的抗戰共識，並向全體國民傳達其意旨，而有 7 月中旬召開「盧山談話會」的舉措。抗戰史上著名的「盧山聲明」就是在此際醞釀而成的，其來龍去脈，適足以顯現中日和戰問題的複雜性。七七事變前夕，中央日報社長程滄波奉命在盧山籌辦「盧山版」《中央日報》，他對 1937 年上半年政局的觀察是：「政局表面上是像寧靜疲倦，而裡面是緊張迫促，好似大事將臨。」這時他聘請新聞界老友朱虛白擔任「盧山版」總編輯兼主任，主持這份只有新聞沒有廣告的四開小型日報，借用軍方電台，每日抄收新聞電訊。後來朱虛白在臺北回憶，盧山《中央日報》每天一大早出報，由官邸來人取報或由編輯部送閱，蔣中正是「天字第一號」讀者，他每晨必讀《中央日報》，一生堅持勤讀報章的習慣，從中汲取瞬息萬變的國內外政情。程滄波說，盧山版臨時開辦，他在 6 月中旬就上山，住在當時最好的旅館牯嶺九十四號的仙巖飯店，距離盧山中央日報不遠。「記得七月七日盧溝橋事變，當天下午我們盧山版已收到這種消息。我由辦事處回到旅館，第一個告訴蔣夢麟先生，因他住在距我不遠的平房中。從

那時起，中央日報廬山辦事處變成冠蓋聚集之所，尤其在夜間，都聚在那裡聽消息，廬山版發行量天天增加，不僅牯嶺區內家家訂這份報，九江市內亦來訂這一個小型日報。」

〈廬山聲明〉始末

揭開中國人全面抗戰歷史時刻的〈廬山聲明〉，於1937 年 7 月 19 日晚由國民黨中央通訊社向全世界發出，是為七七事變之後，中國政府全面抗戰的宣言。其中根據蔣中正的原話，「地無分南北，年無分老幼，無論何人，皆有守土抗戰之責任」、「和平未到根本絕望時期，決不放棄和平，犧牲未到最後關頭，決不輕言犧牲」這些名句，傳誦一時。蔣知道很難打得過日本人，他在聲明中強調，「我們既是一個弱國，如果臨到最後關頭，便只有拼全民族的生命，以求國家生存。」這篇歷史性文告正是當時在山上的程滄波起草的，何以此類文告式的大文章不是依例由蔣中正的文膽陳布雷擔綱起草，卻落在程滄波手上？多年後，有一回南懷瑾在臺北當面問起好友程滄波：「滄公啊！你這篇文章是歷史名文，蔣老頭子怎麼會叫你寫呢？」程滄波精於翰墨，那時與南懷瑾時有詩文酬答，他比南懷瑾年長十來歲，但跟著老同學又是立法院老同事楊管北一起喊「南老師」，南則以「管老」、「滄公」敬稱，大家成了好朋友。南曾指程滄波「已無煙火當年氣，猶有文章命世才」，許為「一代文魁」，又向他招手「心

空壽相真如趣，行到維摩隊裡來」。程滄波告訴南懷瑾有關他受命起草〈盧山聲明〉（原名〈告民眾書〉）的原委，後來南懷瑾原話轉述說，七七事變發生之後，在盧山談話會決定抗戰的前夕，蔣委員長在盧山宴請一些社會名流、學者文人，胡適之也在內。來賓有些原來都是罵蔣的、恨蔣的，因為他們都罵蔣不肯抗戰。蔣對學者文人特別客氣，這是他的習慣，吃完了飯，站在門口親自送客，跟每個人握個手，說慢慢走，非常有禮貌。差不多送完客人時，程跟在胡適之後面，最後出來，胡走後，程向蔣行個禮也要走了，此時蔣叫住他：「滄波啊！你留下來，等一下我給你講事。」等客人全部送走後，蔣回到房間說：「你給我寫一篇文章。」程問：「委員長！什麼文章？」蔣答道：「我告訴你，下決心抗戰了，你寫一篇好的文告。」程一聽，起立向蔣行個禮說：「這個文告是國家大事，大文章為什麼不叫布雷先生寫呢？」蔣說：「你不知道，偏偏這要緊的時候，布雷先生病了，你是中國一枝筆，你可以代布雷寫啦！」「既然是這樣，我就寫吧。」程滄波知道擔子很重，應命之後再問：「委員長！你有什麼重要的話要吩咐？」蔣中正指示：「你文章一定要把我這個意思表達，焦土抗戰，一切房屋、土地燒光，都不留給敵人。地不分東西南北，人不分男女老幼，犧牲不到最後關頭，絕不輕言犧牲。以這個宗旨你寫一篇大文章。」

　　1976 年蔣中正已逝，程滄波在臺灣《傳記文學》雜誌（28 卷 4 期）發表〈蔣總統與我〉一文披露，「委員

長指示是『針對當前時局的一篇稿子，預備在訓練團發表』，約略談了十幾分鐘。」並要他在當天下午 7 時交稿，他一看錶，當時已過下午 2 時半，即致敬而退。回到仙巖飯店，立刻在房中凝思，而住在隔壁房間的胡適之不知如何知道他將起草一篇重要文稿，突然跑進他房間說：「委員長平時的文告總嫌過長，你此次能否用三百字完成此文？」程回答：「能用六、七百字或不超過一千字完成此文，已是吃力，三百字完成此文，我無此本事。」胡適之笑著走出去說：「不打擾你了！」正當程滄波再度凝思奮筆之際，錢大鈞（時任侍從室一處主任）敲門進來說：「因為夫人（宋美齡）要看文稿」，當時已逾下午 4 時，程滄波說道：「你快走，到五時再來取稿。」似乎心有不悅，5 時一過，錢大鈞準時來取稿，文長約二千字。當晚八時，程滄波如約來到官邸，蔣中正告訴他：「文稿已看過，很好，還有幾處要商量斟酌。」接著幾天，程滄波都到官邸繼續修改文稿，直到全文從原稱的〈告全國國民書〉改稱〈盧山聲明〉發表。另據前中國國民黨黨史館副館長、歷史學者劉維開，從國民黨黨史館庋藏檔案找出「盧山談話會」三個相關談話的版本研析，進一步理解蔣中正處理盧溝橋事變的「苦心孤詣」，足以呈現〈盧山聲明〉背後，蔣委員長與日方的意志較量，以及他下決心團結抗戰的心跡。從事變爆發到聲明發表的十來天中間，是兩國積極備戰時期，但中日雙方檯面下進行的外交折衝則針鋒相對，劍拔弩張。日方步步進逼並於 7 月 14 日針對

盧溝橋事件表態聲明，指「由於中國方面之計畫武裝抗日」而「決定派兵增援，以為必要之措置」，「希望中國迅速反省，以利事件之圓滿解決」；有鑑於華北當局與中央的步調未盡一致，蔣依據事態的發展，不斷思考拿捏以「抗戰」而非「宣戰」的立場，針對盧溝橋之事，發表一個具官方文書性質且等同於抗戰宣言的談話，藉以暴露「倭寇使用不戰而屈人之慣技」，並以「必戰而不屈之決心」，凸顯「倭寇虛實與和戰真相」，「集中一點作最後之反攻……此乃攻心之道」；此舉實足以顯現蔣中正當時對盧事的處理，在政略和戰略運用上之苦心。

　　劉維開在〈蔣介石盧山談話會講話發表經過〉（刊於 2014 年陝西《晉陽學刊》）一文中透露，七七事變後的 7 月 16 日晚上（次日上午，蔣中正在「談話會」議程的第二次共同談話中，要針對盧事提出因應報告），蔣中正囑陳布雷（時任侍從室二處主任）代擬一篇〈告民眾書〉，並口授大意，由蔣夫人宋美齡共同紀錄。由於此前陳已受命代擬同月 18 日蔣於盧山暑期軍官訓練團結訓典禮發表的〈建國運動〉講詞，他深感心力憔悴，在日記中透露，「兩稿疊寫，真覺手足無措」，乃先寫〈告民眾書〉，至凌晨 2 時半僅成二段，「不能再續，即就床睡，終不成眠」；第二天一早函呈蔣，說明〈告民眾書〉無法如期完稿，蔣同意他先擬〈建國運動〉稿。同一天蔣在日記中自記：「我表示決心之文書，似已到時間，此中關鍵非常心所能知也。人以為危而我以為安，更應使倭寇明知

我最後立場，乃可戢其野心也。」遂命程滄波撰稿代擬，希望全稿於當晚擬就。程受命後，就以蔣中正指示的要點草成初稿，並於當晚 7 時攜至陳布雷處再作斟酌，初擬標題為〈告全國國民書〉，兩人商議定稿後，立即送呈蔣過目。次日即 18 日中午蔣返回官邸，約集汪精衛、張羣、熊式輝及陳布雷等就〈告民眾書〉之內容進行研商；此時，來自南京的長途電話通報與日方交涉情況，「消息極惡劣」。至當晚 10 時，蔣又命陳布雷再補充修改，即將完稿時，張羣請見蔣，建議暫緩發表該份文稿，蔣不以為然，後同意延遲一天發表，並囑陳布雷將文稿改為「廬山談話會講詞」的形式發表。19 日一早，陳將修改完成的講詞稿送呈蔣核定。是日上午，日本駐華大使館陸軍武官喜多誠一自上海到南京，會見軍政部長何應欽，交換關於事變解決之意見，喜多的態度十分強硬，且語帶威脅，似無轉圜空間；隨後，喜多亦與參謀總長程潛會面，談話內容與在何應欽處所談相同。蔣中正據南京來報後，又得外交部高宗武報告，已派亞洲司科長董道寧赴日本駐華大使館會晤參事官日高信六郎，面致備忘錄，重申中國政府立場：「不擴大事態與和平解決本事件」。蔣認為此時已是宣示政府立場的時機，決定不再有所顧慮，乃指示陳布雷立即交有關單位對外發布。陳布雷在日記中自記：「午後四時再往官邸，聽取南京長途電話，知喜多……極無禮，高宗武司長亦來報告，七時決定將演講稿發表，即歸寓交中央社發表之。」蔣中正在當天日記則記載：「本日心苦

而身樂，聞喜多對敬之（何應欽）談話與高宗武之報告，決定發表告國民書。……此意既定，無論安危成敗在所不計。惟此對倭最後之方劑耳。」並稱「應戰宣言即發，再不作倭寇迴旋之想，一意應戰矣。」「講詞」見報當天，上海《大公報》短評稱：「這是一個弱國領袖赤誠的話，其中含有無限的悲與無限的勇。……和平必須在不損害國家的尊嚴立場之上取得；對方如不給我們這樣的和平，我們惟有拚國家的生命以取得之了。」蔣中正的〈廬山聲明〉一出，就普獲全社會的熱烈反響，中共自不例外，針對蔣的這篇談話，毛澤東也說：「確定了準備抗戰的方針，為國民黨多年以來對外問題上的第一次正確的宣言，因此，受到了我們和全國同胞的歡迎。」如此局面，應是西安事變以來中國政局罕見的空前團結局面，「一切為抗戰」，成了當時全國最高的共識，〈廬山聲明〉無疑起了凝聚共識的效應；而這篇歷史名文，在中日和戰危機中生成，由程滄波起草，陳布雷修訂，蔣中正核定，也因之載入史冊。

程滄波與陳布雷

　　程滄波舊學底子深厚，十五歲入學上海的新式學堂南洋中學之前，至少有十年浸淫在傳統舊學之中。高小畢業後考入常州中學，在入學前十天他那舉人出身的父親卻領他到江南宿儒、前清進士錢名山在武進（常州）老家開館授徒的「寄園」書院拜師，於是入園博覽經文，而有

「寄園才子」之稱。程滄波回顧他的寄園生活指出，「先生之學，不拘名物訓詁之微，而宗文章義理之大者。……寄園之徒，無長幼賢愚，談二十四史如數家珍。」後來，錢名山先生成為他的泰山大人。前述程滄波受命起草廬山聲明之際，斯時時局一片沉鬱，而錢名山則率先在上海《大公報》投書題為〈必戰〉的時論，主張「非戰不足以求存」，強調中日自甲午以來的血海深仇，「此仇不報不用生」。在大時代的波瀾面前，師生、翁婿有此佳篇，寧非「事有必至，理有固然」，豈歷史因緣巧合而已。

　　程滄波與陳布雷早在 1920 年代就結緣於上海灘，兩人都是才子型的江南文人，也是典型的民國報人。程滄波進入報界，走入政界，陳布雷都有提攜之恩，是程的貴人。兩人相識相交，緣於程在上海就讀聖約翰大學文科（後來轉入復旦大學攻讀歷史、政治）的同學也是陳布雷的弟弟陳訓恕。1923 年某日，陳訓恕約程一道去見時任上海《商報》主筆的兄長陳訓恩（布雷），此前程已在《商報》投了兩篇文章；見面時陳布雷盛讚程滄波的文章，給予極大的鼓勵，此後程經常替《商報》為文。程滄波自復旦畢業後，經陳布雷推薦擔任上海《時事新報》主筆，在報界嶄露頭角。不久，程滄波遠赴英國倫敦政治經濟學院進修，深受當時歐洲著名的政治學家、民主社會主義倡行者拉斯基（Harold Joseph Laski）的影響。1931 年程滄波返國初任國民黨中央政治會議祕書，次年 5 月，《中央日報》脫離國民黨中央宣傳部，轉為社長制面向社

會的一份黨營報紙，陳布雷再度推薦時年二十八歲的程滄
波出任首任社長，整頓社務，倡行「黨之喉舌，即人民喉
舌」的信條，也因兩篇文章而聲譽鵲起。1933 年 4 月，
陳獨秀與共產國際駐滬祕密交通站負責人牛蘭被國民政府
逮捕（中統張沖的傑作），交南京地方法院審判，章士釗
受陳獨秀委任為辯護律師，將其辯護詞油印散發外界稱，
「反對國民黨及其政府，並非反對國家；圖謀推翻國民黨
及其政府，並非圖謀推翻國家。」因「⋯⋯愚主陳獨秀偶
言推翻國民黨，並非危害民國，及布達未來之政治理想，
無悖於近世立憲國之通則。自信確有法據，深協人情。」
程滄波遂於該年 4 月 26 日在自家報紙署名發表〈今日中
國之國家與政府（答陳獨秀與章士釗）〉一文，章隨後在
上海《申報》申辯，雙方大打筆戰；5 月 7 日，程滄波再
發文〈再論今日中國之國家與政府──答章士釗〉，這兩
篇文章為中國國民黨的一黨執政展開辯護，是役為程滄波
接掌中央日報改制近一年以來，鋒芒初試，他亦因此役而
一鳴驚人，聲動各界，一時京滬紙貴；陳布雷稱閱讀此文
「為之喜而不寐」，蔣中正的南昌行營祕書長、政學系要
角楊永泰則自行營專電致賀。

　　值得一提的是，程滄波剛剛接掌新制中央日報未及彌
月，就收到高宗武以「高敏」署名的投稿──〈日本之法
西斯蒂運動〉，文章分析當時 5 月 15 日日本首相犬養毅
在官邸遭暗殺事件（史稱「五・一五事件」），短短六百
字析論事件背後的思潮和日本政局。文章見報時，文末編

者加註小啟，約作者面談，此時高宗武才想起，由於急於
發稿，忘記註明住址和本名，他用的是在家鄉上小學的名
字。後來高宗武到報館與程滄波見面，兩位同齡人，又是
同在 1931 年自海外歸國學人，在熱情交談之餘，程滄波
當下與高商定，專門為他開闢日本問題專欄，每週寫二至
三篇評論文章，從那時起，高宗武除了受邀到中央政治學
校授課，又成為南京《中央日報》的評論員，同時賺取
兩份酬勞，他事後開心地說：「拿兩份錢，何樂而不為
呢？」其時亦足以讓他在京城定居過日子了。此後，每天
必讀《中央日報》的蔣中正也注意到高宗武的文章，對他
的日本問題的見解很是欣賞，曾約見長談，不久又請他到
中央總理紀念週會演講國際問題，並引進軍事委員會諮詢
對日外交。這時高宗武的文章也同時受到行政院長兼外交
部長汪精衛的注意，不久力邀他加入外交部亞洲司任職。
程滄波延續陳布雷的中國「舉薦」傳統，為國求才，以一
篇短文為推手，適時造就當時中國對日外交的一顆閃亮彗
星，一時傳為佳話。

高宗武到臺灣

　　隨著國民政府退走臺灣，抗戰、內戰的烽火偃息，
1950 年代海峽兩岸的冷戰對峙登場，大時代的歲月流轉持
續演進。1967 年仲夏，高宗武夫婦與萬墨林（杜月笙的
大管家）自上海分手近三十年後在臺北重逢，一時之間，
恍若隔世，1940 年代戰時上海「孤島歲月」的人情與世

故，統統在 1960 年代冷戰歲月的臺北重現。這一幕是高宗武自 1940 年初逃離上海，在香港引爆「高陶事件」遁居美國二十七載後，重新踏上國土最感人的一刻。事件當時，在港的杜月笙得到徐采丞專程自滬到港當面傳達高宗武「反正」的信息後，全程居中連絡渝、滬兩地，且多次趕赴重慶與蔣委員長席前專對並在蔣面授機宜下，返港向徐采丞當面指令，配合萬墨林，保護高、陶及其家眷安全脫逃上海抵港，揭發日汪賣國密約而風雲一時。嗣後萬墨林卻因策應高、陶逃亡而遭日本憲兵隊逮捕，經杜月笙積極營救，徐采丞在日本軍部奔走，萬墨林終於獲釋，也挽救了國民黨在滬上的情報特工網免於崩毀。高宗武感念在心，為了重逢這一刻，高宗武到了臺北，一方面祭奠杜月笙，另方面慎重委託老友程滄波代為安排餐會，也為了避開媒體記者三推六問，大煞風景，程滄波取消在大飯店會面，改在楊管北公館餐敘。當天晚宴在座的還有南懷瑾、蕭同茲（國民黨中央社創辦人、時任國策顧問）、陸京士（杜月笙門人、時任國民黨中央政策會副祕書長）、張明煒（時任國民黨中央四組副主任、抗戰時曾任中央日報社長）等人。高宗武見到萬墨林，雙手握著萬墨林的手，久久無語，最後哽咽地說了聲「謝謝」！老友重逢往事歷歷在目，不勝唏噓，高頻頻乾杯，喝了不少酒，他舉杯對老友說，這一天是「此行中最值得紀念的一日」。餐會的最後高潮是南懷瑾當堂揮毫賦詩一首送別高宗武，詩云：

震世聲名憶昔年，愁多家國海如天。

風雲陳跡依稀在，今古茫茫夢似煙。

接著程滄波也賦詩一首云：「千言萬語從何說，世事玄黃三十年。壯士由來寧斷腕，孤臣底處可歸田。五湖秋水神仙侶，瘴河紅塵並蒂蓮。酒星憑欄還回顧，遠山環含碧如煙。」四年後的 1971 年 10 月 5 日，高宗武在華府寓居親書〈壽萬墨林先生七十〉祝賀文寄往臺北萬家，贊其為「臨難不苟免」的「中華大丈夫」，敬以「智仁勇」三達德，為中華大丈夫及其夫人壽。

樂清一賭徒

1967 年 8 月 12 日晚，南懷瑾擺了一桌宴請高宗武夫婦，為他夫婦洗塵。南、高兩家是兩代世交，南懷瑾父親與高宗武父親是至交。當天高宗武密會蔣中正，已是返臺的第五週，主人邀了楊管北、程滄波和時任憲兵司令部政治部主任的蕭政之作陪。席間高展現他的好酒量，賓主暢敘歷史人生的變局，酒酣耳熱之際，高宗武告訴蕭政之說：「噯！你是憲兵政治部主任，我是大漢奸啊！你可以抓我，隨時可以槍斃我的。」大家開著玩笑。南懷瑾應聲說：「不要喝醉了吧！蕭政之不但不會抓你，還恭維你是老前輩呢！」高於是當著楊管北對南懷瑾說：「我啊！歷史上罵我是大漢奸，也有講我是大愛國分子，我都不在乎，我唯一在乎是你。」南說：「什麼意思？」高宗武指

出：「你小的時候，我就曉得你將來是會寫歷史的人，你對我的看法（評價）是什麼？」南懷瑾有點為難說：「你不要開玩笑了，抗戰以前你的聲望如日中天，是亞東司的司長，管日本的事務。那時你才三十出頭歲數啊！比我大了好多，你爸爸到我家跟我爸爸談話，我是站在旁聽的，現在你叫我對你下一個評價，我是後輩，很難啊！」高宗武說：「老兄！不要客氣了，我們是通家之好，你將來是歷史人物啦，你講吧。」南懷瑾問高有沒有喝醉，真的要他講？兩人一番客氣推讓後，南懷瑾直言：「我給你個評價：漢奸嘛！好像也是；愛國嘛！也不錯。我看來在漢奸愛國之間，你是個賭徒。」此時，高宗武眼睛發亮，拿著酒杯對著南說：「你怎麼講？」話音剛落，南懷瑾不急不徐說：「人家賭是錢，賭身家性命，你是拿國家出來賭，賭自己的一套。」高宗武表示：「你說得太好了，你將來寫歷史就說我是樂清一賭徒吧！」杯觥交錯之際，南、高兩人合意，為「樂清一賭徒」歷史定位。難怪南懷瑾賦詩為高宗武送別要說，「愁多家國海如天，今古茫茫夢似煙」。南懷瑾赴美後，還到華府與高宗武敘舊。（參見《對日抗戰的點點滴滴》，頁 21，南懷瑾口述，2015）

　　高宗武來美後雖隱姓埋名，低調過日子，但與當道或友人仍有書信往來，而且心思細密，行事謹慎，特別是發給友人的書信，往往存有抄本，因此身後留有大批書信謄本，他的親友夏侯敍五（本名侯鴻緒）根據這些書信謄本、回憶錄手本及其他一手資料，撰成《高宗武隱居華盛

頓遺事》一書，頗具相當參考價值。依據該書披露，高宗武在 1940 年「高陶事件」後，蔣中正送他五萬美元，要他趕緊去美國，後來國共內戰吃緊，1947 年底高宗武就被中央斷供，此前上海銀行家一度想請他引入美式經營方式，回國主持上海證券管理事宜，但又受有關人員強力勸阻，他不得不在美炒股謀生，最後成為代客操盤的投顧專家。事實上，他自來美後私下早就默默對美國工商業下過功夫研究，1948 年至 1950 年三年經濟最困難期間，他投入股市相當順利，「自笑匡時好才調，被天強派作商人」。他主張一切收穫皆由耕耘而來，認為一心一意投機取巧者，往往佔不到此中任何便宜，而且他替朋友操盤獲利也不收朋友的酬勞，因而受到朋友信賴，包括他在美的終生知己胡適及夫人江冬秀，另在臺北和香港的老友如陳立夫、蔣彥士、魏道明、程滄波、王益滔、胡敘五、梁和鈞等十多位也都委託他代理投資股票。

「樂清一賭徒」高宗武，在流星般的從政歲月中，乍起乍落，其堅毅的「賭性」一展無遺。他算不上歷史大人物，卻是個「歷史製造者」，在歷史的迷霧中輾轉流連，九十歲的人生旅途，有三分之二的歲月在放逐中流逝。

蔣中正的「私人耳目」？

高宗武返臺最要緊的一件事就是會見蔣中正，事實上他也見到了蔣中正，並非如有些文章所說，高宗武此行

「擬請見昔日蔣委員長未果」，連歷史學者唐德剛都武斷說「1938 年夏高宗武赴日後，高、蔣兩人以後也就一輩子沒有再見了」；至少如前述南懷瑾在高、蔣見面當晚宴請高宗武夫婦時，主人南懷瑾就已知曉了。

　　早在 1960 年代初，張羣多次訪日歸來突生感觸，認為中日戰爭初期的那段歷史要盡快寫出來，他想起當時代表中方與日本交涉的老部屬，即遠在美國華府「隱居」的高宗武，並通過另一位朋友轉告高宗武，但他並不知道高此前十多年已在胡適的幫助下，早就一直默默撰寫英文回憶錄《深入虎穴》，只有極少數人知悉。高宗武得知張羣的想法，至感欣慰也感念老長官的關愛，於是高在 1967 年 4 月 20 日寫信給張羣，不再避諱寫回憶錄之事，且「今夏擬赴日一行，在圖書館舊書坊找點資料，藉資參考。一俟完全脫稿之時，當寄呈請教，……。經過臺灣，欲作一星期之逗留，一抵國門，當首先前來拜訪。」至此，高宗武又筆鋒一轉，說「總統日理萬機，僑民過境不應有所奉擾，惟回憶昔年栽培庇護之厚恩，若不叱名致敬，親表謝意，似亦非舊屬後輩應取之道。敬請先生及滄波兄代為考慮裁奪為幸，萬一宗武過境於公於私或稍有不便之處，則請告滄波兄一聲，宗武可變更行程，逕往日本而返美。」高宗武此番修書，當係深知張與蔣之關係不同於一般，張羣此時任總統府祕書長，「囑他撰寫這段歷史，絕不僅僅是他個人的意思，也代表了蔣的旨意，所以想借此機會見蔣，探聽一下蔣的真實意圖。」此信發出，久久不獲回

音。正當高宗武納悶之餘，突又接獲程滄波來信，囑咐他來臺晉見之事，最好直接發函給蔣本人。程滄波的「建議」，如非張羣示意，至少也反映張羣的意思。高宗武心領神會，接信後連夜修書，次日一早就送達駐美大使館代為轉呈，「以償三十年來之宿願」。此信發出不久，就接到張羣簽發的「五六臺統（一）仁字第 3148 號公函」，而該公函係於 5 月 11 日發給程滄波轉高宗武，而非直接發函給高宗武；表面上看是一封張羣本人轉達的復函，而實質上卻又是總統府發出的等同於邀請訪臺的公函，此舉亦可見此老工於心計的老派作風之一斑。

事實上，高宗武抵美後，時刻密切注視國內外相關的政治、經濟乃至外交、軍事形勢，而且不忘向國府有關人士建言，絕非在美國當寓公、自了漢。1946 年 4 月 2 日他就有一份「密報」向蔣委員長提出，內中陳明欲向美借款，則以政治借款為上策，退而求商業借款；而「現在若欲向美借款，似以指派一批美國人心目中所謂中國之正人君子商量談判，較易就範，同時在美政府方面，亦可借此轉彎，打開僵局。」高宗武在報告中推薦胡適、陳光甫（1881-1976，上海商業銀行創辦人）兩人，最多相宜，又謂「若能請陳光甫先生出任駐美大使，則華盛頓官方及紐約華爾街方面對華觀感，或可一新。」高宗武向蔣推薦陳任駐美大使雖然未果，但蔣不久就任其為國府委員，並擔任中央銀行外匯平衡基金委員會主任委員，參與國府的財經政策制定。高宗武在「密報」中還就國府派駐美國少

數要人及眷屬生活奢華、政府購料委員會人浮於事、紐約官僚資本的揚子、孚中公司為識者病之以及駐美使館行政紊亂和精神散漫等情，一一點名批判，不久之後，孔祥熙、張羣相繼赴美，那年 10 月 16 日張羣抵達華盛頓，高宗武去火車站迎接，22 日，張羣在毛邦初家中請高宗武吃飯談話。顯見高宗武已成蔣中正在美非正式的「私人耳目」之一，而此時高也有返國工作的意願，並發出「密函」之後又致函陳布雷，請求回國工作，蔣中正也贊同。不料卻在同年 11、12 月間接連收到杜月笙、董顯光（時任行政院新聞局局長）等人飛書勸阻他返國，高在進退兩難之際，忽然接到回到國內任北京大學校長胡適的來信和一份剪報，閱讀剪報後始知國內正在審訊漢奸周佛海、梅思平、李聖五，在報紙報導中，每當審問「和平運動」初期活動，當事人均供出高宗武參與其中的行為；高恍然大悟，瞭解此時返國時機不洽，決定作罷。後來國內內戰方酣，高宗武返國之夢，化為泡影，流落異邦；此時他自比一生悲苦的清代詩人黃仲則的心境：「不禁久病精神減，詎意長閒意氣消。」

敬佩胡適之和杜月笙

　　高宗武於 1967 年 7 月 17 日夜間抵達臺北下榻圓山飯店，旋於次日看望胡適夫人江冬秀，19 日上午就到南港胡適墓園祭拜。接著又到汐止祭奠杜月笙，難忘杜月笙在他生命中所賦予的恩情厚意。高宗武生前常對人說：

「我一生最敬佩的有兩個人，一位是胡適先生，一位是杜月笙先生。」高宗武與胡適的關係，是亦師亦友；胡適在抗戰前即同高宗武往來很多，兩人都主張以外交方式，阻止中日開戰，被視為「低調俱樂部」的要角。胡適持節華府時，兩人往來頻繁，常一起品酒談心，胡適曾戲稱高府是「高家酒店」，最愛高宗武調配的馬蒂尼酒。1940 年「高陶事件」揭發汪精衛與日本人的密約，杜月笙成功護衛高宗武和陶希聖及他們的家人逃離上海抵達香港，期間杜居中全程調度，扮演關鍵的角色，功不可沒，但在此期間也因此得了氣喘病，晚年痼疾纏身，痛苦不堪，直至病故。根據杜的老管家萬墨林透露，杜為「高陶事件」多次乘飛機往來渝港，當面報告蔣中正相關情報並聽取指示。當時日軍已控制廣州灣，從香港飛重慶的風險升高。有一回，杜月笙由重慶飛回香港，途中突遇日機機槍猛射，空中驚魂，險象環生，機師被迫升高至八千英呎，以擺脫日機糾纏，終於逃過一劫。然而飛機升空之際，高空氣溫驟降，低溫襲人，杜月笙因此罹患氣喘病。高宗武得悉此情，深感愧疚，在美經常為杜購藥郵寄或託人送達，並為其治病，四處奔波代為尋醫問藥。

蔣中正密會高宗武

8 月 11 日上午，高宗武夫婦依既定行程，正要出門時忽然接到張羣來電，約夫婦倆中午到他家吃便飯。中午依約提前到張家見面，張羣交給高一個信封，上書「高宗

武先生──蔣緯」，拆開一看，是一張印刷精美的請柬，由蔣中正／宋美齡署名，訂於次日即 12 日下午 4 時 30 分舉行茶會，地點在陽明山中山樓會議廳。此刻，高宗武激動不已，餐桌上的一小杯酒一飲而盡，張羣望著高點頭微笑。由於請柬未列出高宗武太太沈惟瑜，後者倒不介意，高才放下心來，接著張羣把下午如何行動的細節詳細交待。根據高宗武的日記記載，當天天氣有陣頭雨，他抵達中山樓中山堂會場，「嚴副總統、孫哲生（科）、蔣經國、陳立夫等新舊要人皆在那邊。陳立夫替余介紹嚴家淦及蔣經國兩位，因為余與他們第一次見面之故也。今日之會余為最後告辭者。三十年未見，蔣之精神大致如舊，亦為不易。余謝他過去之照拂，他謝余來看也。」蔣、高這次見面為自抗戰、蔣中正與汪精衛鬥法到「高陶事件」、國共內戰以迄於國府敗退臺灣，歷經近三十年之後，兩人之間的關係諱莫如深，眾說紛紜，也到了該落幕的時刻了。這次會見，極端保密，連國府的許多中央大員也不知絲毫內情，新聞媒體當然更是毫無所悉了。

另據 2011 年 1 月 7 日中國大陸傳媒《光明日報》／〈光明網〉轉載《博覽群書》雜誌文章，作者夏侯敘五指出，當天下午 2 時，高宗武夫婦依行程先到臺北西門町新世界大戲院的開幕典禮，接著在放映廳觀賞美國新片《四虎將》，放映快過半，高就在昏暗中悄然無聲走出戲院大門（太太繼續看電影），鑽進停在大門口的一輛黑色轎車飛馳而去。轎車在陽明山上奔馳，不一會兒工夫便在一幢

小樓前緩緩停妥。高宗武下車走出來，抬頭望見小樓上方鐫刻「中山堂」三個大字。這時一位青年走過來，十分禮貌地說：「高先生，請隨我來。」便引導高宗武進入會議廳。已如前述高宗武日記所載，陳立夫適時扮演為高宗武引介當時國府新的要人——即此前一年蔣中正四連任的副總統搭檔嚴家淦以及國防部部長蔣經國（兩年後小蔣升任行政院副院長）。高宗武不是國民黨員，但他與陳立夫的關係相當「神祕而莫測」，有人指他從抗戰以來，就與以陳果夫、陳立夫為首的國民黨 CC 派中人往來密切，不排除也是「CC 派中人而且是直接聽命於陳立夫的高級特工人員」。（參見《隱居華盛頓遺事》，頁 49-53）茶會結束後，蔣中正示意高留下，又與高單獨談話。高的太太沈惟瑜身後留下的日記記載，「總統與宗武談話約半小時」，這半小時可以談很多話，究竟談了些什麼？未見任何片言隻字的紀錄，而今兩人都已作古。高宗武從 1932 年在《中央日報》投稿評論日本首相犬養毅事件，受到蔣中正注意，到蔣有意邀他入侍從室工作，再到 1938 年蔣派他到香港蒐集日本政局情報，一直到 1940 年「高陶事件」被蔣「放逐」美國，到如今 1967 年在臺北密會，就像高自己在日記描繪這場茶會的一幕：他是「最後的告辭者」，自此兩人走到了終局；而這兩位浙江老鄉三十多年的君臣關係起起伏伏，其不足為外人道者，又如濛濛煙雨，永遠籠罩著一層神祕的面紗。史海鈎沉，其心境恰似蘇軾的一首詩偈《觀潮》所云：廬山煙雨浙江潮，未至千

般恨不消，到得還來別無事，盧山煙雨浙江潮。

「天下說客」何成濬

　　南懷瑾在臺灣親見親聞交往的老將當中，勾起了不少民國祕辛、抗戰塵埃或史海的沉煙，其中以擁有「天下說客」和「雜牌軍的天才領袖」美譽的湖北人何成濬（字雪竹）最具傳奇性，南懷瑾稱他「是讀書人，也是大軍閥」。何成濬是蔣中正的老友，雖僅年長蔣五歲，但資歷更深，是前清秀才出身，1904 年由張之洞選派留學日本，學習軍事，在日本振武學校為蔣中正的學長。民國前後從辛亥革命、倒袁、護法到北伐、剿共、抗戰，他無役不與；北伐之前，何在上海與陳其美過從甚密，並共同經營證券交易所買賣，因而認識蔣中正；抗戰勝利後，他服役滿四十年以上將之尊獲頒青天白日勳章，但他與蔣中正之間的「君臣之道」，則令人不覺莞爾。

　　有一回，何老總（何作過總司令，大家都暱稱「何老總」）在臺北家中請南懷瑾等人吃飯，南對主人也很恭敬，席間趁機問他：「雪公啊！你這幾十年上的條陳，從北伐、抗戰到現在，聽說蔣先生對你的條陳是言聽計從。」何說：「對啊，沒有不聽我的。」南又問：「可是聽說你的條陳，後面都有點某名其妙，你告訴老頭子（蔣中正）哪裡有個神仙，哪裡有劍仙，把他找來，日本的飛機就不怕了，手一指就掉下來……。」南懷瑾進一步補充說，因為你的地位，大家不敢問、不敢說，都覺得有點迷

信。何成濬聞聽後哈哈大笑說：「一點都不迷」，他也學佛學道。何成濬說：「你不曉得，凡是皇帝都很嫉才的。」經此一說，南懷瑾當下也哈哈大笑說：「雪公啊，你這個人真是高明，這些是作人做大事業的祕訣，不要傳給別人啊。」後來南懷瑾指出，其實這是何雪竹保護自己的方法。南懷瑾說，凡是當領袖的人都很嫉才，都怕下面的人恃才傲物，有本事看不起別人，所以何雪竹最後故意弄拙給老闆看，結果老闆什麼都聽他的，因為老頭子會有個心理：何雪竹很了不起，就是有一點迷信，腦筋不清楚。南懷瑾透露，大家在吃飯時，談到何雪公代表蔣中正與張學良談判東北「易幟」的故事。當時，「表面上南方的國民黨政府北伐，實際上是政府派吳鐵城去東北談判交涉，但幕後真正的代表則是何成濬，過後他講起來是花了五十萬銀元，把東北張學良那邊買過來的。」在飯桌上，何成濬憶起買通「少帥」張學良部隊的往事。完成任務後他回來向北伐軍蔣總司令報告說：「買通這些團長、營長起碼一百塊（大洋）〔按，銀元俗稱大洋，當時大學教授的月薪約為三百大洋〕，這些沒辦法報帳；團長以上每人五百、一千，還可以報一點帳，怎麼辦？」蔣老頭子一聽，桌子一拍：「唉！雪竹啊！我們是老朋友了，五十萬銀大洋買過來半個中國，還有什麼帳可報的！一切我負責了，所有是非功過我揹了，你已經是立了大功。」後來大家都稱何是「軍師」，其實他本身就是湖北地方的實力派軍閥；且因其與陳其美（英士）的關係，陳立夫以長輩尊

稱，他的鄉長、國民黨西山會議派的要角居正則視之為「湖北家長」。

　　根據何成濬口述歷史和相關介紹（參見中央研究院《獻身國民革命——湖北省主席何成濬訪問紀錄》、「維基百科」），何成濬留日時經同學黃興（克強）推介加入同盟會，結識孫中山。1909 年回國後受黃興影響，為厚植革命力量而投入清軍，並追隨孫中山、黃興參與辛亥、倒袁、護法諸役；摯友黃興去世後他加入中華革命黨，並與陳其美、蔣中正結合，推動國民革命運動。自辛亥到北伐，何成濬的主要工作幾乎都以聯絡各省軍隊、策反收編為主，從而展現他統合各地雜牌軍的領導統御能力以及不戰而屈人之兵的遊說天才；此一機緣係因民國以來，國內習軍事者多留學日本，返國後多為當道延攬或自立一方，而何在日學習六年，先後就讀振武學校和士官學校，其中先後期同學或同僚之誼者頗眾，遂能廣通聲氣；後因其個性厚實誠懇，且又口才無礙，經常受命隻身潛入敵營，遊說主帥歸順，乃能兵不血刃而屈人之兵。

中原大戰　撒錢兵法奏效

　　北伐戰爭期間，何成濬曾先後遊說過孫傳芳、方本仁、閻錫山、張學良、唐生智，包括蔣桂（系）之戰、中原大戰、東北易幟等重大戰役，他奔走各方，大顯身手，為蔣總司令拉攏和分化各路軍閥，立下大功。例如東北易幟的前一年，何就潛赴瀋陽聯絡張學良、張作相，有如前

述，策劃東北易幟；桂系反蔣，他又唆使桂軍部將倒戈，
從而迫使桂軍潰敗，白崇禧被迫從平、津狼狽出走，在蔣
桂之戰中，桂軍最終以失敗收場。與此同時，中原大戰登
場，大小軍閥混戰，何成濬用銀元大量收編以馮玉祥部為
主的北方軍隊小軍閥；他自述「北起張家口，南到徐州一
路的馮系部隊全被收買。」此被視為廣施「撒錢兵法」。
大戰後，幾乎賠光老本的馮玉祥甚至在日記中感嘆，他的
西北軍哪兒都好，就是一見不得錢，二見不得女人。事實
上，一群小軍閥在中原大戰戰場上也是首鼠兩端，交戰雙
方都派出代表談判，無論結盟或交戰，各自的代表都泡在
何成濬用火車車廂佈置成的「流動酒店」裡把酒言歡，在
大大小小的交易中不停地簽字畫押，只要價碼合適，袁大
頭和煙土到位，戰爭也就結束了。1928 年濟南「五三慘
案」爆發，日軍阻撓北伐軍北上，當時國府主席譚延闓、
蔣中正都在山東泰山的火車上因應危機，隨員張靜江、吳
稚暉等力主指派熊式輝與日人交涉，遭日方以代表性不足
而拒談，蔣乃指派何成濬上陣，以全權代表赴濟南的日軍
司令部交涉。後來何因堅拒簽具屈辱的協議，交涉第一天
就被日方軟禁並斷供飲食，當晚日軍參謀長黑田（何的士
官學校同學）親送飲食來見，力勸他簽字；何嚴詞拒絕並
正告黑田，即使將他解送日本，他也不會就範，蔣總司令
也不會簽字。次日黑田勸司令官福田放人，並由何攜回福
田致蔣中正的長函；無奈之餘，蔣同隨員商議，最後接受
何提出的方案，繞道北伐。北伐軍最終底定北平之後，何

仍受命回頭與日軍的師團長談判，結果日方同意撤軍交還濟南。

　　何成濬自日返國投身革命，三十年的說客生涯，毋寧說是百年動亂中國的一道特殊歷史景觀。1992 年他的故鄉湖北人民出版社曾出版《中國十說客外傳》（張禮智著）一書，其中何成濬是近現代史上唯一入列的「大遊說家」，顯見其聲名在外。1939 年抗戰前期，何成濬正式告別了說客生涯，被委任為軍事委員會軍法執行總監，他以「案無冤曲」為工作準則，整肅軍紀，但又宅心仁厚，對蔣委員長在盛怒之下批示的死刑犯，如查明確係受有冤屈或罪不致死者，他往往「刀下留人」，採取拖延的辦法，暫緩執行，待時過境遷，俟蔣中正氣消之後再委婉陳明，重擬改判，何任斯職八年以來因此而活人無數。

　　何成濬素有「孟嘗之風」。早在民初討袁失敗後出亡日本，1914 年又受黃興之託回到上海入住法租界，以「駐滬軍事特派員」身份，負責聯絡各省革命同志，繼續展開反袁鬥爭。當時在滬的湖北籍辛亥同志還有居正、田桐、蔣作賓等國民黨人，而何宅也經常有閒人暫住，他不僅供應食宿，有時也支應零用金或引介工作，曾經也提拔過青年同鄉吳國楨、徐復觀諸人。何成濬與蔣作賓（曾任駐奧地利、德國和日本公使，以及駐日公使升格後的首任大使）是同齡人，在革命的道路上都受到黃興較大的影響，堪稱「革命伙伴」，兩人既是同鄉、同學更是同志，都曾效命孫中山帳下，因出道較早，兩人無論資歷、輩分都在

蔣中正之上，應屬黨國大老，但都竭誠輔佐蔣中正的國民革命軍。黃興去世後，其家眷都受到何的長期照應；至於故人蔣作賓身後蕭條，故人之子在海外就學的學費，也都在何的奔走下，得到蔣中正委員長及教育部的資助，且應故人遺孀之請，代為安排落實就業，以補物價飛漲下的日常生計。值得一提的是蔣作賓的四子蔣碩傑，先後在英國倫敦政經學院和劍橋大學完成大學到博士的學位，且因表現傑出，成為國際經濟學大師海耶克的入室弟子。1946年蔣碩傑返國後任教北大，與同一時候返國任教清華的經濟學者劉大中結為摯友，並經常向當局提出穩定金圓券等貨幣政策的建言，蔣中正通常立表採納，惟此時的社會經濟情勢已陷危機，沉痾難起。蔣、劉兩人後來加入國際貨幣基金會（IMF）工作，在西方經濟學界嶄露頭角，1950年代晚期先後當選中央研究院院士，對臺灣的貨幣、匯率、利率和賦稅改革以及產業政策，多所獻策，影響了此後四十年間臺灣經濟發展的路徑。從北伐、抗戰、內戰到國府遷臺，蔣作賓、蔣碩傑兩代人與國府「兩蔣」的歷史因緣，洵非偶然，此中至少也有何成濬的功德在焉。

　　南懷瑾集人緣、法緣的人生特殊經歷，得識百年中國三個世代的若干文臣武將。放眼清末民初以來，「革命」的潮聲激盪，遍地烽火，他尋思其未能統一中國的根本原因，在於人人爭做「天下第一人」，而非以「軍功」取天下。

革命黨僥倖取天下

　　1987 年仲夏，南懷瑾去國客居美國華府已屆兩年，此時中國大陸正邁開改革開放的步伐，在臺灣的蔣經國則在此後半年遽逝。南懷瑾在華府坐觀天下大勢，展望中國未來，為兩岸留學生開講，細數中國百年動亂的歷史根源，鼓勵留學青年學成返國建設家園。他指出，「推翻滿清的時候，革命當然也不是全民的（革命），而是一個時代的趨勢。」「革命黨包括國民黨推翻滿清，嚴格說都是僥倖取天下。」南懷瑾強調，從滿清覆亡到民國肇建以來的歷史因果，「這個階段不是（靠）戰功，借用共產黨現在的觀念來講，是人民的暴動，是由社會的動亂、輿論、民氣、風氣所形成的，沒有戰功；只是民國 38 年（1949年）共產黨統一中國以後，能夠站得穩，至於民國 38 年的戰功，這點大家不能不注意，這是我們（國家）這個國情、民族形成的不同地方。」為此，他以歷史因果關係論，下了一個歷史評斷：「在我們幾千年的歷史哲學上、歷史發展的慣例上，功與德兩方面不能說沒有，但都很欠缺，最後演變成僥倖而失天下。」南懷瑾特別舉出中國歷史上所稱的「公天下」概念，強調「不一定以現在西洋民主拿來作主宰的，（而是）包括了民主、也包括帝王的統治，不以私家、不以個人的榮耀與成功為標準。」他分析，三代以前的政治思想，以功德政治的道德而言，他們對於國家民族社會，只有貢獻，很少破壞，都是建立在貢獻、奉獻上，而以堯、舜、禹這三代最偉大。三代以後，

所謂父子相傳的天下,當然變成私有帝王政權,但是以功為主,這個功不僅止於戰功(通常先有軍功);統一中國以後,則著重於傳統政治的進行(至於傳統政治二、三千年的帝王制的好與壞、對與不對,那是另外一個問題)。綜合這兩個道理,形成政權的「功德巍巍」,有功又有德,這也就是包括孔子刪詩書、訂禮樂、作春秋,形成「六經」的那個精神。南懷瑾總結,「以中國的歷史、民族、國情,特別是自三代以來,尤其是秦漢以後,沒有哪一代不是以戰功先統一中國而建立文治,進而構成一個朝代這樣一個重要的觀念。」

　　回顧清末以來的變局,南懷瑾指出,康有為、梁啟超都想用群眾的力量改變現實,然而中國的文人從孔孟以來一直都是如此,可以說都是依草附木,像藤子一樣,扒著草、扒著木長大的,沒有辦法文武全才得天下,進而影響一個時代。「至少在那個時代中,只有孫中山有一個具體目標,可惜也沒有真正實現,是不是實現以後,真正對國家有多大好處,都是問號。不管哪一派哪一黨,既無功也無德,沒有功德的成就。」他強調,毛澤東講得「槍桿子出政權」,不是套話,在戰國時代,蘇秦就講過這個思想。南懷瑾說:「以蘇秦的經驗再加上歷代的歷史經驗,再看推翻滿清以後的歷史經驗,這是必然產生的結果。準確一點說,要想改變一個國家歷史時代,沒有實際的力量,沒有實際的權力,一切都屬於空談。」

　　南懷瑾點評這百年來的時代動亂:「歷史是個因果,

很明顯的因果，為國為天下的人，要注重自己中國文化是
以功德取天下的。」對照當代選票政治，政黨對立攻伐，
民主政治已成「否決政治」（Vetocracy），一事難成，中
國「公天下」的功德政治哲學精神，實有其參照價值，不
宜膚淺地視之為封建文化。

第四章
用舍行藏總是仁

　　南懷瑾從基隆移居臺北近三十年，直至 1985 年夏天
離臺避居美京華盛頓，期間他從私人講學的講堂走向社會
公共講壇，致力於弘揚人類文化，一手扶持儒家，一手扶
持道家，踐行其接引十方大眾、收拾人心、匡復時代的初
衷。檢視其《金粟軒紀年詩初集》中部份詩句，「一生
志業在天心，欲為人間平不平」，又云「欲為天心喚夢
醒」、「用舍行藏總是仁」，可見其願力。

私人講學　弘揚文化

　　1960 年代前後，南懷瑾的臺北「奇岩之會」私人講
學，是個饒富意義的文化平台，在晦暗的歲月，書寫時代
的將來。他與奇岩精舍主人翁楊管北二十載亦師亦友的奇
緣，也是殊勝。追隨南懷瑾參禪學道四十年的居士劉雨
虹，生前曾以「首席貴人」來形容楊管北與南懷瑾兩人之
間的特殊關係。楊管北長期護持「南老師」傳道、授業、
解惑的弘法志業，連帶對南懷瑾的日常生計也多所照應，
一如他對外界的布施。1977 年初春，楊心臟病復發，不
久去世，其時南懷瑾正在臺北掩關，時刻遣其學生關注楊
的病情，甚至破例出關探病；在當年 4 月 2 日掩關日記曾

提到：「忽憶二十年來我所親知親見者，管老施棺、施地，予人埋骨。施醫有很多次，皆為人所不知者。……每一次皆花費甚多。其他我所經手布施者尚多，從來不問我其人其事，不過我也隨做隨忘了。」多年後，楊的獨子楊麟追憶：「從大陸退下來的人，有錢的大多去了香港，沒錢的到臺灣，而老師（南懷瑾）又因生意失敗，什麼都沒有了，自顧不暇，連生活都成問題。老師講，我父親當年每個月都會支付他生活費，但我父親沒跟我提過。」1960年代頭幾年，南懷瑾一家六口，四位子女都在就學成長中，日常生計之沉重，可以想見；而他又好客清談，家中小小空間經常坐滿朋友、學生論道談詩，妻子則忙著煮水泡茶待客，一天下來用掉一斤茶葉，也是常事。他有七律、絕句兩首，吐露著當時的日常：

> 微軀病骨苦撐持，好客清談情更痴。
> 學道無成聊守拙，入山有意奈何時。
> 百般著相妄言佛，萬念難空又作詩。
> 莫誤虛聲勞過訪，乞留殘命為妻兒。
> （《謝客》，1961）

> 金粟軒中佛法空，油鹽柴米意朦朧。
> 劇憐來往談天客，不是衰翁即病翁。
> （《戲言》，1964）

在那個晦暗的時代，南懷瑾的清談，聲譽日隆，各色人等，絡繹於途，其中實有不少俗客、惡客反而帶來一些塵俗煩擾，而有《謝客》、《戲言》之嘆。雖是如此，但從後來回看，似仍未能遠避人擾，看來他幾次閉關清修、埋頭寫作，頗有「謝客」之妙。

南懷瑾一生四處奔波，經常搬家。移居臺北後，也搬了幾次家，剛開始住在龍泉街一個菜市場邊，他的學生張尚德初次拜見的第一印象：「當時南師一家六口，擠在一小屋裡，但笑容滿面，並無窮愁潦倒感。」他們第一次見面，沒有談佛卻談詩，張喜歡唱詩，當場就吟唱了一首給南老師聽，老師哈哈大笑。大約在 1962 年間，南懷瑾全家搬到泰順街蓬萊新村，依照他尋覓居所的習慣，總在「四大」之間。佛家講四大皆空，其「四大」就是地、火、水、風，他的「四大」指的是四所大學，即臺灣大學、師範大學、政治大學（城區部）、淡江大學（前身是淡江文理學院）；例如蓬萊新村靠近臺大，青田街居所則近師大，永康街巷內居所都在淡大和政大的城區部附近，住在這些大學師生往來的相關地緣，更方便思想文化的交流和人際的交往。後來，南懷瑾成立「東西精華協會」，設址於信義路二段，距離他的住家也只有步行十分鐘之遙，平日到會辦公的行程因此節省不少時間。南懷瑾一輩子都沒有自有的房產，一方面是無力置產，另方面僅有的資源也都投入他倡行的文化志業。1963 年他接下中國文化學院教職的聘書，是他來臺後的第一份正式工作，時年

四十六歲，他感慨繫之，為此賦詩云：

> 門外忽傳走轉車，聘書遞送卻愁余。
> 自從長揖山林後，又向人間填表書。

　　南懷瑾犯愁，本想絕塵靜修，不料聘書忽至，又要重涉塵勞，殊非所願。他曾感喟半生作為，大概只為還清前世宿債，因此必得處處助人，解危濟困，同時也能分擔家計。南懷瑾左右的學生回憶，曾在老師的辦公桌邊置紙簍撿得一張無題的棄稿，上書「半世行藏還宿債，一行顛沛坐清高」。從他個人在臺灣的際遇看，往往也因清高絕俗，不見容於俗塵而遷徙流轉，飽受顛沛之苦。後來奇岩講堂私人講學仍斷斷續續隨機開講迄至 1970 年代前夕，當時那些經常參加聽講的「老同學」大多已自政壇「畢業」，不過與「老校長」或其他後輩軍政大員還有著千絲萬縷的老關係，他們在聽講論道、學佛打坐之餘，或談笑古今，或偶斷時局，無形中也擴展了南懷瑾在臺北這個首善之都潛在的社會能量及其光環。

　　1960 年代的臺灣，在「中美共同防禦條約」的保護傘和「美援」的支持下，過往十來年那種朝不保夕，一夕數驚，有如「驚弓之鳥」的逃難意識，也漸漸沉澱。總計從 1951 到 1965 年的美援時期，美方大致投入資金十五億美元，佔了當年臺灣資本形成的四成左右，這使得島上的政治、經濟情勢趨於穩定，展露初步生機。然則在此前十

數年中間，臺灣島內的政局卻是暗潮洶湧，一方面有美國在政治、經濟、軍事上的強勢介入；另方面在統治臺灣的國民黨政權內外，又有圍繞著蔣中正接班人的政治議程的權力競逐，蔣中正三連任、四連任的憲制安排，以及彰顯蔣中正統治正當性及其黨內領袖地位定於一尊、環環相扣，相互糾結纏繞的「反攻大陸」國策；再加上以外省知識菁英與黨內外政界人士為首的反對勢力的強大挑戰，乃令白色恐怖氛圍籠罩全臺，恐共、滅共之聲，此起彼落，一時尚難完全止息。

蔣中正「垂幕聽講」

　　1966 年初秋，南懷瑾應邀巡迴三軍基地演講中國文化，而對岸的文化革命之火，正在中華大地燎原竄燒。當講演行程來到臺中清泉崗基地時，來了一位「貴賓」也在現場「垂幕聽講」，不久之後，臺灣掀起中華文化復興運動高潮。其實這位幕後聽講的貴賓不是別人，正是不久前第四度連任總統，時年七十九歲的蔣中正。此前一年即 1965 年的 8 月和 11 月，國民革命軍海軍在臺灣海峽的兩次海戰中，都遭到中共海軍的迎頭重創，讓蔣中正吞下敗戰的苦果；又在美國多次軟硬兼施的壓制之下，不得不偃旗息鼓，其反攻大陸的「國光計畫」也為之擱置。這個時候蔣中正的四連任則如火如荼展開，並推舉嚴家淦為副手，順利當選副總統，此舉也圓滿達成掩護蔣經國過渡到及早接班的父傳子政治大戲之中。據南懷瑾回憶，講演當

天他一上山就感覺氣氛緊張，到處都有衛兵站崗。當天他的講演主題是《中庸》，講演結束後，問了在場陪同的參謀官：「他（指蔣公）來了？」參謀官點頭。南懷瑾大感意外，說：「沒有看見老爺子啊！」原來蔣在講台背面的簾幕拉了一根電線，垂幕聽講。這是自 1943 年的「南教官」向「蔣校長」請假，從此告別蔣與成都中央軍校二十三載之後，兩人首度交會，不過這次不是在蔣的辦公室面對面會晤，而是隔了一層布幕「神交」。此刻這個畫面的時空背景，早已同抗戰歲月大異其趣，南懷瑾仍是一介布衣，持續致力於弘揚傳統文化、收拾人心的初衷；而蔣中正已成「敗國之君」，退居邊陲，改造國民黨，臥薪嘗膽，時刻不忘收復失土，一心一意想要賡續 1928 年的南京國民政府，再造一個新中國。

反共抗俄「新租界」

　　此際蔣中正腳下所在的中臺灣大肚溪山麓的清泉崗基地，原為臺中公館機場，在二戰前後都扮演著重要的角色。蔣在這一年 3 月間當選四連任總統前夕，將機場更名為「清泉崗空軍基地」，以紀念國共內戰中徐蚌會戰（中共稱為淮海戰役）自戕而亡追晉上將的邱清泉。這座機場早在 1936 年日據時期就闢為一般民用機場，在 1941 年日美太平洋戰爭爆發，被日軍徵用為「神風特攻隊」的基地之一，其周邊大肚山一帶也有不少碉堡、坑道等軍事設施，且有台地的地形優勢，從而吸引駐臺美軍指定擴建成

圍堵中共的西太平洋第一島鏈核心基地；無形中也使該基地成為東亞歷史上唯一先後在太平洋戰爭、美蘇霸權集團冷戰對峙及其代理人熱戰的韓戰、越戰之前沿基地，充當冷戰時期美國用以遏阻蘇聯海上勢力南下的關鍵角色。戰前這座機場約莫不過二百公頃，迨至美軍協防臺灣後的1957年開始擴建，規模直逼原先的十倍。據維基百科公開的資料顯示，清泉崗機場佔地一千八百二十公頃，建有長達一萬二千呎、寬二百呎的跑道，橫跨臺中的沙鹿、清水、神岡、大雅等四個區域。

擴建工程預算二億五千萬美元，在當時是個特大型投資，等於當年臺灣地區國民生產毛額（GDP）的15.28%，相當於島上的造鎮計畫，當然免不了要徵地拆遷當地民房，而其規模之大，包括首批預計徵用大肚山一帶一千四百公頃土地，其中有三大聚落、五千多居民、逾二百間民房，以及廣大的農地和果園，都將夷為平地，這片土地最多時曾有八千居民在此務農，做小生意糊口。當時臺灣尚處於反攻大陸優先的戒嚴時期，人民的權益基本凍結，國防部在當年6月間發出一紙公文，地方政府不到三個月就拆得清潔溜溜，交出地塊；1956年9月1日，駐臺美軍顧問團團長史邁斯（George W. Smythe）偕同臺灣省主席嚴家淦、國防部部長俞大維等人，準備正式接收計畫徵用的土地，他們從臺北松山機場飛抵公館凌空視察，看到地上一片空蕩蕩的荒原，感到十分滿意。

世居公館當地的農民，大多是閩南移民後代，耕地

屬於灌溉不足的台地，都是經濟價值偏低的旱作，臺語叫做「做園」，指的就是旱田耕作，居民自嘲做園賺不到什麼錢，連鞋子也買不起，而台地的土壤又是紅土地，整天赤腳在田地，腳板都染成一片紅，而有「紅跤蹄」（閩南語紅腳掌之意）的渾號。這一年的 7 月間，「紅跤蹄」們的移居計畫啟動，許多人整理家當，坐上政府安排的鐵牛車，沿著蜿蜒崎嶇的山路，向新居進發；他們再此前一個月被告知，將在幾個月後離開世居熟悉的土地，沒想到如今急急如律令，還來不及告別家園做最後巡禮，就得揚鞭上路，搬移到新社、石岡、埔里大坪頂、魚池等政府指定的新住地。當時剛從三報「聯合版」易名為《聯合報》的新起民營報紙，曾以較貼近民意的視角報導，將近二千農民、四百餘戶都是歷代世居大肚山頂荒蕪不毛之地，經他們血汗開拓，如今已成一片旱田，得以種植甘薯、落花生、樹薯等作物；惟土壤瘠劣，又未有水利灌溉，單位面積產量低，農民生活非常窮苦。政府當局為配合國策……乃決定將這一帶農民移居新社鄉，由農林廳新社蔗苗繁殖場予以分配土地，供應他們耕作生活。事實上這些「紅跤蹄」農民拆遷戶，從原居住的盆地西邊海口，移居到盆地東邊的山村，不僅要與當地的客家居民結鄰一起過日子，還得從頭熟悉新的作物耕作。有些人無法適應新生活，又回到熟悉的土地重新開始，也有些人自行移居到其他地方，這是戰後臺灣回歸祖國以來，本土最大規模的一次人口移動。民間習用日式臺語「疏開」（日文「疎開」語意

為戰時災害，移動到比較偏遠的地區避難）來形容本次搬遷。有如前述 1950 年代陳誠推動土地改革得罪部分大地主，這些人避居海外，終生懷恨國府，也被視為「疏開」臺灣的結果。

在公館機場擴建的頭幾年，除了跑道、滑行道等，並無較正式的建築物相關設施，包括食堂、收發室、電影院都設在帳篷之內，初步尚能滿足日常生活機能，初來乍到的美軍眼見及此，以為落在一座荒漠中的「帳篷之城」。到了 1965 年是個轉折點，「巧合」的是這個時機點也是蔣中正「反攻大陸」復國殘夢夢碎的起點；從這一年開始每個月都有數百名美軍進駐，其中也有少數美國憲兵在內，此時基地大興土木，一年之間各種混凝土結構建物在基地內一一隆起，諸如辦公室、宿舍、藥局、教堂、劇院、銀行、圖書館、音樂室、廣播電台、高爾夫球場，粲然備至，儼然美國中西部的小鎮，矗立在中臺灣的土地上，與基地外的天地形成兩重世界，有如「新租界」。其實這片「化外之地」原本就是臺中東西交通樞紐，商旅行人往來熱絡，如今樞紐通道被硬生生截斷，再加上基地周邊的管制措施，使得預期的發展中斷，成為那些「疏開的離人」和「未疏開的居民」眼中沒落的故鄉。（參見熊一蘋，《華美的聲音》，2002）

南懷瑾是次在清泉崗的講演中特別強調，國亡後尚可復國，若民族文化亡掉了，中華民族將萬劫不復。次年 7 月，臺北設立「中華文化復興運動推行委員會」（現名

「中華文化總會」，總統為當然會長），訂定國父孫中山誕辰紀念日為「中華文化復興節」，並推舉蔣中正親任會長，邀請錢穆等碩學在內的大批政學界、文化界人士參與運動。南懷瑾也在應邀之列，有關方面期待他能出馬主持實際工作，但南懷瑾當即婉謝，仍奉行他一貫的人生態度——「買票不進場」，對於政客和國共兩黨之間，一概保持距離。他曾有詩云：「人間到處宜為客，免著頭銜較自然。」

當時南懷瑾已在臺北的文化學院、輔仁大學及陸軍理工學院等校，分別講授中國哲學、易經、禪宗方面的課程，這時他已有名重之憂，而應當局之邀為三軍講學，實為勢所難辭。他一路南下巡迴各空軍基地時，亦有不少憂思和感想，從他留下的幾首詩，足徵其憂時憂世的心跡，其中《應空軍邀請赴各基地講學感賦》云：

> 行藏退舍卻為難，束閣兵書旁午看。
> 將校慇懃數几席，衣冠搖落愧湖山。
> 虛名遯世花能信，無學匡時林正懃。
> 碌碌風塵還自笑，天心人事欲何安。

是用世而進，還是遯世而退？令南懷瑾相當為難。然則「衣冠搖落愧湖山」中華傳統文化花果飄零，令人愧對湖海山川。此番南懷瑾南北奔波講學，旨在弘揚傳統文化，故而不殫辛勞，他自知「紅塵不及白雲閒」，所以不

免與出塵宿志相左，然「雜亂紅塵難息肩」，實為力所不
能辭，仍勉力為之。此行他既報國土養育之恩，亦力促傳
統文化之回歸，期能天心順遂，人間宴然。

南懷瑾的行程到了臺南古都，他專程前往延平郡王
祠拜謁，遙想「三百年前一少年，揮戈橫海動人天」，而
今「忠臣遺像留荒殿，幾見殘陽泣杜鵑」，不禁心傷而
泣。在持續驅車南下高雄岡山途中，他自問自答，「問君
何事不能閒？累我虛名負九還」，耽誤了他九還金丹的修
煉。在書齋裡、講堂上，紙上談兵總是百無是處，「紙上
談兵都是錯，夜車載夢到岡山」〔按，岡山是空軍官校、
機校所在地〕。又一天入夜前，南懷瑾從高雄沿著屏東平
原趕路，車抵東港空軍指揮參謀大學，途中但見眼前一派
碧青，夾著堤岸錯落著點點漁火，映照著蒼茫的虛空，又
見南國蕉林深處，村舍儼然勾起他家國之思，「萬里河山
喚夢醒」。在巡迴講學的旅次，在秋夜塵世的喧囂之中，
南懷瑾於旅店獨坐孤燈，不期然「低迴五百年間世」，念
及民族命運多舛，內心極為淒楚，也無從言說；只好放下
萬千思緒，無念無想。

此刻，他的心境是「無念空山一老僧」，似乎入定
去也。

多少英雄迷渡津

南懷瑾對政治和政客的態度，雖然堅持「買票不進
場」，但他的道家隱士精神，對於周遭的時局與政局變化

不會無感，拾掇其 1960 年代的隨興詩作，有不少此類感時喟嘆的心聲，亦反映苦悶時代的波瀾。

> 銅駝零落中原鹿，戎馬荒涼天下弓。
> 餌朮散香供螻蟻，羶腥逐臭賭英雄。

　　宮殿前的銅駝七零八落沒於荒草，戰馬馳騁，不避弓矢，以武力爭天下，致使大地荒蕪，禍及蒼生。他以權力徵逐的歷史視角，看待這些天下英雄，長嘆楚人亡弓，楚人得之，又何苦相爭？又云：

> 閒傍中庭看奕棋，縱橫長短鬥危機。
> 靈犀一點迷心竅，蠢子雙關徒自欺。
> 籌策已非全局計，苟安無奈獨偏私。
> 旁觀不信無高手，嘆息痴頑莫費辭。
> （《觀棋感懷》，1961）

　　南懷瑾明寫棋局，實寫政局。然則：

> 如錦江山總有情，未安欲界願難平。
> 治平才少英雄盡，反使兒曹負重名。
> （《香港大嶼山雜詠》其三，1963）

　　他對安享重名的平庸之輩，卻又毫不留情面，更予

以深刻的抨擊和辛辣的嘲諷。蔣中正在 1960 年「三連任事件」引發的臺灣島內政潮，以及翌年美國總統甘迺迪上任所隱現對中共政策的新思維，在在都使蔣產生新的焦慮，從而牽動其反攻大計，並引爆 1962 年的「臺海危機」。

蔣中正三連任後的三年中間，美臺之間經歷不少風雨，而國民黨內的權力競逐，若隱若現，從未間斷。先是 1961 年 8 月陳誠替代小蔣奉命訪美，眼見陳誠在華府受到隆重接待，蔣經國在日記寫道「美國人民對父親的尊敬之表現，希望陳副總統不要以為這是他個人的成功，否則將非常危險。」當得知陳誠在白宮正式晚宴的致詞以及在記者會的發言，竟然隻字未提蔣中正，他不禁痛罵陳「不識大體」；聽到陳誠對美記者說，與甘迺迪的晤談是他一生中最快樂的一段時間，小蔣又私下批評此說法「實在過分了」。兩人心結之深，可見一斑。1963 年秋天，臺海危機暫告休止，蔣經國二度訪美，蔣中正授命兒子，設法說服美國政府高層，在不觸發世界大戰且不讓美國捲入兩岸戰端的前提下，支持他發動局部空降登陸行動，誘發大陸內部的抗暴運動，為日後全面反攻奠定基礎。然而蔣經國自己則研判，美方以自身利益著想，已明顯採取「輕臺北而重北京」的態度，不可能支持他父親父親任何冒進的舉措，他自知美方邀訪「只不過為了維持一種關係」而已。返臺前夕，小蔣自認「忙了十二天，似乎並無所得，因反攻之期仍茫茫然也」。要老美全力支持國民黨回到大

陸，無異緣木求魚。至於此行，蔣經國在美國主要的媒體
大報報導下，對他的公眾形象，則有加分的效果。

　　1964 年秋末的一個黃昏時分，南懷瑾閒步走在臺北
東門繁華的街市。街上車馬追逐，濃妝艷抹的時髦女子，
勾搭著那些渡海來臺的異鄉客的三魂七魄，在這個白霜遍
地時節，一場秋夢，牽動了多少王孫公子。南懷瑾目睹臺
北在歐風美雨潮聲下的市井百態，慨嘆世象衰頹，神主呆
坐宗廟，而當道正在謀劃子繼父位，一般遺老遺少、公子
王孫則迷於新貴的殘夢，「藕絲飛絮行人道，多少英雄迷
渡津」，眼見中華推位讓國之古風已然失落，北斗七星的
斗柄星光搖曳而趨黯淡，夫復何言？南懷瑾悲憤無言，寫
下七律《晚步東門》云：

　　　　孤堞危城衰草繁，荒城殘日又黃昏。
　　　　香車塵逐洋場路，脂粉顏酡海客魂。
　　　　栗社空壇羈贏馬，霜天秋夢繫王孫。
　　　　寒笳臘鼓春如舊，斗柄搖光默不言。

　　南懷瑾在此前四年（1960）的庚子 2 月漫步臺北南
門古城樓街邊，也曾發出相同的喟嘆，當時蔣中正正在角
逐第三個總統任期，政潮泛起；如今「栗社空壇羈贏馬，
霜天秋夢繫王孫」兩相對照，無奈之情溢於言表，只有效
慕前賢，居陋巷，「一簞食，一瓢飲，人不堪其憂，回也
不改其樂」，自度度人。

　　1966 年元旦，蔣中正發表「告國人書」，強調「今年為國民革命決定性關頭」，似乎為即將召開的國民大會選舉他第四度連任預熱。此時副總統陳誠已去世將近週年，蔣指定誰參選副總統？一度成為全社會關切但又迴避公開討論的焦點。此時此際，蔣的動作不斷，先是告訴黨內「今後六年期間，反攻復國，經緯萬端」、「中正雖已行年八十……但自信精神、體力迄未稍衰」；又在國民大會開議期間，設宴招待全體國大代表，指出「此次國民大會，乃是反攻前最後一次會議」，並說民、青兩黨「很客氣」，未提出總統、副總統候選人，「一黨提名，未始不是一種缺憾。」蔣中正的「缺憾說」，激起長年反蔣最力的臺大哲學系教授殷海光的憤怒與咒罵，認為蔣中正有傳位給兒子的企圖，但又顧慮某些因素，只好待時機成熟，再讓小蔣浮出水面。此時殷仍處於被「監視居住」形同軟禁的狀態，多年來以他為首的言論陣地──《自由中國》半月刊，早已隨著該刊發行人雷震組織新黨事件被捕下獄而停刊；雖能自由進出家門，但他平日都在家裡接待學生、友人，包括外國訪客，只能在家論政，徒呼負負，而蔣中正對他的制裁與拉攏仍與時並進。殷因此自記「像我這樣的人，在這樣的時代和環境，沒有餓死已算萬幸」。殷海光去世前，曾請美國友人以英文記錄他的口述的長文〈剖析國民黨〉，指蔣中正「處心積慮迫害由大陸逃往臺灣的自由知識界殘餘。」又說，蔣中正「在臺灣自己創造的政治環境裡可以為所欲為」，「在這樣的政治環境裡，

他得以輕易運用大陸人對中共的恐懼和重返家園的憧憬。
這是蔣中正能夠把自己從敗軍之將變成臺灣之神的主要原
因之一。」

　　事實上，蔣中正在 1960 年三連任之際，陳誠接班的
可能機會已趨近於零，兩人亦師亦友的密切關係也走到盡
頭；而美國甘迺迪新政府對華政策的變化傾向，以及大陸
「大躍進」運動帶來的饑荒和內爭，促使「當時蔣中正一
心一意想要推動軍事反攻行動，影響所及，甚至動搖整個
冷戰時期美國與大陸、臺灣三方的軍事、外交與政治關係
基礎結構」。冷戰史研究專家林孝庭針對此一危機，在他
著作的《台海・冷戰・蔣介石》一書中，提出以上總結。
從 1961 年起，蔣就著手展開一連串的軍事反攻準備工
作，此即後來為人所知的「國光計畫」。初始陸軍總司令
羅列上將對該計畫沒信心，直言陸軍戰力根本準備不及，
不料立刻遭蔣調職，從此也疏遠他，並改由劉安祺接任。
依「國光計畫」，第一階段以廈門為目標，在不依靠外力
下，先在廣東汕頭建立灘頭堡，切斷鷹廈鐵路，阻斷解放
軍增援，再由國軍從金門登陸；期待第二階段在華南建立
攻勢基地，結合各地反共力量，次第北伐完成反共復國大
業。進入翌年初，反攻大陸的軍事準備行動逐次升高，
臺、澎、金馬各國軍部隊都處於高度備戰狀態，而其他後
勤與財政支援以及外交部反共宣傳都有相應的配合。根據
當時總統府侍衛長胡炘的回憶，此刻連登陸作戰的確切日
期都已經拍板，據信該年 6 月 29 日將吹響反攻號角。（參

見汪士淳，《飄移歲月——將軍大使胡炘的戰爭紀事》，
2006）

被忽略的 1962 年臺海危機

　　「國光計畫」啟動後約兩個月，美國中情局駐臺特務
就掌握了情資，雖然蔣在稍後也有意派遣密使赴美面告甘
迺迪，解釋他何以必須發動軍事反攻行動？但此舉遭到美
方婉拒。直到 1962 年春天，華府始警覺「事態嚴重」，
且又獲密報，稱 6 月底將是臺灣發起軍事反攻大陸的時
刻；於是美方開始展開一連串的外交施壓行動，從 2 月下
旬到 3 月短短幾週，就密集派遣國防部、國務院五位高官
接續趕到臺北，對蔣中正「曉以大義」，促迫他打消計
畫。此外，更耐人尋味的是，就在此關鍵時刻前兩週的 2
月 10 日，甘迺迪令弟、美國聯邦檢查長（司法部長）羅
伯·甘迺迪卻翩然而至，到臺北進行三小時的旋風式訪
問，同行的有司法部、國務院官員和一群美國記者。官方
的說法是，羅伯·甘迺迪在前往印尼訪問途中，過境臺
北。當天羅伯·甘迺迪抵達松山機場時，外交部部長沈昌
煥、美駐臺北大使莊萊德到場接待，後由沈昌煥陪同乘坐
禮車在市區兜了一圈，再經中山北路直驅圓山飯店但未入
飯店，卻繞路轉向陽明山，中途參觀了華興中學，甩開了
一路跟蹤的記者群，賓主徜徉在陽明山公園的山水之間；
一群美國記者與羅伯捉迷藏跟丟了目標，紛紛猜測他是否
會見了蔣中正？訪問結束後，羅伯·甘迺迪在機場舉行

十五分鐘記者會，盛讚十年來，中華民國在經濟、文化、工業、教育等各方面的長足發展，證明這個島上的中國人民思想和精神的偉大傳統正在繁榮滋長。稍後在 3 月間，美國務院突然宣布撤換向來對國府友善、由艾森豪任命的駐臺北大使莊萊德，代之以專研兩棲作戰的美國前海軍上將柯克（Alan G. Kirk），意在運用柯克擁有的海軍作戰經驗背景，勸退蔣的反攻登陸作戰。莊萊德事後透露：「我是奉甘迺迪之命離職的，他認為我對臺灣的中國人支持過度，且那時在華府有一種憂懼，以為臺灣會採取反攻大陸的行動，我一直認為那種憂懼莫名其妙。」其實此前甘迺迪在大選中勝選時，當時在臺北美國大使館的所有人都歡欣雀躍不已，非常高興見到終於有人在中國問題上，完全不受困於右翼共和黨的意識形態；館中人對當時仍活躍在華府的「中國遊說團」多有批評，也不喜歡他們的大使莊萊德。時任臺北美國大使館副館長高立夫（Ralph Clough）回憶，「莊萊德離職之後，我們開始取得有關中華民國從事軍事反攻準備的報告。」「在中國大陸，由於『大躍進』失敗……致蔣中正受到鼓舞，覺得可能會在大陸發生人民反抗運動，就是他揮軍反攻的時機了。他並未告訴我們他在如何準備，但我們查了出來，他已密令一些單位待命，他們開始徵收國防捐充作經費。」高立夫說：「1962 年的問題，因為華沙談判和臺灣的情勢應連在一起來看。共產黨自然也有消息，因而令我們政府大感困惱，甘迺迪乃透過華沙談判，於 1962 年 6 月 23 日告知

中共，美國無意支持蔣中正軍事反攻大陸的行動。」（參見唐耐心著，許啟明、續伯雄譯，《中美外交祕辛（上冊）》，2002）

　　雖然反攻大陸受制於中美協防條約，但整個 1962 年上半年，國府在各個領域都緊鑼密鼓，積極備戰，而美方則不斷祭出緩兵之計，但又不能一昧打壓蔣中正，以免加深他對華府的疑懼，進而大膽冒進，片面採取對中國大陸的軍事行動。前揭林孝庭著作指出，美方的緩兵之計，目的在「藉此先行捆住蔣中正，推遲其發動軍事反攻行動的時日」，經過一陣折騰，4 月間兩蔣父子在絕望之餘，最後勉強同意華府所提，將反攻行動延遲到 10 月 1 日，且「屆時還必須由華府與臺北雙方進一步共同商榷」。雖然如此，但蔣的反攻準備，一刻也未曾停止，甚至到了 5 月初，蔣中正宣布開徵「國防臨時特別捐」，籌措更多軍費，事先也未與美方磋商，因而激怒美方，後者並採取報復措施，包括終止對臺商業貸款、停止經援計畫的談判等等，逼得時任副參謀總長兼執行官的馬紀壯不得不出面向美方解釋此「特別捐」的細節。

　　然而時序進入仲夏，自 1949 年兵敗如山倒以來，蔣中正推動的最大規模反攻軍事行動卻戛然而止。原來臺美雙方在當年的 6 月 19 日，同時偵測到中共解放軍部隊正大量進駐福州軍區，截至 6 月底止，整個福建省境內將集結約四十萬地面部隊、海軍各式船艦一百艘，以及近三百架戰機。這個情報顯示，「國光計畫」原來原本敲定 6 月

底吹響反攻號角的絕密信息，早已被大陸掌握且有相當的
反制部署；這也等同於替蔣中正下決心，為停止推進「國
光計畫」，再補上臨門一腳。至於針對解放軍陳兵福建的
情報判讀，臺美雙方各有不同，蔣經國主導的情報系統，
判定中共實為「攻勢防禦」，亦即利用政治攻勢達成軍事
防禦，情報高層私下認為，中共不會對臺灣本島展開軍事
行動；而美方初時則認定，解放軍有意進犯金、馬外島，
再度掀起 1950 年代的兩次外島危機，並擔心美國被捲入
臺海軍事衝突。6 月 19 日當天，美方立即啟動危機處理，
要求國府務必謹慎克制，不得為解放軍進攻外島，提供任
何藉口。緊接著華府展開危機外交行動，22 日先是約見
蘇聯駐美大使杜布萊寧（Anatoly F. Dobrynin），希望透
過蘇聯了解中共意圖，並傳話給赫魯雪夫，強調美方絕對
無意支持與鼓勵蔣中正發動對中國大陸的軍事行動；第二
天又訓令駐波蘭大使卡伯特（John M. Cabot）利用華沙
大使級會談管道，傳話給中國駐波蘭大使王炳南，全權授
命鄭重聲明，美國無意在當前情況下，支持蔣中正反攻大
陸計畫，並重申未經美方同意，蔣中正不能夠單方面發動
軍事反攻。雖然王炳南質疑，若無美方背後支持，蔣又如
何敢動用美援武器裝備，來進行反攻準備？面對質疑，卡
伯特只能照本宣科，重複講同樣的話，並且詢問對方，北
京是否也能做出同樣的保證？王炳南答以解放軍武力犯臺
的問題，根本不存在，因為整個問題的緣起，在於蔣中正
想要發動軍事反攻。會談結束前，王炳南重申，中共方面

並不存在以武力解決臺海爭端這個問題。華沙會談結束次日，美國國務院和駐臺北大使館，同步進行對臺灣駐華府外交官和臺北國府當局的簡報，並刻意隱瞞卡伯特向王炳南傳達美方不支持蔣中正反攻大陸的立場；另一方面又聽任中共單方面向國際輿論場域散佈卡波特對王炳南的「鄭重聲明」，也不做任何澄清或反駁，這種兩面玩弄的手法，徒令臺北高層焦慮驚懼，疑竇叢生，此時，臺北政壇開始瀰漫一股濃厚的悲觀情緒。

根據林孝庭引述解密的美國外交檔案，指美國駐臺北大使發回華府的情報顯示「當時負責執行蔣中正『國光計畫』的部分國軍將領，信心已開始動搖」。大使柯克的觀察則指出，蔣中正過去一年多以來不斷灌輸反攻大陸的時機已將成熟，這就讓許多國民黨當局內的黨、政、軍要員產生不切實際的期待，如今美國的壓力迫使蔣中正必須收回成命，顏面盡失，領導威信也受到損害，這恐將難以令他服氣。柯克認定，蔣中正必將設法另謀出路，以確保反攻大陸的能量繼續維持下去。美國學者唐耐心也認為，甘迺迪並不信任蔣中正，但美國業已放棄「倒蔣」的計謀，或許為了節制蔣以及討好蔣，甘迺迪改以奉承和哄誘，來爭取他和美國優先目標合作。甘迺迪甚至考慮趁 1963 年 10 月到訪東亞時，到臺灣停留一天；起先蔣中正聞聽這個可能性之後，立刻表態熱烈歡迎，行程旋即延到 1964 年，可是在計畫尚未落實之前，甘迺迪卻已遇刺身亡。（參見唐耐心著，林添貴譯，《一九四九年後的海峽風雲

實錄》，2012）

　　在美國一手硬、一手軟的危機外交行動之後，這一年的雙十節蔣照例發表文告，他這時已不再強調片面發起反攻軍事行動，僅表達將軍事反攻與大陸內部出現的抗暴運動相結合的期待。到了 1965 年，蔣中正滿腦子還是存在反攻大陸的想望，直到 8 月 6 日，兩艘海軍軍艦「劍門」、「章江」在福建東山島外海被中共解放軍艦艇擊沉，兩百名官兵陣亡；以及同年 11 月 14 日，又有兩艘軍艦「山海」、「臨淮」在烏坵外海與對岸解放軍快艇遭遇，雙方發生激戰，臺灣海軍再一次受到重創；這時蔣中正才真正體認到國軍兩棲作戰能力嚴重不足，「國光計畫」從此束之高閣，名存實亡。

蔣經國「革新保臺」

　　1960 年代的臺灣現狀若此，此時蔣經國已逐漸退去「特務頭子」的形象並進一步掌握實權，他只有更專注於經濟、社會的發展，方有助於其政權的鞏固，而美方亦樂見此一符合其政經利益傾向的路線。1957 年的「劉自然事件」反美暴動，一度讓蔣經國在接班的權力競逐路上，栽了一大跟斗，之後他正式接替嚴家淦，出掌行政院退除役官兵輔導委員會（退輔會），將全副精力投入中部橫貫公路的建設工作，沉澱其身影。橫貫公路穿越中央山脈，主線約一百八十八公里，地形地貌複雜，此一經濟暨社會工程由美援運用委員會（美援會）提供主要經費和工

程規劃，退輔會及萬餘名榮民弟兄承擔開發主力，而其工作關係涉及臺美雙方的美援會、農復會（農村復興聯合委員會）、經安會（經濟安定委員會）等三會──美方對臺施加影響力和管控國府預算的「白手套」──以及相關的內閣部會，這些經歷都讓蔣經國有更多機會與不同領域的美方人士打交道，累積治理經驗和擴寬其政治視野。一般咸信，蔣經國的治理思維源於其「贛南經驗」，特別是中國傳統社會修橋造路的基礎建設和社會主義經濟理念，足以呈現其治理思維，有人甚至以「史達林加包青天」的精神視之。後來蔣經國全面主政臺灣，推出「十大建設」，接著又推進涵蓋民生經濟需求的基礎建設，目的在深耕基層，一切建設落到本土。有一回，他在高速公路通車前偕同工程專家一起履勘，結果頗為滿意，曾對同行人員幽默地說：「誰能搬走我們的高速公路？」雖然在公開的談話紀錄中未見蔣經國提過「本土化」一詞，但長期替他撰寫政策文牘的幕僚詮釋他的「本土意識」理念，認為任何政策、措施和建設，凡是有利於人民，且為全民共享，其成果落地生根，無人能予奪走，那便是所謂「本土化」的落實。至於蔣經國開放政權，容納更多臺籍人士〔按，曾被戲諷為「吹台青」，即影射藝人崔苔菁的諧音〕，逐漸賦予重任，乃稱他為「本土化」的力行者，對小蔣而言，可為不虞之譽。（參見張祖詒，《蔣經國晚年身影》，2009）

後來一般對蔣經國的治臺政略概稱為「革新保臺」，

有別於蔣中正的「反共復國」，然而對照於自稱「經國學校」畢業生的李登輝而言，其治臺的所謂「本土化」、「本土意識」，這中間的理念意涵，顯然與小蔣並非同義詞。回顧蔣經國全面主政期間的十大建設（1973）及其延續性的十二項建設（1977），乃至於守成大於開創的十四項建設（1984，俞國華主導），暫且不論其中有如李國鼎（時任財政部部長）《口述回憶》所言，十大建設效益「歪打正著」、「十二項建設大部分只有項目，沒有經過具體研究，也沒有完成期限，而且它與十大建設如出一轍，宣佈時不知財源何在」；然則著眼於消化出超、穩定物價，以公共建設平衡社會發展的十四項建設展開之際，蔣經國身體健康亮起紅燈，此時連經建會官員也不得不承認，歷經十項、十二項到十四項建設，行政問題未見改善，制度法規落後，人力、人才和規劃協調力不足，在在都指向「人的問題」。但觀蔣經國自 1969 年擔任行政院副院長，主導臺灣經濟建設決策至 1988 年謝世，期間二十年的「革新保臺」，取得外界視為「經濟奇蹟」的成就；而其各項經建計畫率皆植基於物質的建設，以具體可見的硬體工程為主，至於深層次的精神文化建設，可謂盡付闕如。或謂以每一縣市建設文化中心為例，惟其事功仍不出文化場館的硬體建設層次，難謂瞻矚高遠。怪不得曾參與「經濟奇蹟」建設的孫運璿到了晚年，仍不免為未能足夠重視精神文化建設而引以為憾。事實上 1985 年爆發的「十信案」，風燭殘年的蔣經國，一連拉下多位高官

整飭吏治，細究其深層意涵，不也等同於回答了以上大哉之問。

1969 年 9 月 16 日傍晚，八十二歲的蔣中正偕宋美齡從陽明山官邸外出蹓躂，在返回官邸途中的仰德大道上發生車禍，座車撞上緊急剎車的前導車，兩人都有皮肉傷，惟一時尚無大礙。車禍之後，蔣時感力不從心，經再診斷為受到「主動脈瓣膜受重創」的影響，日常健康情況已大不如前。1972 年蔣中正第五度連任總統，兒子蔣經國正式組閣，6 月接任行政院院長不久，小蔣悄悄下令裁撤位於三峽的國光計畫作業室。此際，老蔣泰半時日都長住臺北榮民總院養病，「反攻大陸」口號正式進入歷史，並由新的口號「以三民主義統一中國」取代。蔣經國逝世後，繼任總統李登輝於 1991 年 5 月 1 日公告廢止「動員戡亂時期臨時條款」，終止「動員戡亂時期」，回歸正常憲政體制，在法理上結束對中共的戰爭狀態。此時李登輝已應中國大陸方面之邀，指派其心腹祕書蘇志誠前赴香港南懷瑾寓所，密會中共中央對台工作領導小組辦公室主任楊斯德等人，四十年來兩岸高層的「密使」，終於面對面展開非正式會談，其唯一成果就是 1993 年的新加坡「辜汪會談」，這是後話。

「意外的國度」

以今之視昔，綜觀兩蔣治臺四十年的「國民革命」功業，依學者林孝庭的研究指出，1954 年臺北與華府簽署

「中（臺）美共同防禦條約」的前一週，即 11 月 25 日，隸屬於總統府的「光復大陸設計委員會」正式成立，由副總統陳誠擔任主任委員。蔣中正在成立大會上強調，以「建設臺灣的經驗作為重建大陸的藍本」，此後數十年間，國府領導階層，開始務實地著重於臺灣成為保存傳統文化的復興基地。多年後，林孝庭遙想老蔣在大會致詞的當下云：「此刻，也許蔣介石開始意識到，臺北與華府締結協防盟約的代價之一，將是中華民國永遠立足於臺、澎海島（共同防禦條約的範圍不及於金、馬地區），國民黨政府重新回到中國大陸，只能成為一個遙遠的夢想。」他爬梳兩蔣日記與英美解密檔案後，以「意外的國度」（Accidental State）一詞，來描述「中華民國在臺灣」的永久化，這是晚近國際冷戰史研究領域的一個新穎觀點。除此之外，日本的臺灣研究學者、曾任東京大學教授的若林正丈認為，1980 年初蔣經國執政後期以來，國民黨治下「臺灣型威權主義體制」民主化的政治結構變動，是屬於政治體制層次的變動，而其最終指向的「中華民國臺灣化」，則是政治共同體層次的變動，「民主化」具有「臺灣化」的意義。若林分析，1970 年初美、中關係改善及中華民國被逐出聯合國等外交危機，「中華民國臺灣化」開始啟動，至 1988 年蔣經國去世，是中華民國臺灣化全面展開的起點。若林的論點折射出臺灣現狀的有力支撐，頗受李登輝邀寵，迄今仍制約臺海兩岸的復合。

　　在南懷瑾心目中，其實也不看好兩蔣父子在臺灣的

功業。在他長住臺灣三十六年中間，總是謹慎避開任何可能接觸兩蔣的「機會」，甚至對蔣家第三代，也總是避之於無形，一方面這或有其「不朝天子」的道統精神，但也十足展現他的道家風範，此與他後來詮釋「正統道家」人物（是「不出（世）不入（世），也出（世）也入（世）」），若合符節。2007 年春天在中國大陸舉行的首屆「國際道德經論壇」大會，南懷瑾曾應邀以預錄影片方式發表講話，他強調，當時代、社會、國家出問題的時候，這些道家人物就出手救時代、救社會、救國家，偶然撐手撥一下，撥亂反正，在中國文化與政治文化中，起一個最大的作用。南懷瑾進一步指出，唐宋以後所講的儒、釋、道三家，佛家出世之學是站在超越物理時空的；儒家入世之學，是面對物理時空的現實；而道家兩面都通，始終站在中間；這些人物在中國文化別走一路，叫做「高士」，宋朝以後稱「處士」，不走出來，隱逸在旁邊，也就是「隱士」。在中國知識分子、讀書人之中，這些隱士很多，不求名、不求利、有道德、有學問，特點是道家人物。他說，這在西方文化裡，屬於所謂自由民主以外，也可以說是自由民主中間的邊緣人物，他不反對你，也不造反，不推翻你，他在旁邊輔佐你，把你糾正過來。在西方政治思想，表面上看起來，他是處處不同意的主張，不同意不是反對，也不是推翻，你搞不對了，他提供一個幫助的方法，所以是在政治上有名的，叫「撥亂反正」。中國歷史一直到現在，這種人物並不少，這是道家文化影響的中心。

訪日本談東西文化趨勢

　　1969 年秋天，南懷瑾應老友何應欽之邀，出席一項中日文化交流活動。當時還是戒嚴時期，一般人不易出國離境，即使是赴海外留學的學子，或多或少都要接受身家調查，或通過思想檢查，也必須找到有力人士擔保，方得以成行。出訪日本這等好事，自然令人艷羨。南懷瑾回憶，起初何應欽邀他加入訪問團時，他有所遲疑，強調自己既不代表國民黨，也不代表政府，不想參加。何回應：「幾十名教授都去了，我看你必定要跟我走一趟。」又說：「你的個性我知道，不麻煩你，你做特別顧問。」於是南懷瑾說：「好，跟你去玩玩，跟日本人打了那麼久，我去看看。」這次中日文化訪問團是南懷瑾首度踏出國門，除了參訪日本那智山「徐福廟」等地，還有兩場重要的座談研討會；國府黨政高層也相當重視，責成老將何應欽領銜團長，負責統籌的是曾任國民黨中央五組（組織工作會前身）主任的農機學者詹純鑑，訪問團還有南懷瑾的老友程滄波、歷史學者陳致平以及隨行的中央社記者黃肇珩等二十餘人。南懷瑾此行曾與日本著名的思想家、陽明學學者安岡正篤和漢學家兼漢學詩人木下彪，賦詩唱和。返國後，據同行的師大教授陳致平（知名小說作家瓊瑤的父親）私下告訴他的一位親戚說：「這次到日本，幸虧有個南懷瑾，否則我們中國人會大丟其人！」原來出席座談的日方代表，不少人都有很高的中國文化素養，當中還有唐詩大家，對方在進行研討交流時曾臨場吟詩，並請我方

代表即席唱和，令我方代表傻了眼，現場氣氛一度凝結；說時遲那時快，只見此時南懷瑾已不慌不忙和了一首回應日本人，才算解了圍，大家也鬆了一口氣。

在那一年季秋，南懷瑾一行二十多人，乘坐長途巴士循著京都故宮與二條城（德川幕府時代的大本營），經伊勢直達那智山徐福廟，在關西精華區走了一趟，在取道伊勢志摩最高峰也是文學上負有盛名的朝熊岳，來到東京都，雖然有車途勞頓之苦，南懷瑾還是很高興走馬看花地看到由明治維新到二戰後日本的農村，新近進入工商業發達和都市繁榮的日本現代化經濟外貌，既使人聯想固有東方農業社會的詩情畫意，同時又使人想起兩三年前日本農村婦女的大遊行，要求壯丁回到農村的情景。南懷瑾追憶：「頭腦過於哲學化的我，很快地就會感觸到 19 世紀以來西方各種經濟思想與工商業社會的發達，帶給東方經濟思想的影響而憂慮。」到了東京，看見最新型而合於國際水準的種種建築和都市建設，有人問他作何感想？南懷瑾反問，這些都是二戰後二十多年的成果吧？友人答是的。他卻說，想休息，不想再看了。南懷瑾心想，不但問話的人不會太滿意他的答覆，恐怕同車的日本朋友也不會了解他這句話的「機鋒」。南懷瑾到了東京，曾獨自漫步在東京繁華的街市，寫下「東京之夜」云：

晚來獨步東京市，艷麗銀燈車隊馳。
等是西風吹客醉，黃花本色費疑思。

凸顯他對西風東漸，所引發的物慾與奢侈之風及其對
日本人素來崇尚菊花本色的威脅，不禁疑慮重重。

唱和安岡正篤

南懷瑾在東京出席「日本全國師友大會二十周年」
的盛典，會上冠蓋雲集，勝友如雲，他聆聽了安岡正篤與
有關人士為日本文化及東方文化前途而擔憂的講演，同時
也聽到木下彪對日本文化及東方文化與國家社會風氣的隱
憂與沉痛地說辭。在意見交流座談中，他即席代表訪問團
唱和安岡正篤，詩云：

> 秋到京都雁未歸，風雲猶帶劫塵飛。
> 爭取天色青霜後，誰信神州王氣非。
> 百代衣冠留海外，千年禮樂總依稀。
> 二城幕府楓林晚，來看名山補衲衣。

南懷瑾又請老友程滄波展現書藝，當場法書留念，
此詩書雙絕，令兩國在場學者無不嘆服，傳頌一時。在遊
伊勢神宮（日本太廟）時，南懷瑾又作詩云：

> 立國同根各有時，浪傳史蹟費疑辭。
> 喬松夾道黃花麗，為拜神宮又獻詩。

中日文化同根，但建國時間先後各有異同之說，他

對一些隨意流傳的歷史遺蹟，恐怕要招致太多的質疑，持中肯的批評態度，點到為止；但仍對日本整體文化表達尊重與禮貌。南懷瑾的見解，看在老一輩的日本高級知識分子，戰前曾任職日本宮內廳的文官也是唐詩大家的木下彪，心有戚戚焉，於是次韻懷瑾先生遊伊勢神宮詩賦詩唱和，詩云：「緬邈誰知肇國時，迂腐考古漫多辭。天潢不改三千載，我仿周人賦頌詩。」

與木下彪筆談

木下彪認同南懷瑾對某些日本人士編造上古歷史的批評，對有據的日本古史他亦衷心禮讚，展現學者求實之風。兩人在座談會上坐在一起，木下彪不會講中國話，南懷瑾不會講日本話，於是兩人用中國古文筆談。南懷瑾說：「你們打敗了投降。」木下彪說：「是的，不過不是向你們投降。」南又說：「那怎麼講？」木下彪說：「我們是向兩個中國古人投降的，一個是蘇武，一個是屈原。」南懷瑾詫異問道：「什麼意思啊？」於是木下彪指出：「開始你們打不過的，後來蘇聯的空軍來幫忙你們，蘇武，蘇聯的武器；第二，屈服在美國的原子彈下面，屈原。」木下彪的意思是，不是向你們中國投降的。南懷瑾指出：「你們要感謝蔣老頭子，不要你們賠償，投降的兵不殺，還全體送回來，他的政策是以德報怨。」木下彪反問：「你不滿意蔣委員長的政策？」南說：「不是不滿意，對你們太寬大，如果當年，假使我當家，才不那麼做

呢！」「先生，意欲如何？假使你做國家領袖，你怎麼辦？」南懷瑾於是打開天窗，直說：「很簡單，你們日本人想中國，從明朝開始，一直到現在，這一次大戰已經是第七、八次了。明朝開始，你們想把日本的首都擺在寧波，韓國的漢城〔按，現已更名首爾〕做陪都。假使我做領袖，你們不是想中國嗎？你們投降後，我把你們所有兵、所有百姓，通通接過來，分散到中國各地；然後我派蘇州兩三個縣的人到日本，幫你們看守日本。」木下彪一看，說：「好在你不做中國的領袖，否則從此日本沒有了！」南懷瑾曾指出，「報怨以德」是老子的思想，孔子的思想是「以直報怨」。這個恩德實在太大了，所以蔣中正去世後，南懷瑾曾在一副輓聯以「東方感德一完人」來形容這件大恩大德，認為日本人應該感謝蔣，但中國人不一定感謝他。這可能是南懷瑾訪日之行的又一次「機鋒」，暗示中國全民抗戰的文化力量。

木下彪是廣島人，曾到過東北，1961 年應邀訪問臺北，見過蔣中正。他同南懷瑾在日本一唱一和，兩人結成詩友，其詩作不但工整，且有唐詩味；戰後，曾有詩慨嘆「國亡家破無窮恨，我比遺山淚更多」，後集為一冊，因乏於資，尚未付梓，南懷瑾允諾攜回臺灣出版，定名為《日本戰後的史詩》，詩集描述 1945 年日本戰敗後，在美軍佔領下，人們的痛苦、失望與無奈，其沉哀餘痛，令人不忍卒睹。

南懷瑾此番到日本參訪，雖然走馬觀花，但日本西

風東漸所引發的問題，以及對中日歷史現狀與東方文化前景多層次的思考，平添諸多感慨。自日本返國途中就有詩云：

> 空到東瀛走一回，平添感慨有沉哀。
> 低徊富士山頭白，我又乘風歸去來。

　　返臺前夕，南懷瑾在東京參加東方文化座談會，發表「東西方文化在時代中的趨向」講演，因時間有限，自動停止講話，以保留較多時間供雙方討論重要議案。與會的大和學園負責人土屋米吉請南懷瑾提出較為具體的意見，並請教他此行對日本的觀感，然散會以後，我國訪問團同行的朋友及木下彪都提醒南懷瑾，指他講話時，翻譯人員辭未達意，不能充分通譯，而且遺漏了許多要緊的關鍵，非常遺憾；後來又有幾位日方與會人士透過翻譯，請他寫出來見之於文字。返臺不久，南懷瑾寫下近八千字長文〈致答日本朋友的一封公開信〉，刊登於 11 月 30 日的《中央日報》副刊，呼籲「我們要放開胸襟與眼光，如何振興東方文化，來補救西方文化在世界時勢中的不足，這才是我們的責任，也是對貴我兩國前途有利的大目標。」南懷瑾首先指出：「東方人，或者說，貴我兩國自己被西方文化物質文明的形態沖昏了頭，自己放棄、忘卻了東方固有文化的傳統精神……而自毀其精神堡壘所得的應有懲罰。……今天歐、美的國家與社會，也正因為自然科學促

進物質文明的長足進步，而使人文文化的精神堡壘瀕臨崩潰，而無所適從。它與我們東方所遭遇的困惑和煩惱，只有病情輕重的不同，而其同病相憐的情況，並無二致。」

在看過京都宮殿上所繪中國十八名臣的壁畫，也看過東京皇宮的氣象，南懷瑾說，過去所知，行到皇宮前面必須頂禮膜拜，或脫帽鞠躬的現象，已成無可追尋的往跡。他只看到日本青年男女嬉皮，攜手躞蹀在宮牆外的蒼松綠草間，一派羅曼蒂克的畫面，與一大群嬉皮在車站橫七豎八的情景。他也看到穿著和服男女們的彬彬有禮，更看到夜總會前面紅男綠女們東西合璧的新面目與新潮的作派。當然，他也看到公共汽車上，女人抱著孩子，拿著東西站在車廂裡被擠，青年男女公然堂皇就坐而不讓位的東方式大丈夫的作風。凡此種種，與南懷瑾在國內所見所聞，大同小異，只是觸目驚心，更加感覺到這是東西方文化，在現代工商業發展，物質文明膨脹浪潮中的大流弊。他強調現在歐美國家已經開始自食惡果並圖謀對策，不幸地，竟然這樣快速的傳染影響到達日本社會；陽明之學，創造了明治維新一代的日本，但陽明之學也帶給日本在事功上的苦果，這是學術思想上一個非常深奧的大問題，縱然有老一輩人的坐以論道，企圖力挽頹風的感喟，恐將隨著暮年而逝，無補於新文化思想的一片漠然與空白。南懷瑾提到青年的嬉皮與學生鬧事問題，帶給教育界與學術界的苦惱，其中實有兩種本質不同的問題存在。他進一步分析，「美國存在主義演變中造成的嬉皮，在素質來講，大多是

中人之產以上的子弟，而且都是受過較高等教育的青年，因為不滿世界的情勢，而反對前輩在學術思想與政治思想上領導的偏差所引起。這是他們在教育上，習慣於注重批判，尋求自我一代的新生觀念，結果又茫然無據而不知其所歸向的必然現象；但是東方式與日本的嬉皮，卻是西子捧心，東施效顰在胡鬧而已。這是過分曲解自由與民主，對優良傳統的風氣，矯枉過正的病態。」

正告日本

南懷瑾自認「是一個土包子，而且是一個非常頑固的愛好中國文化分子」。他要答覆土屋米吉的探問，強調「所謂復興東方文化的內涵，如果放開胸襟，開誠布公來講，實際上便是復興中國文化。」據他所知，過去一個世紀，日本在東方文化的地位，一直為中國接受西方文化的先河，一向成為東方文化的轉運站，猶如今天日本在工商業上的成就相似，創造的不太多，吸收融會而改良的不少。東方人自有東方文化的歷史背景與價值，正如西方人自有西方歷史的背景與價值，如要兩者融會交流而創建新文化時代，為時尚早，起碼還需要有半個世紀到一個世紀的努力。南懷瑾此行兩次出席有關文化學術界的會議，看到日本經濟界的資本家們，能夠與文化學術界密切合作，相互提攜，認為是值得欽佩的優良風氣，也是日本學到西方較好的一面；而一個真正現代化講自由經濟與民主政治的國家，工商界的資本家們和文化學術與政治，往往是密

不可分的。他指出，除非教育水準不夠的社會，學問知識的低落，不能洗滌個人滿身金錢的俗氣，以及長年沉醉在書卷中充滿酸氣的人們，不能了解時與勢變的經世之道，於是便彼此扞格不入，分道揚鑣，各行其是，小至對於個人，大至對於社會國家，都無真正的利益而反受其害。除了讚佩日本工商界的資本家與文化學術界的合作精神，南懷瑾也坦率指出，日本在經濟上的成就，儘管已使工商業躍登世界第二位的寶座，但是在學術思想上還是非常貧乏。工商業發達的社會，往往會造成文化思想上的空虛。歐洲人往往有個看法，那就是「日本只是專講商業利益的國家」〔按，歐美國家曾視日本人為「經濟動物」〕；對於這點，南懷瑾希望「日本當今躊躇滿志之際，能略加注意（因為此時希望日本察納雅言，未免太難了）。

南懷瑾在公開信中解釋他到達東京，卻不想看東京都市繁榮新建設的所謂「機鋒」的因由，他說「在現代的經濟思想與物質文明的時代中，一個國家如果沒有戰爭，沒有內憂外患，舉國上下能夠同心協力，從事經濟的發展與建設，那是任何國家都做得到的事情，既不足為奇，更不必嘆為觀止。」對於未來的日本經濟趨勢，南懷瑾的觀察卻語重心長，他告誡日本：「世界上有兩種工具，對人類的生存具有正反兩面的作用，一是武力與武器，一是金錢與財富。防護國家的安全，必須有精良的戰備；穩固國家基礎，必須有充沛的財政與健全的經濟。然而戰備強的國家，如果沒有高度文化的政治哲學，往往會使得一個國

家民族，升起唯我獨尊的侵略野心。同樣地，一個經濟發展到實力充沛的國家，如果沒有遠大的經濟哲學的思想，往往會躊躇滿志，挾富而驕，而欺凌弱小。……東方民族中的日本，素來具有奮發雄飛，不甘寂寞的個性。」他寄望今後的日本「要放開胸襟，放大眼光，要在東方文化思想，濟弱扶貧與大同思想的觀念中，產生一種新的經濟思想，用來指導工商業的發展，為全世界人類謀福祉，開創未來新的局面，這是一番千秋大業，今後的日本正好趕上時代，大有可為。否則會走上想以現有經濟上的成就，而變相地雄長亞洲，那就於人於己，都是大有可慮的新生之憂了。」

南懷瑾 1995 年在香港談到他的日本之行，說：「這一篇文章很嚴重，以後如果你（日本）再有這種思想，後果比第二次大戰失敗還嚴重。所以當時講的時候，我們臺灣的大使彭孟緝上將，站在我旁邊，他就拉我的衣服叫我不要講，我理都不理。後來他說，你不怕日本的武士刀嗎？會當場殺你啊！我說我才不在乎。可是日本那些學者們，有的很感激，所以這些詩啊，文章都還存在。」

第五章
欲為天心喚夢醒

　　南懷瑾自日本返國後，積極籌備成立「東西精華協會」，此前他已委託美國友人、退役將領薛樂如（Sherill）先在美國加州成立「東西精華協會國際總會」，仍由薛負責實際事務，成立時有十幾位會員，但很快得到社會上的響應。美國總會成立後，由美國國務院有司通知臺北的行政院，再成立民間團體，就比較順利了。當時臺灣的戒嚴時期，嚴厲管控社會各類團體，特別是這類涉及意識型態傳播的文化社團，往往都是有關單位監控的目標，其申請成立過程，實際上都要經過非目的事業主管單位的「會辦」，即使獲准成立，可能都已曠日費時了。南懷瑾這種另類的「出口轉內銷」妙法，深切契合當時社會民情及官僚執事心態，也讓他在當下及後來成立同類組織時，得從容避開兩岸嚴厲的思想檢查，而能靈活變通，運用自如，若落實其有效弘法，護持中國傳統文化的初心。

舉步截流是大雄

　　除了來自官方的障礙和困難，對於是否組建社團以弘揚中國傳統文化，南懷瑾的朋友圈中也有不少雜音。有謂，不就是找個場所上課不就行了嗎？有的人又說，南某

人喜愛誇大，想當領袖，所以要大費周章辦這個東西精華
協會；各種說法都有，不過贊成的聲音仍居多數，認為如
此可吸納更多人有機會來聽講，而弘揚中國傳統文化，開
展東西文化交流，有助於臺灣社會的正向發展。參與南懷
瑾教學活動的程滄波卻持不贊成的態度，他不僅是南的至
交好友，更是當年立法院清流派的領袖，在新聞文化和政
治學界中著有大名，大陸時期曾任中央日報改組後獨立經
營的首任社長，也是陳布雷的工作夥伴，頗受蔣中正倚
重。不過此時南懷瑾決心已定，他不理會反對的聲音，據
當時也在場的劉雨虹引述，南曾當著眾人面前借用三國時
期劉備的話說，「芳蘭當戶，鋤之可也」。劉備初入四川
時，當地一些有名望人士不肯配合其政策，諸葛亮感到為
難，向劉備請示，劉乃說出「芳蘭當戶，不得不鋤。」南
懷瑾說得更堅決，一句話「鋤之可也」！經過許多人幫
忙，走了不少曲折的道路，又迂迴於法度規章之間，最後
終於獲准成立。當時主管機關是內政部社會司，司長劉修
如後來幫了不少忙，甚至自己也加入南懷瑾的講學活動。
那年仲冬，南懷瑾吐露心聲，縱使大道孤寂，知音難見，
仍矢志不移，要以古聖先賢為激勵，不做自了漢，「知命
尼山非自了」，「舉步截流是大雄」，欲喚醒眾生癡迷，
利樂諸有情，乃賦詩云：

辛苦艱危獨自撐，同儕寥落四周星。

松筠不厭風霜冷，雨露終教草木青。

熟讀經書徒論議，實行道義太零仃。

乾坤亙古人常在，欲為天心喚夢醒。

南懷瑾曾公開揭示，他辦事的「三不」原則：一、不向既成勢力低頭——已是既成勢力，投靠不上；二、不向反對的意見妥協——既然反對，和他妥協也沒有用；三、不向不贊成的人士拉攏——不贊成的人士拉攏也不可靠。

1970 年 3 月 21 日，「東西精華協會」在臺北召開成立大會，會員有七十人。當時最高法院檢察署檢察長、司法界耆宿王建今也以貴賓身分出席並致詞，他說：「今天社會上最大毛病是青少年流入犯罪的問題，貴會也將對他們有所幫助，使社會人類走向……安定和平的理想，這是文化發展的最高境界。」又說：「我發現貴會有一個特點，就是不參與任何的政治活動，純粹是為學術而研究，為人類的幸福而努力，是超然清高的。」王建今從重慶、南京到臺灣，曾經培養一千多名司法人員，後來享耆壽一百零三歲。依據南懷瑾自撰東西精華協會的簡介，他要從東方文化中和西方文化中摘「精」取「華」，身體力行之，發揚光大之，挽救思想文化之狂瀾於將傾，導引人類走向「老有所終，壯有所用，幼有所長」和平安樂的大同環境。其主要精神有三：

——喚醒近世東方各國，使他們恢復自信，不再捨棄固有
　文化的寶藏，而一味地盲目地全盤西化。

——重新振興中國人文思想的精神，以糾正西方物質文明
　的偏差。

——溝通東西文化，以謀人類和平與幸福。

　　國民黨四大元老之一、中國勤工儉學、故宮博物院、
中央研究院的催生者李石曾先生，當年曾在臺灣送給南懷
瑾對聯四句話，讚揚他「上下五千年，縱橫十萬里。經綸
五大教，出入百家言。」其中一句「經綸五大教」，南懷
瑾辭而不受，後來改成「經綸三大教」；李石曾的贈言，
正是南懷瑾一輩子弘揚中國傳統文化，教化四方，化育無
數的寬廣胸懷及其具體依歸。後來南懷瑾告別臺灣，避地
美國、香港，2004 年移居上海，正在耄耋之年獨資創辦
「太湖大學堂」於蘇州廟港的太湖之濱，始終踐行上述三
大目標，一輩子孜孜矻矻落實他的行願。觀其路徑，率皆
不離喚醒自信、重振人文精神和溝通東西文化，「以傳統
書院之傳習方式為基礎，配合現代前沿科技研究方法，希
望綜合同志者之力，發掘固有傳統文化之精華，在認知科
學、生命科學主流方向上有所貢獻，以冀為人類文化前
行，探尋一條正途。」晚年他寫信給故鄉父老表示：「我
亦年邁，常在身心煎熬中過日子，只能忘身忘生為人謀、
為國謀，盡此微軀，不計成敗而已。」

　　在成立「協會」這個平台的前後幾年中間，南懷瑾

在弘揚傳統文化核心內涵的領域，早已通過私人教學、公眾講演及大學授課的方式，不斷放大他自己的能量，包括巡迴三軍基地講演中國傳統文化、大學校園講演佛學與中國文化等等，名氣漸開，特別是在大學講壇開課，課堂上座無虛席，甚至外校同學也聞聲趕來聽講。他的第一張教職聘書，就是在 1963 年由張其昀創辦的中國文化學院（中國文化大學前身）發出的，而且陸續又在天主教輔仁大學、陸軍理工學院等校兼課。

張其昀係史地學者，是中國人文地理學的開創者，創辦文化學院有一段插曲。他來臺後曾任國民黨中央改造委員會祕書長及教育部長等黨政要職，部長卸任後積極籌辦大學院校，惟不僅經費籌集不易，當時開辦私立大學也極難獲准，而張其昀卻在陰錯陽差之下，意外得到蔣中正親自批准，且獲命名為「中國文化大學」。據曾任該校戲劇系主任的王士儀追憶，原來美國前總統艾森豪在 1960 年卸任前夕到訪臺北，在前往陽明山蔣中正官邸休憩途中，兩位老人家閒聊，蔣問艾帥此刻在陽明山上最想見到什麼？這位從政前曾以軍職擔任哥倫比亞大學校長的總統隨口說，「最想看到大學生」，居中翻譯的吳經熊也是蔣中正的至交老友，當時竟脫口而出：「我們正在籌備一所大學」，連蔣也有些詫異。當天吳經熊下山後，緊急催促張其昀迅速提報「建校計畫書」，張根本準備不及，恰巧當時也有僑胞正在籌辦「遠東華僑大學」，張情急之下竟先「借用」這份「建校計畫書」權充自己的構想，呈送總

統府，幾天後蔣中正親閱計畫書，大筆一揮改成「中國文化大學」，沒想到艾森豪「閒話一句」，竟然催生了中國文化大學落地成真。張其昀雖曾官居高位，但也不過是個窮書生，當時為了創辦大學，不僅時不時奔走各方，向朋友「化緣」，同時對有學問的人也要殷勤拜候，敦請講學。學院成立不久，有一段時間，張其昀天天到南懷瑾寓所請益，有七、八次之多，為的是要懇請南懷瑾出任一個獨立的禪學院院長之職，因為南的好友楊管北已承諾出資二十萬美元作為辦學費用，但南懷瑾私下認為他與張其昀，兩人都是愛管閒事之人，將來難免有意見不協調之處，為了維護朋友情誼，最好不要共事，乃堅決婉謝此一差事。張沒有辦法，只好退而求其次，敦聘南懷瑾為該校哲學研究所教授，後者也只能答允，但有個條件，即不到校授課，而由研究生到南懷瑾的蓬萊新村寓所受教，其中有位研究生吳怡的論文就是南懷瑾指導的，吳怡後來當上大學教授。

催生《迦陵存稿》

南懷瑾在輔仁大學兼課，開講中國哲學史、易經、哲學與禪宗等課程，也意外促成一樁杏壇佳話。1967年，他與同時也在輔大中文系授課的詩詞大家葉嘉瑩相識，雙方談論傳統古典詩詞，談興極高，為此南懷瑾催生了葉的第一本詩集——《迦陵存稿》；半個世紀後，葉嘉瑩在南開大學的「迦陵學舍」追憶此事，仍感滿懷的溫馨。她

說，在美國教了兩年書返臺，仍然到臺大、輔仁和淡江教課，那一年在輔仁遇見南懷瑾老師。當時他們都住在臺北市區，而輔大在郊區，所以學校派車接送住在市區的老師上下課，恰巧她與南懷瑾在同一天、同一時段都有課要上，學校派車就一路接送，到了學校的教師休息室又在同一個地方，於是聊起詩詞興致盎然。有一回，南懷瑾偶然從學生那裡讀到一本葉嘉瑩的詩詞打印稿，認為寫得很好，問葉出版了嗎？葉答以年少時隨便亂寫的習作，不值得出版；南懷瑾強調，不出版太可惜了，所以他想要介紹給出版社出書。葉嘉瑩指出，她跟南懷瑾老師從開始認識到談話、同事有一年時間，後來她又出國去了，到了1969年底臺灣商務印書館出版了《迦陵存稿》這本書。她很開心，說是「我生平第一本詩集，是南懷瑾老師幫我出版的。」葉嘉瑩是中國古典詩詞研究專家，自己也寫詩，詩作表現出詩人在時代磨難中的堅韌及其內在心靈的力量，引起南懷瑾的關注，而雙方在動亂中國流離顛沛的共同經驗，恐怕也是南懷瑾對作者的詩作感興趣之所在。葉嘉瑩自己曾經說：「我的詩詞都是我當時非常真純的感情，絕對是我親身的感情和經歷。」

　　這位當代知名的詩詞大家所著的《迦陵存稿》，其實詩作背後也投射出她的坎坷人生故事，只是從她平日慈厚平和的外在，難以讀出她一身揹負時代磨難的痕跡，這又與她熱愛古典傳統的詩詞大有關係。葉嘉瑩祖上是滿族鑲黃旗人，本姓納蘭，祖居葉赫地，清亡後改姓為「葉」，

在北平（北京）出生。七七事變時，她是十三歲豆蔻少女，全面抗戰伊始，她那老北京大學英文系畢業的父親，因在政府航空署擔任外文漢譯的工作而隨國府西遷，遂與家中斷了音訊長達四年之久。父親生死未卜，她與兩個弟弟乃隨母親留在淪陷區的老家過活；1941 年抗戰最艱難時期，葉嘉瑩考上北平輔仁大學國文系，開學不久，母親卻因思念父親成疾，旋而病故，她只得帶著兩個幼弟投奔伯父過日子。是年秋天，她十七歲寫下淒絕人寰的《哭母詩》八首，在國破家難的煎熬下，葉嘉瑩的詩歌脫離了少女情懷，她說：「我從小是在苦難之中長大，我關懷國家人民的苦難，這種感情是我從小養成的。」「在艱難的戰亂日子，我想要入世，為國家、為人類做一些事情。」大學畢業後，她到北平佑貞女中任教，在教學中展露淵博的學識和獨具的風格，頗受學生歡迎；不僅如此，她中學時期的英文老師早已看出葉嘉瑩的才貌品行，特地安排自己的親弟弟趙東蓀與葉相識，前者見到葉，一見傾心，展開熱烈追求。當時趙在秦皇島工作，常到北京探望佳人，不久一度失業，貧病交加，病癒後就遠走南京海軍士官學校擔任文科教師。雖然後來葉父並不滿意趙東蓀，但葉嘉瑩覺得趙的失業可能與自己有關，而且因為是老師介紹的姻緣，也讓她「不好意思拒絕」，為了「義氣」，葉拿出自己的積蓄，千里南下，與趙東蓀完婚，從此一別老家二十六年，直至 1974 年返國探親。晚年她自述：「我可以說是以一種善心來做這件事。」

葉嘉瑩的轉逢人生

　　1949 年，這對新婚不久的夫妻渡海來到臺灣高雄落腳，趙隨部隊到高雄左營軍港的海軍工作，唯一令葉嘉瑩感到安慰的是，此時她父親也隨任職的航空公司撤退到臺灣臺南工作。不久，北京清華國學研究院出身，魯迅、周作人、陳寅恪的學生、國學名家許世瑛（臺灣大學中文系教授許壽裳長子）介紹葉嘉瑩到中臺灣的彰化女中教國文，暑假裡她順利產下了長女，但是當母親的喜悅還來不及感受，全家的災難卻驟然而至；那年耶誕前後，趙東蓀從左營趕到彰化去探望葉嘉瑩母女，不料當夜凌晨就被尾隨的特務硬生生帶走，原來趙平日熱心關注時政，卻被密告有「匪諜」嫌疑而被投入大獄，連帶葉也抱著襁褓中的女嬰被當地警方拘押，由於葉嘉瑩平日生活單純，她在自白書中所交代的內容，不是教課就是寫詩，特務也問不出所以然，當局旋即釋放他們母女。葉遭此白色恐怖突然襲擊的劫難，生活頓失所依，母女漂泊異鄉，一時竟不知何處安身？她有一首詩《轉逢》敘述當時的無奈，詩云：「轉逢辭故土，離亂斷鄉根。已嘆身無託，翻驚禍有門。覆盆天莫問，落井世誰援。剩撫懷中女，深宵忍淚吞。」二十五歲之齡的葉嘉瑩，抱著吃奶的幼女，在暗黑的寒夜，強忍吞淚，茫茫天地，何去何從？道盡了世亂蒼涼，命運無常的悲愴。輾轉多時，貧病交迫，後經堂兄介紹謀得私立臺南女中教職，並趁著父親調至臺北所空置的宿舍暫時棲身；一個少婦帶著幼女四處奔波，也未見其夫婿相

隨，鄰人指指點點的閑言碎語四出但又無從表白，擔心一旦說破恐將丟掉飯碗，箇中滋味，只有葉嘉瑩甘苦自嚐。獨自養育幼女三年後，即 1953 年丈夫自獄中釋放歸來，葉另謀得臺北第二女中教職，於是全家搬到臺北與父親同住，暫時舒緩了一口氣。幾年的困頓艱辛，把葉嘉瑩折磨成瘦骨嶙峋，但她一走上講台立刻就神采飛揚，有位督學來校視察國文教學，聽了葉嘉瑩講曹丕的《典論・論文》，讚嘆不已。稍後，她應邀出席一場詩詞講座，淨素的衣裙透著秀雅之美，而在會場解釋詩詞則又氣勢雄渾撲面而來，一時間轟動教育界。臺灣大學中文系主任臺靜農讀到葉的詩作，大為欣賞，聘請他到臺大任教，此時葉也同時在輔仁大學、淡江大學兼課，葉嘉瑩的古典詩詞夢又回來了，自此她從一位詩詞寫作者，走向詩詞的研究者。

　　葉嘉瑩雖然漸入佳境，但內心仍有難以啟齒的隱痛，夫婿經過三年囚禁，性情大變，而且長期賦閒在家，從一個溫文爾雅的人，變成一個動輒暴怒的家暴者；此外趙仍有重男輕女的心態，二女兒出世，甚至不悅而離家出走，屢屢對太太施威，葉只能逆來順受，最絕望時還一度默念「我要殺死自己」，即使如此，她也沒想過離婚，因為上有父親，下有兩女，她自認「結了婚，那我就承擔一切。」葉嘉瑩透露，王安石有首詩：「風吹瓦墮屋，正打破我頭。瓦亦自破碎，匪獨我血流。眾生選眾業，各有一機抽。切莫瞋此瓦，此瓦不自由。」她讀後甚有體悟，從中得到《楞嚴經》所謂「息機歸寂然」的解脫，化解了她

對丈夫的怨懟，同時也把她倆的「愛情」殺死。先前，葉嘉瑩和先生經歷了白色恐怖的磨難後搬家到臺北，曾整理過家中舊稿，發現了她的一批舊稿，稿紙都已泛黃皺褶，散落四處，先生見她隨意擺放，覺得如果遺失，豈不可惜？便表示要幫她整理抄錄，於是葉向學校借來鋼板，由她先生一頁一頁整平那些皺褶的紙稿，然後一句一句刻將起來，最後集成一本詩稿。這本鋼板刻印的詩稿被葉的一個學生見到後，直說太不好看了，而葉也覺得先生的鋼板書法不是很好，後來就由學生用鉛字打印成冊，但未出版；直到偶然間被南懷瑾自學生處讀到這本打字本詩稿，認為寫得很好，遂主動徵得葉同意，幫她出書，此即1969年底由商務印書館出版的《迦陵存稿》一書。

　　葉嘉瑩與南懷瑾的交往因緣，尚不止一端。她在傳統古典詩詞領域的教學口碑，已日漸在大學校園受到矚目，1966年夏天由臺大推薦她到美國密西根大學、哈佛大學當交換學人，這是她首度出國，1967年她利用暑假返臺繼續授課。葉嘉瑩說：「一年的相識，南老師不但幫我出版了第一本詩集，還幫了另一個忙。」葉指的是她第二度出國，原本得到哈佛大學的聘書，要到美國教書，她持此前出國的交換學人簽證護照，以為方便進出，卻被美方拒簽，理由是她要帶父親同行，美方簽證官認為她有「移民」的嫌疑而未予過關，甚至取消她原先持有的交換學人簽證護照。哈佛方面的教授因此建議她先到加拿大，再持新護照向美國領事館申請簽證，豈知後來到了溫哥華

後，依例向美方辦理簽證仍然遭到拒簽，對方竟要求她重返臺灣辦理簽證，令她相當錯愕，不得已卡在加拿大進退兩難，後來經哈佛教授解圍，主動聯繫加拿大英屬哥倫比亞大學（UBC）亞洲系主任蒲立本，後者恰巧需要這樣一位專長的導師，指導該系新設博士班兩位來自美國柏克萊加大的中國唐詩研究生，且在稍後給予葉嘉瑩終身教授職，以爭取她留任，葉一家人因此移居加拿大。當時在赴加拿大前，南懷瑾曾介紹葉去見一位朋友，那位朋友還為葉卜算流年，告訴她不會很順利到美國，會有一段挫折；她還記得卜辭有「時地未明時，佳人水邊哭」之言，沒想到抵加拿大後的處境竟與之巧合，覺得這位臺灣朋友的話真是太靈驗了，跟她的遭遇完全吻合。為此她還為當時心慌，不知道要到哪裡去的尷尬處境賦詩，寫下到溫哥華的第一首詩，詩云：「異國霜紅又滿枝，飄零今更甚年時。初心已負原難白，獨木危傾強自支。忍恥為家甘受辱，寄人非故剩堪悲。行前一卜言真驗，留向天涯哭水湄。」1969 年歲次己酉年，南懷瑾通常會利用新春假期，舉行禪七活動，這回他擬定初一至初五邀請葉嘉瑩參加這個禪修班；葉告訴南老師，她是家庭主婦，一家子有父親、先生和兩個女兒，沒有那個自由跑去坐禪啊！到了 1990 年，有朋友告訴她，南懷瑾到了香港，此時她正應邀到香港中文大學去客座講學，打聽到南懷瑾的聯繫方式，一到香港就打電話給他，南要她當晚一起吃飯，於是兩人再度見面。葉嘉瑩指出，南老師家中經常都高朋滿座，各種領

域的人都有，那天主要是主演《康熙大帝》的演員焦晃去拜見他，學習坐禪並請益問題，在場還有很多人要跟南老師談話，所以她沒機會跟南老師細談。葉嘉瑩說：「南老師大概一直要度化我跟他參禪，他叫我去參禪，我沒去成，所以沒有機緣嘛。」她回憶，雖然沒有跟南老師有這一份機緣，但後來另有與佛家的機緣，她在臺灣那會兒有一位葉曼老師也在輔仁兼過課，她是跟南懷瑾老師學禪的，後來我在北京見過她都九十多歲了。葉嘉瑩強調：「南老師是一個絕頂聰明的人，而且知識方面也非常淵博。那會兒跟我談話，大致都是講詩詞，他對於文學，對於我的詩很感興趣介紹去出版，那時候每個禮拜在輔大上課時都見一次面。」

　　1976年春，葉嘉瑩利用到美國參加學術會議的行程，先到多倫多探視結婚不到三年的長女和女婿，接著再到美國費城看望新婚燕爾的次女；不料人剛抵費城就接到噩耗，長女、女婿在旅途中車禍雙雙殞命，家難的不幸又降臨到她的身上。驟然遭此無情打擊，葉嘉瑩一度閉門不出幾十天，整個人沉浸在極度傷痛之中並寫下《哭女詩》十首：「哭母髫年滿戰塵、哭爺剩作轉蓬身。誰知百劫餘生日，更哭明珠掌上珍。」（其三）「萬盼千期一旦空，殷勤撫養付飄風。回思襁褓懷中日，二十七年一夢中。」（其四）「平生幾度有顏開，風雨逼人一世來。遲暮天公仍罰我，不令歡笑但餘哀。」（其九）詩中為她一手撫養長大的掌上明珠，吐露出哀婉悱惻的哀思以及滿腔溢懷的

身世之悲，遭際之痛。此前移居異國以來，葉嘉瑩常夢回老家，「早知客寄非長策，歸去何方有故廬」；而親身不能回故國時，她就講杜詩「夔府孤城落日斜，每依北斗望京華」，每當吟唱這首詩時，感覺就像回到自己的家園。她強調，中國的語言文字，真是有特殊美好的效果和力量。文革結束前夕，1974 年葉嘉瑩終於返國探親，當飛機降臨老家北京之時，她俯瞰北京城，華燈初上，萬家燈火，看著看著就止不住留下眼淚。「卅年離家幾萬里，思鄉情在無時已，一朝天外賦歸來，眼流涕淚心狂喜」，狂喜之餘，他寫下二百六十八句的《祖國行》長歌。

回歸祖國　傳承詩脈

　　文革剛結束，中國大陸恢復高考，葉嘉瑩在探親旅途的火車上，偶見乘客捧讀唐詩，又見導遊在名山勝蹟吟誦古人詩句，讓他為之欣喜，雖然故國歷經文化磨難，但見詩脈猶存，文脈亦未斷根。1978 年她向北京教委申請回國義務教書，翌年來到天津南開大學教課，校園刮起一陣「葉旋風」，階梯教室內外，教室走道、講台四周擠滿聽講人潮，讓她走進教室，舉步維艱，要費力走上講台。

　　1990 年代他走遍中國大陸大江南北各大學校園講演，「又到長空過雁時，雲天字字寫相思，荷花凋盡我來遲。蓮實有心應不死，人生易老夢偏痴，千春猶待發華滋。」她自許是考古專家曾在漢朝古墓挖出的那顆「蓮子」，千年之後經培養仍能發芽長葉開花，期待中國詩歌的種子不

死，將來也許另有其人會有更好的成績。有一位在紐約出生的華裔小女孩張元昕，從小受外公外婆薰陶，喜愛中國古典詩詞，十一歲時在電視上看到葉嘉瑩講授詩詞，於是在媽媽陪同下，利用春假到溫哥華找到葉，拜她為師，為的是能每天隨著葉泡在圖書館，以三明治打發午餐，由葉老師在午飯的一小時中面授詩詞（當時葉嘉瑩已在南開創設「中國古典文化研究所」原名「比較文學研究所」，自任所長，上半年在溫哥華哥大，下半年在南開，兩頭教課）。後來不管葉在何處講演，她都由媽媽陪伴，跟著聽講。2011 年才上初中的張元昕想當葉的授業學生，經徵詢南開的意見，校方竟破格錄取張為該校文學院英國文學本科生，張後來更進一步在南開隨葉嘉瑩讀研，並準備畢業後再到美國攻讀博士，她立志向葉老師看齊，傳講詩學。葉嘉瑩以前不確定是否有傳人？此前曾有詩餘一闋云：「梧桐已分經霜死，么鳳誰傳浴火生。花謝後，月偏明。夜涼深處露華凝。柔蠶枉自絲難盡，可有天孫織錦成。」她試問：在所教的學生中，誰能把她吐出的絲，織成一片雲錦？如今她對張元昕有所期待。有一回，她安排已是研究生的張元昕登上講台試講杜詩，並全程臨機點撥，當時葉已是年屆九十有二的鮐背之年，教授古典詩詞也有七十年了；課後葉將前引那闋詞轉化成詩云：「不向人間怨不平，相期浴火鳳凰生，柔蠶老去應無憾，要見天孫織錦成。」到如今她一定要見到傳薪之人，學生們如有成就，就了卻心願了。眼下，天孫（織女）就在眼前，為師的

葉嘉瑩也無憾了。

　　1991年，葉嘉瑩在南開創建「中華古典文化研究所」的同時，為紀念她的老師顧隨（號駝庵），曾捐出半數退休金十萬美元，設立「駝庵獎學金」；2015年，南開修建「迦陵學舍」作為葉嘉瑩定居終老之所，而葉也捐出全部財產逾三千五百萬元人民幣，成立基金以嘉惠後學。葉嘉瑩十七歲錦瑟年華在老家喪母失恃，寫下《哭母詩》八首；五十二歲中年在異國又逢失女之痛，寫下《哭女詩》十首；間中二十六歲少婦，卻在臺灣與夫婿同遭白色恐怖之禍，孤苦零仃撫養長女三年，丈夫出獄後已成轉逢身，家庭失歡，平生遭遇正如她的感喟，「風雨逼人一世來」！她在當代中國傳統古典詩詞的國度，構築精神長城，一路前行，照耀詩人的一生，如今已是百歲人瑞了。而今祖國大地倡行「文化自信」，回歸中華文化優秀傳統，有司高層如能進一步識讀葉嘉瑩的詩學成就以及其個人生命歷程所展現的祖國意識和復興文化的生命精神，誠為海內外中國人心靈契合的典範。（參見葉嘉瑩，《滄海波澄》，2017）

「經史合參」文史哲政不分

　　1970年代的臺灣，經濟開始向上發展，社會經濟活動日趨繁複，雖仍處於戒嚴時期，但學風相對開放。南懷瑾有一門「中國哲學史」課程在輔大開講，這門課是哲學系與中文系合開的，在一間大教室上課的同學超過二百

人。據當年上課的一位哲學系袁姓同學回憶，「南老師教學不用教科書，雖然依著年序，由孔孟老莊一路講下來，但是老師一時興起，天馬行空地展開，對我們這群臺灣高中教育上來的小鬼而言，『猶河漢而無極』，既不知文獻出處與依據，也沒有知識基礎去提問。當時，我只感覺老師的學問很大，儒釋道三教，經史子集，往往信手拈來，如數家珍，聽來覺得很精彩，但是一堂課下來，卻連筆記都做不下來。」「當時無知的我，因為在老師的課堂上找不到如西方哲學裡，可以在理論系統下嚴謹操作的推論程序，不禁懷疑起老師是不是一位哲學家，甚至誤認為老師只是一位博學的文化史家。」當時臺灣的大學校園同社會風尚一樣，充塞著歐風美雨，邏輯實證主義、存在主義思潮大行其道，在公立的主流大學，中國哲學也幾乎被邊緣化。南懷瑾一貫認為，中國傳統文化從來是文哲不分、文史不分、文政不分的混合體。在秦、漢以後，幾乎大多數的史學家便是文學家，又是哲學家，而且是從政的學者。所以要研究中國文化中的哲學，如果不通文學，不通詩學，幾乎是十分九差，難概全貌。他主張「經史合參」，讀史應該找出「歷史之眼」，貫通史事形成歷史哲學。南懷瑾做學問是不大管考據的，他曾有一詩批評學人考據文章之爭，詩云：

　　　　唾餘殘朽亂拋揚，精氣遊魂早伏藏。
　　　　可笑承虛諸野犬，卻來啃骨鬥名場。

　　他解讀：「《莊子》說的，這些文章考據，都是拿古人的口水當營養的，千古文章一大偷，都是偷來的，抄來的；然後把骨頭從墳墓挖出來，推測古人是什麼樣子，一個狗叫，大家跟著亂叫，考據古人的骨頭拿來當學問。」這正所謂，「記問之學不足以為人師，必也其聽語乎！」（《禮記‧學記》）他對當時年輕人的知見有個比喻：「像你們這一代，就是小桂圓的時代」，也就是說不同的時代，養成的人才也有格局器勢的大小差異。學生提出質疑，他笑瞇瞇、徐徐地說：「臺灣生產桂圓，去年風調雨順，桂圓個大汁多肉美；今年，雨水不足，生產的桂圓就個小肉薄，這也是沒辦法的！」前指這位袁同學就引用孟子的話，形容當時「老師一副『然而無有乎爾！則亦無有乎爾。』的樣子。」自此袁生經常親近南老師，成為南的「小桂圓」跟班，前後有一年多陪同老師下課返家。他說，與南老師結緣，老師就像照顧鄰家小孩一樣，每次下課總是問他要不要跟著回臺北，搭上計程車在路上一老一少有一搭沒一搭地閒聊，車到臺北市區衡陽路，依照慣例，老師會找一家可以吃簡餐的咖啡廳，兩人點了炒飯、咖啡，邊吃邊聊。有一回，南懷瑾談興較高，談話時出示一首詩《夜吟》的手稿，並表示深夜讀書有許多感慨，當天清晨 4 時才小憩片刻，詩云：

淡淡清愁過半生，滔滔濁世獨何清。

謗書毀骨翻堪笑，貧困隨人多負情。

王氣凋傷思一統，詩文零亂夜三更。

眼前事物難安放，繞室徘徊待漏明。

　　袁生讀了南老師的詩文手稿，「這才發現老師作為一個讀書人，從來就不自足於作一位大學裡的教授，寫寫書、教教學生。他念茲在茲的原來是歷史文化的傳承，國家的一統復興。」他強調，那時南老師「要我們有時候須從書本中走出來，看看真實宇宙世界的浩瀚廣大，不要關在書房裡，躲在封閉的知識理論系統中，以管窺天。」

　　又有一回，袁生跟著南懷瑾回臺北，車行至重慶南路一家南美咖啡店下車入內，點了兩杯咖啡、蛋糕，略作休息。南懷瑾從公事包拿出紙筆，迅速寫下他的近作：

世事前途窮不盡，中原回首夢全非。

江山零亂多風雨，不合林泉老布衣。

　　南懷瑾告訴小跟班袁生，他已準備辭去輔仁的教職，把當時正在教授的《易經》交給另一位老師代課。袁生趕忙問：「我們怎麼辦？」南懷瑾笑著說：「你們不是照樣讀你們的書嗎？」接著，話鋒一轉，告誡袁生：讀書重要，但做事也重要。南懷瑾強調，研究中國哲學，不是光靠讀書就能成就，有時候需要從「事上磨練」，才能對經

典的義理有真正的體認。這是 1973 年的事。後來袁生透
露，那時他已感覺到南老師對輔仁教席，越來越乏味。因
為師生學識背景落差太大，有時台上老師講一段生平得意
的見解，台下的同學卻無動於衷。幾年後袁生取得哲學博
士學位，自己也成為教授，又先後出任兩所私立大學院校
的校長。半世紀後，他在紀念南懷瑾百年誕辰專書上撰
文，指「中國文化由儒、釋、道共同撐開的大智慧傳統，
根本無法在知識概念語言下，通過理論系統的建立，窮盡
性地說明它全部的內涵。」又說：「老師當年要我去學天
文、讀歷史，甚至禪定打坐，無非是教導我，操作理論概
念、邏輯推理去研究中國哲學，其實不是最重要的，真正
吃緊的是要有洞見。而要有洞見，不僅要有『涵蓋乾坤』
的知識廣度，也要有『截斷眾流』向上一攀的心靈高度，
這才會證得『隨波逐浪』的當機立斷的洞察力」。「我
現在終於明白老師終其一生鑽研投入的學問。這套學問與
西方哲學最大不同之處，就在於它不是建立在純粹思辯及
知解之上，而是通過身心一體的實踐修行，將天人之際的
最高理境，轉換為面對古今之變參與歷史洪流中的實踐智
慧，從而『為天地立心，為生民立命，為往聖繼絕學，
為萬世開太平』。」（參見劉雨虹編，《百年南師》，
2018）

應機教化　適性發展

　　南懷瑾應機教化的另一位學生是張尚德。張是臺大

哲學系、所的畢業生，前章提到他在 1960 年代初首度拜見南懷瑾時，不談佛學，談詩，因為喜歡唱詩，當場唱起一首詩給南老師聽，老師哈哈大笑。張尚德曾自述，「湘潭伢子」的十六歲在老家投軍當青年兵，連初中都沒畢業。1948 年隨軍來臺，當了五年兵，因病退役，在軍中養成喜歡讀書的習慣，後來考上臺大哲學系，「大一註冊的那天我蓬頭垢面，爛衣服一件，破皮鞋一雙，說形似乞丐，亦不為過，因是心情非常惡劣。」訓導處的教授帶著斥責的口氣說：「你怎麼這副不羈和傲慢的樣子！」被罰「先站在一邊」，後來教授知道了他的處境，油然而生同情心，讓他先註冊，並請他吃一碗麵。「自大學一年級至畢業，每每枵腹上課、回宿舍吃同學的剩飯、往田裡挖地瓜……窮得連買草紙的錢都沒有，真不知如何是好。」「在研究所期間，因必須寫論文，三餐不濟，不得已只好去花蓮農校兼課，不到兩個月，學校……通知來了，在學不上課，學校本要開除」，後來訓導處教授瞭解他的困難，也就不了了之了。他告白指出「留花蓮期間，時常在颱風下雨的黑夜，一個人跑至海邊，將自己放在血淋淋的人生解剖台上解剖，自殺的念頭並未消除，但因想徹底了解人為什麼要自殺，以致未能自己動手幹掉自己。」第二次見南懷瑾時，後者給他錢去理髮，他當時想：「看樣子南老師很窮，自己沒有錢，還拿錢給別人理髮，怪人！」

　　不久，他首次參加南懷瑾的新春禪七習坐，之後南老師就介紹他去政工幹校教馬克思主義批判，後又在文化

學院兼課。張尚德的思想歷程，充滿矛盾的組合，正如他自己首次在南懷瑾主持的禪七第一天的心得：「一年來親近老師，但是對佛學沒有下功夫。我所學的是邏輯，在參話頭時，一直沒有脫離辯證。想自殺，又想丟手榴彈。將來我可能會反玄學和佛學很厲害，也許可能下地獄。」他的思想矛盾也表現在學涯當中，張尚德回憶 1955 年秋天的一個黃昏，他首次上完殷海光老師的邏輯課，即陪殷師自臺大步行到松江路殷的居所，殷老師打量他一番，問他的生平經歷後，說他是「好一條大龍」。後來張尚德表示，二十多年過去了，「殷師判斷我是『大龍』雖不準，但他對我的影響卻是很大的。」「從大一至研究所一共七年，始終未放棄他（殷師）所喜歡的經驗哲學、社會科學研究，一直受他的影響與指導，他生前囑我譯了《革命的剖析》、《自由的哲學》二書，他去世之前，還命我譯《開放的社會》一書。」

另一方面，張尚德在考取臺大後，同學劉述先陪他去拜見方東美老師，「二十多年間，在學術上遇到無法解答的問題，總是去請教他，方老師不開腔則已，一開腔就是幾小時。」「我自己心裡明白，我是方師最失望的學生……」方東美曾對張尚德說：「你把你的潛力亂搞一通！」張尚德研究所的碩論寫的是有關經驗哲學的問題，指導老師就是殷海光，方東美曾問張一個很有趣的問題：「你的論文是有關經驗哲學的，為什麼又喜歡禪宗？！」張尚德反問方老師：「您問的是理論方面，還是事實方

面？！」方東美說：「兩者都有。」張回答說：「事無
礙，理無礙，理事無礙，事事無礙嘛！」教過張尚德人
生哲學課的方東美會心一笑！後來張尚德研究所畢業後
再去探望方東美，後者老實不客氣的打他棒子：「做學問
比守寡還難，你原應作飛行員。」張尚德又反問方老師：
「您為什麼守寡，而不搞政治呢？！」方東美說：「搞政
治，朋友都要殺，有什麼好搞的。」張尚德透露：「從
此，我決心在佛學中守寡，但老是『出牆』。」原因是，
他對佛學的一些問題，例如「輪迴」問題，無法相信，自
己也提不出解答。

1967 年秋天，世界反共聯盟會（前身為「亞洲人民
反共聯盟」）首屆大會在臺北召開，張尚德得到英譯中的
差事，不久由谷正綱領導的世盟中國分會成立，他在朋友
引薦下先進入國民大會任谷正綱的機要祕書及亞盟（後更
名為「世界自由民主聯盟」）祕書，一任十二年，同時也
在文化學院從講師升級到教授，後來脫離公職也不教書，
賦閒在家，白天睡覺，晚上學佛，乃有機會再度參加南懷
瑾主持的禪七習坐，這回他自信證得光明定。他說，禪七
第三天下座晚飯後，聆聽南老師向眾同參開示，他唸阿彌
陀佛數聲後，即感覺有什麼大事要作，便急忙上座。「一
上座後，感到天旋地轉，全身內部震動不已，惟人在定
中，剎時眼前一片光明，光明越放越大，這時起了貪心和
疑心。」他又提起：「我向來不相信迷信，西洋經驗哲學
和邏輯對我的影響那麼深，我只相信事實和合乎推論規

則的邏輯，然而，上面所述我親身經歷的過程，是明明了了、清清白白的，這樣一來佛學所說的『自性本來清淨』、『自性本來光明』，以及『自性即是佛』的種種說法，就令我不得不相信，不得不在佛與南師前面五體投地了。」此時張尚德雖然並不知道所經歷的是一種什麼樣的境界？「但身心泰然，且有一念大千之感，人生有這種境界，功名富貴、妻兒子女、學問知識，一切種種，就與我離得非常遙遠，沒有太大的直接和間接關係了。」

　　到了禪七最後一天，他在禪堂總結他的心得：南師是經師、人師，更是天人師。他的教育對象有中國人也有外國人，有木匠、裁縫師、醫生、商人、教授、將軍、官員、尼姑、和尚、道士……，真是做到「有教無類」；他的教育方式因人而異，完全依個人的身份、氣質、個性、長處與短處而施教。張尚德自承：「整整將近二十年功夫，我頑劣與無知的個性，曾使他流淚，他也曾真想一棒子把我『打死』」。南懷瑾的教育內容無所不談，張尚德以前最反對這一點，認為他亂講；本次打七禪坐，張極虛心和細心聽講，「發現南師完全圍繞在『禪』一字上談，如果自己對『佛』一事無所了解，就極容易以為南師在『亂談』……外行人不懂南師說內行話，以致以為他是在『亂談』。最重要一點的是，南師不僅不亂談，且是最講求實證與實踐的，他一再告誡我，空談理論，沒有印證，全無用處。」他說，從新春初二開始，南老師就感冒，但是七天下來，南師全神貫注一百多位參禪者的心身發展，

照顧大家的飲食起居，新春期間，還要接應各方來的電
話，對參禪的法師們，始終守住「佛、法、僧」三寶的
禮範，理論上循循善誘，功夫上步步徐來，且功夫配合著
理論，不多一點，也不少一點，終至使得每一位參禪者，
都覺得南師在他身邊，在他心裡。張尚德發現原來學佛與
悟道就在行、住、坐、臥、吃飯、穿衣的做人與做事中，
他「甚至謝謝無情的器世界，以前一切的不幸遭遇，也就
是惡知識成為善知識了。」（參見《懷師》·〈天下第一
翁〉，1993）

殷海光、許倬雲與南懷瑾

張尚德對於殷海光和南懷瑾兩位老師的情感同樣深
厚，但兩位師尊給他的感受完全不同。他說：「和南師在
一起，有如坐春風和使人寧靜的感覺，和殷師在一起，則
有令人生起嚴肅、正義感和公道心的感覺。但殷師不快
樂，南師快樂。」「為了希望殷師快樂」，張尚德「曾陪
殷師見過南師，但殷師始終無機緣接受中國文化中最豐富
的寶庫之——禪宗。」晚年殷海光罹患胃癌，曾找過南懷
瑾學習打坐。當時臺大歷史系主任許倬雲晚年曾在《許
倬雲談話錄》（許倬雲口述，李懷宇撰寫，廣西師範大
學出版，2010）一書第 84 - 85 頁提及這件學林掌故，他
說，殷海光相信「科學」，可是也有矛盾的地方。「他
（指殷海光）得癌症，以為可以靠打坐的功夫來治，他找
南懷瑾打坐、運氣。他坐的蒲團都坐破了。這件事他跟學

生不講的。」

　　1960 年代，《自由中國》政論雜誌事件，殷海光涉入頗深，被國府當局奪去臺大教職，這時他已處於在家形同被軟禁的狀態，老友許倬雲每週去看他一次，許回憶「門口有個餛飩攤，是特務擺在那兒看殷海光的。……看見我這麼一個常客，還會笑笑。」殷每回與許見面總會問到：「有什麼好書？」他的口頭語是：「棒不棒？」許答說：「書沒有棒不棒這個事情，每本書都有它的特殊處，也有它的缺陷。」許倬雲指殷海光「就是一竿子打到底的態度：一本好書，或者一本壞書。」至於「介紹過來的外國思想，他一定佩服。他不喝茶，喝咖啡。」許表示，評論殷海光，必須從《自由中國》說起：「殷海光是筆桿子，是雷震用來衝鋒陷陣的。」「老實說，這個刊物，威脅不了老蔣政權……在他心目中，一心一意不能有分歧。所以他叫自由分子包括北大、清華、臺大這一系統的人做『異議份子』、『分歧份子』，理由是異議和分歧使得人心混亂。他最怕的是自由分子，以及本土的力量──後來也變成台獨力量。實際上，雷震不是北大、清華系統下來的人，他原是國民黨，也很不單純，這個人並不是純從自由的理念出發。他可能有另樹一幟的企圖。他為人深沉，很有計謀。……在立法院和國民代表大會，他有一股力量。他是一個政治人物，比胡適先生複雜多了。」「國民黨是一黨專權，要加緊掌握權力，所以對知識分子非常箝制，殷海光就在這時候倒霉。……他的演講很有煽動力，

其實現在講起來很膚淺。我是尊重他的人品，並不在意他的學問。殷海光的骨氣勝於學問，但當時只有他硬撐著一股氣，所以大家當作自由主義的標竿。」「殷海光一輩子標榜自由思想、自由主義，到了晚年，他受捧之餘，不免自負是大師，這是與自由主義矛盾的。他相信一個學說，就相信到崇拜的地步，這也不是學術應該有的態度。可是他與專政做抗爭，這是我佩服的地方。」

　　殷海光寫有一本《中國文化的展望》，許倬雲寫了書評，殷很不高興；許說：「我覺得做朋友應該盡直言的責任」。許倬雲指出：「殷海光對中國文化的了解有不足之處，他對中國文化的批判，有些東西是相當有問題的。他對史料不熟，對發展過程也不清楚。他以為搞數學邏輯的王浩是世界上重要的數學家，佩服得五體投地。殷海光自己教邏輯學，以為數理邏輯是邏輯學的登峰造極，可是他的數學造詣，並不夠用，這就是他的盲點。」又有一回，殷好意說：「許倬雲，打坐對你的身體有好處。」許回答：「對我的手腳沒有用處〔按，許倬雲出生時罹患小兒麻痺，終身殘疾〕，對一般的身體可能有用處。」為此，殷海光特別陪許去看望南懷瑾，許強調：「當然南懷瑾也知道，氣功治不好我的殘疾。」許倬雲留學芝加哥大學時，在當地開刀，自稱自己學出來的一套功夫，他說：「打坐本身是有用的。我也靜坐，我的靜坐功夫不是外界教我的，是我自己悟出來的。呼吸，我可以腦子一片空白，一般初學打坐的人做不到這一點。」殷海光陪許去看

南懷瑾時，南懷瑾就說：「許先生，我們的路子不一樣的，我是另外一條路。」許倬雲當下意識到：「他〔指南懷瑾〕跟我說這句話，意思是關門不談，至此為止。」許倬雲說南懷瑾「清楚得很，聰明人。他的身體的確真好，那時候，我三十多歲，他五十來歲，身體健康的情況如同二十來歲。」以實際年齡論，南懷瑾比許倬雲年長一輪。許對南懷瑾的印象是：「南懷瑾是奇人，有一股吸引力，交友廣闊，佩服他的人很多。大概是傳統嚴謹的學問，大家覺得太枯燥，他講的有許多方便的途徑。……南懷瑾寫的東西，常常留下餘地給人討論：用外傳、外說、他說，不一定正說。」

許倬雲與蔣經國打交道

1962 年，許倬雲一回臺灣就「栽進了工作，剛開始情況就非常複雜。」當時以中央研究院史語所和臺大歷史系合聘，不久，從副教授意外接任臺大歷史系主任，時年三十二歲。在南港中研院，他成了李濟之先生的助手，與蔣中正鬧翻的中研院院長王世杰派他做一些學術外文，幫院裡做涉外事務；而臺大校長錢思亮則在學校裡大大小小的委員會都派他去做過。許直言：「他們這幾個老先生的意思是鍛鍊我。」他透露：「日子很不好過」，「比我大的四、五十歲的人，跟我同輩的人，我的學弟，沒有出國的人，頗有人不服。」而「我在芝大民權運動得來的一些自由主義的思想，和臺灣獨裁專制很不相容。……當時國

民黨的壓力過來，我反抗，錢校長幫我反抗。」「他們把中央研究院和臺灣大學的自由份子當作打擊對象，目的是把臺大奪掉，奪給他們相信的人，所以就把錢思亮送到南港，讓王世杰辭職。」「這些全面性對抗，就是北大、清華系轉移到臺灣之後，和國民黨的力量的對抗。⋯⋯我的上面一堆大頭，我是底下最小的小蘿蔔頭。但是小蘿蔔頭首當其衝，鬥爭非常激烈，我三十三歲就血壓高了。」許倬雲指出：「1960 年代的氣氛真是令人窒息。學校裡鋪天蓋地都是國民黨的成員，也有保護自由分子的人。陳雪屏先生是行政院祕書長，他原是西南聯大的教授。張羣跟陳雪屏私交很好，跟王世杰私交也很好。王世杰、張羣、陳雪屏幾個人結成一條戰線，盡量保護自由主義者。」

1960 年代戒嚴時期的思想檢查持續進行，在臺灣的知識分子結社，通常會驚動國府的黨國高層關切。1963 年，許倬雲帶頭成立「思言社」，宗旨是在討論社會科學、人文科學的專業工作之中，替中國找一條路。許倬雲透露，他一回到臺灣，老朋友胡佛，李亦園就找他，說：「我們知識分子在今天應該有所作為，我們不能放任一黨的錯誤方向，我們也不走共產黨（的路），但我們都有社會正義、公平的思想。」他指出：「我們五、六個核心份子的想法，是要找一個民主制度下逐步演化的『社會福利國家』，在國共兩邊爭執的部分找到中間點。」並決定出版《思與言》季刊（後來變成半年刊），完全自掏腰包，集會、辦刊物，首期《思與言》的費用是許倬雲預支「文

星出版社」的兩千塊稿費。《思與言》的發刊詞、思言社的主張大綱都是許倬雲草擬初稿，提請大會成立。他說：「第一次成立大會，來了二十多個人，都是中堅份子，是當時三十來歲的各大學教授。國民黨一看慌了。第二次大會，一下進來四十多人，進來都是國民黨有關教授，我們是開放的團體，不能拒絕有意入會的人。」

　　後來到了 1960 年代晚期，「這件事」成了特務找尋許倬雲的「罪名」，蔣經國不相信許有問題，派救國團主任祕書、蔣的親表弟宋時選調查。許倬雲透露，宋時選先後兩次找他談話，親口告訴他：「他們認為李敖不可怕，文章罵人；許倬雲可怕，文章不罵人，組織能力特別強，一聲號召，幾十個人跟著走，這個人太可怕。」這是「他們」打報告說上去的話。所以要擋住許倬雲。宋時選問許，究竟想幹什麼？許回答，思言社是搞費邊社，想通過學術討論，理性地為國家找條出路。費邊社是英國工黨的祖先，和工會運動有關係，和所謂空想社會主義也有淵源，宗旨是以民主的過程，和緩地推行社會福利，後來衍生出費邊主義，主張經過議會政治，建設社會福利國家。1970 年，許倬雲回到美國，預計作訪問學者一年，後來錢思亮去了中研院，閻振興接掌臺大，不久發生「哲學系事件」，哲學系被打散了，陳鼓應被趕走了，許倬雲就暫不回臺灣了，他說：「我不回去，歷史系可以保全。」其實許倬雲從回國到再出國的八年中間，一直銜王世杰之命，代表中研院與蔣經國打交道，後來再回國，也經常與

蔣經國會晤，並在民營的兩大報寫文章，鼓吹改革。他評價蔣經國：「有不少社會主義的思想成分，自由民主思想是沒有的，可是有為人民服務的觀念。」他透露，除了公事之外，小蔣跟他討論的問題相當雜，包括民主、黨外運動。許倬雲這樣描述小蔣：蔣經國的生活非常平民化，人很聰明，他跟你講話，兩手交握，眼睛看著你，不插嘴，聽了一段，問：「還有呢？」他有時候會反駁：「我不是這麼想，我有不同意見。我跟你講吧……」他講不同的意見反駁我，可反駁中他也聽我的意見。許強調：「至於海峽兩岸的事情，開放老兵探親，是他自己的主意，這一招相當高明，一方面開放臺灣內部的黨禁，一方面跟大陸重新建立聯繫。」許倬雲因此認為蔣經國是一位「有彈性的人」。南懷瑾對開放老兵探親的時與機，則持相對保留態度，主張大陸應再緩十年開放，「衣食足則知榮辱」，不然會帶給大陸一切向錢看的歪風。

急流勇退大學校園

　　前面提到，南懷瑾原應于斌校長之邀，來到輔仁授課，他的辭職仍有某些不為人知的原由。原來南懷瑾每回到校授課都同其他教授一道，搭乘學校交通車上下課，在車上大家喜歡閒聊，尤其有興趣向南懷瑾提些問題，南往往也熱情回應。如此一來，剛上完課說了幾個鐘頭的話，這會兒在車上又要談話，未免太累了，於是後來他下課就改搭計程車回臺北，而有前述師生同車至市區喝咖啡、便

餐小憩的情況云云，而兼課教授微薄的鐘點費也就花費殆盡了。其實依南懷瑾的行事作風，恐怕未盡於此，他早有「急流勇退」的念頭，其關鍵還在於校園的上課情況。

臺灣大學生上課比較自由，有些學生喜歡逃課，包括選修課程往往視之為「營養學分」，但南懷瑾的選修課卻經常滿座；相對於有些不善言詞的教授上課，還要勞動學生事先拉上幾位同學湊數，這滋味對老師而言，情何以堪。南懷瑾見此情景，早知不妙，對應此一落差，造成別人的尷尬、不快，他早就動念急流勇退，免得他日遭忌，反而不妥。有些他校老師也看過南懷瑾的著作或聞聽其講演，成了他的「粉絲」，如今風聞南懷瑾辭職，卻反過來鼓吹學校禮聘，繼續授課。豈知也有教授私下議論，請南懷瑾來授課，「其他老師怎麼辦？」請他講孔孟學說，當然是一流水準，如果講道家學術，南也精通；到課堂上講禪宗，更是他的老本行，如此一來，其他老師的飯碗恐將不保。這些種種雖是私人閒話，但南懷瑾心知肚明，所以只接受研究所的約聘，指導研究生，而且可以不到學校上課，反而不會招惹他人。這些情況，也使得南懷瑾在當時堅決創辦「東西精華協會」，以平民辦學的風格，實踐他「化民成俗」的信念，並且可以面向社會大眾，因時因地開設有意義的課程，不僅限於大學生來聽課。例如協會開設參同契、禪學、易經、中醫醫理等課程，也是一般大學較少或不開的課程，所以開課之後，報名參加的學員踴躍，有些大學生甚至在南懷瑾辭去教職後，反而衝著他來

協會聽講，而協會也只酌收場地費二百元，經濟困難的同學也就免繳了。

東西精華協會　慘澹經營

協會開辦之際也是慘澹經營，因此經常為經費所困，初期會址設在青田街五巷九號，一所院子的平房，客廳連著飯廳的一大間就是課室了，而所謂課室頂多只能容納二、三十人。最早開班的是「禪學班」，在 1970 年 7 月 15 日開課，為期六個月，為了方便在學或在職的學員，上課選在每週一、三、五晚上 7 時至 9 時，學員中有在校的博士生，或其他專業人士及在臺修習中國文化的歐美學生，由南懷瑾講授，基於中國文化的互通性，該班也講授儒家、道家思想學術；其他論語、易經、河洛理數的老師也都是義務講課，包括授課老師及社會熱心朋友陸續捐輸，支持協會的發展，有的在協會設立獎學金幫助其他貧困子弟讀書，或者加入協會發起的公益活動。一年後，南懷瑾又創辦《人文世界》月刊，進一步將協會理念延伸到社會中間，月刊創刊號發行之後，協會搬到信義路二段的蓮雲禪苑四樓（可從禪苑後門直達四樓，兩不干擾）；禪苑住持妙然尼師同意四樓「借給」協會使用，不收租金，南懷瑾的老友楊管北居士此時更是慷慨解囊，每月捐獻蓮雲禪寺香油錢三千元，持續了三年，這是禪門之內的妙法。協會固定上班的祕書是長年追隨南懷瑾的李淑君，她畢業於臺大農業經濟系，1969 年她在師範大學聽南懷瑾

講演《老子》時初識，協會成立後她還是大四學生，經常
抽空到會幫忙，畢業後就到協會全職上班；說是全職上
班，但卻無固定薪水，只是偶而領取一些車馬費而已。不
僅此也，李淑君還要設法周轉資金，每天跑「三點半」，
趕在銀行下午三點半停止營業前，把支票軋進交換，否則
支票未能兌現，吃上票據法官司，那時依法是要坐牢的。
南懷瑾曾有一首七律形容當時的景況云：

> 同心協力是何人，辛苦艱難賴有君。
> 一會靈山終不散，偕行悲願濟斯民。
> 二十餘年舊道場，孤僧冷廟喜清涼。
> 相逢猶似當年境，不覺人間歲月長。

　　話說禪學班開班授課，那時白色恐怖的餘威尚在，
一般社會上思想監控的魅影仍駐足未去，禪學班一開班就
上演一齣「新儒林外史」，或與此有關。有個四十歲上下
的學員，剃著光頭，上課時並不耐心聽講，東瞧瞧西看
看，一副心不在焉的樣子，言談舉止也看不出對學術文化
有何興趣；到了第四天上課，當南老師走進課堂時，他上
前說：因為有私事待辦，不能再來上課，特向老師請長
假。語畢，他當場跪下，像南老師磕頭行禮，並請老師
原諒。這突如其來的一幕，令大家頗為驚訝，南老師當即
把他扶起。至於要走就走，何以還要行跪拜大禮？著實令
在場其他同學相當納悶，不知他葫蘆裡賣什麼藥！這是

1970 年代伊始，臺灣社會真實上演的獨幕劇。

炒股只為印書

　　1971 年 10 月，中華民國被逐出聯合國席位，臺灣政府處在國際形勢的風口浪尖，社會人心危疑震撼。翌年春天又有美中《上海公報》襲來，臺灣島上出現移民潮和資金逃亡潮，在在考驗島上的生存發展和國民黨政權的存亡。1973 年 11 月 10 日季辛吉又有北京之行，此行是他第六度訪問中國大陸，臺灣輿論以為季氏此番赴北京訪問，恐為美中建交談判事宜，焦慮不安的氛圍仍充塞社會各界，臺北股市天天下跌。就在季辛吉行將離開北京前夕，南懷瑾借了一些錢，著李淑君進場去買股票；緊接著季辛吉離開大陸發表談話，一切尚無大變化，於是臺北股市又連漲三天，南懷瑾用賺來的錢印了《靜坐修道與長生不老》這本書。南懷瑾善觀天下大勢，這神來一筆的理財手法，無不令外界大為驚服，嘆為觀止，其實他本來就無意以賺錢為本，偶一戲作之餘，仍以弘揚文化為本。

　　此外，李淑君尚在臺大就讀四年級生時，也因緣際會意外地牽起她的老師李登輝與南懷瑾的一段因緣。原來李淑君選修孫震教授的一門「經濟政策」課程，因孫震訪美，委由李登輝代課，當時大約在 4 月中的一天，李淑君帶著剛印好的東西精華協會簡介資料來到課堂，俟李教授走進教室，她向李請求借用五分鐘，擬向同學推介協會的理念和組織；當李淑君向同學們介紹時，李登輝順手翻閱

該簡介資料，待李淑君介紹完畢，李教授當即從口袋掏出五百元捐贈東西精華協會，表示支持該協會的文化理念。當時李登輝並不認識南懷瑾，但作為教授，李登輝的舉措，看來是頗具人文理念關懷的，何況五十年前的五百元，對於受薪階層的老師而言，也不是一筆小數目，難怪後來李登輝出任副總統以後，不時向南懷瑾請益，後者也不得不說，他欠李登輝「五百塊的人情」。

　　隨著南懷瑾平民辦學的發展，盛名之累亦隨之衍生。有人投書總統府，說「要國家有救，只有找南懷瑾才行。」幸虧總統府來電查詢，也正好南懷瑾本人接到電話，否則他恐怕有名列黑名單的機會。南懷瑾說，類似的事已不止一樁了，學生們或者聽他講演的人，有人的天真想法實已造成不少困擾。此時的臺灣，人心思變，而外部的挑戰，波濤洶湧，「退出聯合國」已然是一種示現。1970 年在美國參與保衛釣魚台運動而身陷返臺「黑名單」的著名現代詩詩人鄭愁予，早年有一首知名的詩，描寫與戀人分手的悲歌——《賦別》，其中一句「而我風雨的歸程還正長」適足以折射出「臺灣往何處去？」的焦慮人心。雖然人心若此，南懷瑾仍秉持初心，一面主持課程，出版雜誌，一方面則經常應邀到各地講演，包括文武大專院校、民間團體、教師研習會，其中在 1972 年 6 月連續八週，以每週二小時在中華電視台講《論語》，不到兩年的 1974 年 4 月又在國民黨中央大陸工作會，以每週二小時的速度，連續講了十一個月，這次有人專門記錄整理，並以〈論語

新義〉為題於翌年 4 月在青年戰士報連載，促成了後來
《論語別裁》述著的出版，也帶動了《論語》在軍中和社
會各界的閱讀熱潮。

第六章
王氣凋傷思一統

　　早在 1970 年代前夕，有一天時任國防部部長的蔣經
國具名發出請柬，邀請部分文人學者和將領在臺北三軍軍
官俱樂部餐會，與會者包括著名的馬克思專家鄭學稼、
葉青（任卓宣）等人，南懷瑾也應邀出席。那天到達會
場時，南懷瑾見迎面而來的前清禮親王（愛新覺羅・毓
鋆），打趣稱他「王爺」，禮親王則回敬南為「神仙」，
一老一少，一大清一民國，相映成趣，眾皆莞爾。彼此打
過招呼後入座，他們都不知道何以有此飯局？說餐後要開
會，每人收到一本資料文件，然後由總政戰部副主任王昇
主持會議，討論三軍政治教育和台獨問題。會上有些人不
知所云談了半天，南懷瑾坐在位置上低聲笑著說：「該下
課了吧。」坐在一旁的好友鄭學稼接腔：「今天你不講話
就不能放學。」南懷瑾想想也是，不好意思白吃人家一
頓，只好硬著頭皮發言。他先講對軍隊政工的看法，接著
談起台獨問題，他說：「臺灣人看我們政府、國民黨和外
省人是三位一體的。先設法接管你們的錢和槍，然後把你
們趕下海。這固然因為語言不同，很難溝通，但也要反省
我們自己在臺灣的政治。現在把政權交給臺灣人，那不到
三個月就沒有了，可以在二十年以後再談這個問題。當他

們下一代從大學畢業了，學會了我們的政治經驗，才會有麻煩。其實民間有台獨情緒，他們不是想脫離中國，是討厭這個政權。二十年後台獨會不會成為禍害，要看你們諸公的政治搞得好不好了。」南懷瑾在會上提出反省臺灣的政治以及有關台獨議題的一番政治預言，在往後的二十年中間，一一浮現。

戒嚴時期的 1970 年代臺灣，「台獨」隱而未動，到了 1980 年代臺灣經濟向上發展，蔣經國的「革新保臺」治臺政略得到落實之際，以「民主化」為指向的「黨外運動」興起，開始挑戰當道。蔣經國倡議「在穩定中求進步」的政策方針，並與新世代青年展開對話，後者則以「在進步中求穩定」予以回應；美國在臺官員也歡迎此一「在進步中求穩定」的「進步」思維，反過來敦促國府支持臺灣的民主化運動。彼時中國大陸的改革開放初興，以經濟建設為中心，並向全球化接軌，即使兩岸對峙依然，但臺海情勢則步入和平穩定狀態。國際地緣政治的變化，影響臺海兩岸形勢消長，而直接衝擊臺灣政局里程碑式的思想政治運動，則非 1970 年代的「保衛釣魚台運動」莫屬。

點燃保釣運動那一把火

新時代啟幕的 1970 年，位於太平洋兩岸的臺北大學生以及在美國的臺、港留學生、學人，為反對美、日私相授受，協議將釣魚台列嶼（隨同琉球群島）的「行政

權」移交給日本人，幾乎在同一時間發起「保衛釣魚台運動」，掀起海內外華人民族主義的思想浪潮，從而牽動臺海兩岸中國人社會的政治發展長達一個世代。保釣運動在美國華人留學生、學人之間形成燎原之勢，這把火卻是從報禁下的臺灣非官營報刊雜誌首先點火引燃。

當時剛更名為《中國時報》（原《徵信新聞報》）不久的報老闆余紀忠（在大陸時曾任蔣經國祕書），正思積極展開市場競逐（另一說為有政治背景的新聞操作），瞅準保釣議題，祕密策劃突破海禁的「釣魚台登島行動方案」，指派四位記者於 1970 年 9 月 2 日登島，把中華民國國旗插上釣魚台島，並在國旗下方的峭壁用紅色油漆寫上「蔣總統萬歲」五個大字，當天登島的四位時報記者，分別是宇業熒、劉永寧、姚琢奇和蔡篤勝。9 月 4 日，該報以「登臨釣魚台列島／看祖先留下的一片洪荒」的斗大標題，於三版全版刊登獨家報導，轟動整個臺灣社會，接著其他報刊也跟進，陸續報導保釣新聞。多年後，日籍時政作家本田善彥找到已定居美國舊金山的劉永寧，並以電話成功採訪他，道出他們當年勇闖釣魚台不為人知的內幕；本田善彥在 2019 年出書《保釣運動全紀錄》，和盤托出箇中原委。該書引述劉永寧自己之所以開始關注釣魚台問題，與《中國時報》的競爭對手聯合報系旗下《經濟日報》遭停刊事件有關。1967 年 9 月 20 日，《經濟日報》頭版報導「立法院在聽完外交部次長沈錡對美國將把琉球行政管理權移交給日本的報告後，發表聲明表示，不承認

日本對琉球的剩餘主權（Residual sovereignty），中華民國的立場不變。」對此，總統府以「違反宣傳指導」為由，下令《經濟日報》停刊六天。劉永寧說：「立法院的聲明明明符合國府的利益，但《經濟日報》卻因為這則報導遭到前所未見的重罰。從《聯合報》創始人王惕吾與蔣中正的關係來看……實在搞不懂到底是哪裡出了問題，於是我開始著手調查琉球問題。」根據劉永寧在前揭書中透露，他透過父親（中國民主社會黨籍立委，曾任記者）向總統府文宣指導小組召集人陶希聖打聽，後者認為《經濟日報》之所以會遭到停刊處分，是因為他們的報導踩到了蔣中正的痛處。

　　陶所指的「痛處」即他自己所透露：1943 年 11 月開羅會議期間，羅斯福曾兩度向蔣中正表示，要將琉球群島交給中華民國，蔣卻拒絕接受。稍後，蔣心生後悔，便在 11 月 27 日交代隨行到開羅的國際法專家王寵惠絕對不能把這件事洩漏出去。回到重慶之後，王寵惠被國府高層逼問，不得不承認羅斯福與蔣中正之間的對話確有其事，還強調：「（蔣）委員長很懊悔，希望大家不要再提這件事了。」而人在重慶的陶希聖，當時剛好也在座。後來劉永寧細細玩味晚近公開的臺北與華盛頓的外交文件以及蔣中正日記之後，提出他的觀察，不過他事先聲明自己「當時並沒有察覺」。他說：「佐藤榮作把收回沖繩作為自己畢生的政治目標，因此和蔣中正講好條件，只要國府不為了琉球歸屬問題吵吵鬧鬧，日本願意視國府為代表中國的唯

一合法政權，全力支持國府保住聯合國的席位，兩人還口頭交換密約，由日本提供一億五千萬美金的低利貸款給國府。蔣中正之所以對《經濟日報》的報導如此敏感，可能是因為害怕密約敗露的關係。」

後來，劉永寧與報社高層談話，知悉報社正在計畫登上釣魚台的方案，而高層在得知他的若干想法後，也全力支持他能上島採訪。劉永寧說，此舉令他大吃一驚，強調：「《經濟日報》不過是報導琉球的行政管理權要移轉就遭到池魚之殃，就算我們登上了釣魚台，實在難以想像可以全身而退。」沒想到高層低聲表示：「老先生（蔣中正）現在已經後悔了。既然如此，上釣魚台不但搶新聞先機，也有宣示我國對釣魚台主權的意義，好處比壞處多。現在釣魚台的情勢也變了，我們就賭他一賭。」話說劉永寧遍尋出海船隻徒勞無功之際，適該報基隆記者蔡篤勝取得臺灣省水產試驗所允諾，由該所所屬船隻「海憲號」搭載他們隨行出海，於是便以「採訪漁船在海上的捕撈作業實況，順便看看漁場附近的無人島嶼」為由，成功突破海禁，獲得警總核准出海，而有後來的獨家報導。

登陸釣魚台　震動國府

釣魚台登島獨家報導見報後，果然震動臺北政壇。消息見報之日，張羣和外交部部長沈昌煥到蔣中正面前告狀，指《中國時報》衝過了頭，對日外交會有麻煩，張羣更要求調查四位記者的思想背景及其與中共的關係。劉永

寧描述，一邊聽著張羣說話的同時，映入蔣中正眼簾的是
桌上那份《中國時報》，上面刊登著劉永寧等人所漆刷的
「蔣總統萬歲」，以及四位記者與水試所人員一起站在岩
壁上的合照。「他們也是為了愛國呀！」蔣中正盯著報紙
說出的這句話，無形中讓記者們得以無罪赦免，余紀忠等
《中國時報》高層也免受處分。而插在釣魚島上的這面青
天白日滿地紅國旗在飄揚兩週後，被沖繩警方登島取下，
交給駐在沖繩的美國官員。國府外交部發言人魏煜孫對此
事的反應表示「本人不擬加以任何評論」，引來許多批
評。至於有關余紀忠何以如此大膽做出登上釣魚台的決
定？劉永寧判斷：「現在日記還沒有公開，沒有決定性的
證據，不過，從操縱輿論手法之高超，政治判斷之敏銳，
還有不向日美或中共屈服的堅毅反骨精神，以及從余紀忠
的人脈和各種間接證詞研判，我認為背後應該有蔣經國的
影子。父親把釣魚台幾乎丟掉，兒子又把釣魚台幾乎保
留。」事實上，蔣中正在登島事件的前一年，即 1969 年
9 月 16 日在陽明山出車禍以後，精力已大不如前，國府
黨國權力幾乎已向蔣經國集中，距離小蔣正式全面接班，
只差半步，這是保釣運動當時國府內部的現實。

　　當臺灣的報紙記者率先登上釣魚台，引發外交事件
時，此前臺灣的時政刊物《中華雜誌》和《大學雜誌》也
針對釣魚台問題，刊登若干評論文章，後者主張「革新保
臺」，匯聚不少青年學人加入筆政，由鼓吹保釣運動轉向
臺灣民主化革新運動，也有論者謂其背後「有蔣經國的影

子」；而前者係由「民國的健筆」之一、知名立委胡秋原
創辦，揚櫫民族主意大旗，保衛中華傳統文化，一度曾與
另一知名批評家李敖在臺灣的思想論壇，掀起一場「中西
文化論戰」，胡儼然成為「中華文化堡壘」，雙方從論敵
到大打毀謗官司，纏鬥經年，後來胡秋原獲得官司勝訴，
晚年倡議籌建「中國統一聯盟」（統一聯盟黨前身），被
推為名譽會長，外界視為臺灣最大的統派團體。這兩家雜
誌對當時臺灣的社會轉型、政治發展以及大學青年的言論
思潮，都有一定程度的影響。此外，國民黨營的《中央日
報》海外版，也經常刊登相對於臺灣島內尺度較為寬鬆的
敏感議題的報導或評論，例如臺灣記者登上釣魚台的保
釣新聞報導，多數海外留學生都從該報海外版得知這些
訊息。

〈保衛釣魚台〉血忱引動海外釣運

　　根據《保釣運動全紀錄》一書指出，到了 11 月，臺
大哲學研究所研究生王曉波與同校政治研究所研究生王順
聯名寫成〈保衛釣魚台〉一文，刊登於 11 月號第 88 期
《中華雜誌》，文中引用羅家倫在〈五四宣言〉中的口
號：「中國的土地可以征服，而不可斷送。中國的人民可
以殺戮，而不可低頭。」王曉波與王順原先以〈釣魚台不
容斷送〉為題，投稿《大學雜誌》被退稿，於是打電話給
胡秋原想改投《中華雜誌》，胡看完原稿後說：「可以刊
出，但題目要改。」胡認為，原題有指責政府「斷送釣魚

台」的意味，有人可能會惱羞成怒，故改題為〈保衛釣魚台〉，鼓勵政府「保釣」總是應當的。王曉波說他是受到《中國時報》記者登上釣魚台島行動的影響，同時也看到先前臺灣漁民被驅趕時遭到毆打的報導。他透露，對於這些報導，臺大薩孟武教授曾感嘆：「二十年前的戰敗國（日本），遇到二十年後的戰勝國（中華民國），未經一戰，而態度軟弱如此，實出乎全國國民意料之外。」而他們既對日美的蠻橫無理怒不可遏，也對國府怯懦無能感到失望，於是和王順上圖書館找報紙、抄資料，寫就〈釣魚台不可斷送〉一文。

此外，當時胡秋原的兒子胡卜凱正在美東費城的天普大學就讀，他在臺大物理系畢業後，與同窗林孝信、劉源俊先後赴美留學。胡經常參與留學生社團「大風社」的活動，大風社在美東、美西幾所留學生較多的大學都有分社，並出版刊物、舉辦讀書會，在留學生圈子很活躍。當月 21 日，胡卜凱攜帶最近三期的《中華雜誌》和《中央日報》海外版有關釣魚台的報導，趕到紐澤西的普林斯頓大學參加大風社 11 月份例會，會中幾位來自臺、港的同學讀到這些文章後非常激動，例會當即決定在 12 月 17 日於該校成立「保衛釣魚台行動委員會」，這也是當時全美第一個保釣會，並訂於翌年即 1971 年 1 月 30 日在紐約舉行示威遊行，於是大夥又商議聯絡工作的分工。此時，胡·首先想到其在芝加哥大學讀物理所博士班的老同學林孝信，當時林在芝大創辦了科普雜誌《科學月刊》（先在美

國以理工科為主的留學生中組稿，再寄回臺灣出版）。該刊有系統綿密的聯絡網，只要大約有五十個留學生的地方就有聯絡員；翌年科學月刊1月號就刊出「保釣討論號」專刊，發送全美許多大學校園，這是該刊宗旨不討論政治的唯一一次破天荒之舉，接著各校紛紛成立保釣行動委員會。

全美保釣大遊行

　　全美保釣大遊行，於1971年1月30日全美各地留學生、學人和當地部分華僑（當時中國大陸尚未開放留美政策）匯集美東、美西六大城市同步舉行（舊金山遊行提前一天展開），聲勢浩大，幾乎囊括了三十幾所大學的港、臺留學生。當時就讀賓州大學的王正方後來成為電影導演，他形容當天紐約的示威情景：「聯合國總部附近的達格哈瑪紹廣場公園大約聚集了一千五百人。全美各地總計約有三千人參與。」負責籌劃芝加哥遊行的林孝信的感想是：「生平第一次參加遊行，把以前在臺灣的那種揮之不去的恐懼感都一掃而空。」1970年代的保釣運動，可以說是臺灣留學生在美國呼吸到自由的空氣下，首次自動自發進行的學生運動，而本次紐約示威大遊行，哪怕是春寒料峭，雖然滿地冰雪，但陽光普照，大家也要走上街頭，一吐怒氣。此前，各地保釣團體均就遊行當天的統一行動規範先行統整意見。根據劉源俊的回憶，宣言內容確立四項要點：「堅決反對日本軍國主義復甦」、「全力保衛中

國對釣魚台列嶼的主權」、「反對美國偏袒佐藤政府的陰謀」、「主權未決前拒絕任何國際共同開發行動」，同時為促進海外青年團結，遊行時不准攜帶中華民國以及中華人民共和國任何一方的國旗，發表宣言及演講時，也只強調「中國」，不提及臺北及北京兩方政府。議者認為，這次遊行受到有著反帝國主義、反殖民地、反侵略色彩的反越戰運動的影響。至於舊金山的遊行何以提前一天於1月29日展開？乃是因為加州大學柏克萊校區的同學認為，1935年12月9日在中國大陸發生的「一二九學生運動」，係要求當時的國民政府立即抗日，所以選擇1月29日當天，取其「一二九」諧音，以傳承當年抗日精神。當天的遊行共有五百人左右，大多數為華埠的愛國僑胞和美籍人士，來自臺灣的學生只佔少數。遊行前的示威大會，發言人劉大任（臺大哲學系畢業，加州大學政治學研究生）呼籲全體同學團結一致，向臺灣、日本及美國三個政府提出嚴正抗議；另一位劉大任的戰友郭松棻（先讀臺大哲學系，後轉讀臺大外文系畢業，加州大學文學研究生）在稍後針對太少臺灣學生遊行一事，提出強烈批評說：「在這次保衛釣魚台的行動過程中，我們看清楚了從臺灣來的中國人的真面目，就是政治冷感，患了政治陽痿症，……這次釣魚台事件，對於國民黨政府是一塊試金石……今天的一二九大會就是中國第二個五四運動的開始！」在海外釣運期間，所有學生刊物中，最激烈、最搶眼的莫過於各地《戰報》，柏克萊第一期《戰報》曾刊登一首打油詩，把

臺灣的政府官員臭罵一頓：

釣魚台，東海一朵花，漁民作業要靠她，
海底石油白花花，老美小日垂涎她，千方百計一把抓。
沈劍虹，做事差，硬把美軍往上拉。
嚴家淦，鹹鴨蛋，七月七，到東京，
日皇一招手，叩頭響叮叮。
蔣政權，蒙喳喳，發表聲明軟趴趴，
日人一聲吼，群官滿地爬。
三歲小兒知廉恥，群眾大會叫哇哇，
人民憤怒齊聲喊，幹掉這批老王八！

　　《戰報》一出，親中共、反臺灣的學生，認為他火辣、痛快淋漓；對兩岸政府沒有太大敵意的學生，則為之側目。《戰報》出了兩期後，就改名為《柏克萊快訊》。這裡有個小插曲，即釣運「左轉」當頭的 1971 年 9 月下旬，率領其他四位保釣大將訪問中國大陸的李我焱，在返美後曾傳話給劉大任說：「周（恩來）總理讓我轉告你，《戰報》的字要寫大一點，毛主席眼睛不好，看得很辛苦。」幾十年後，自稱當年「少不更事」的胡卜凱，憶起當年到各地串聯釣運時，曾在美西柏克萊加大與劉大任、郭松棻會晤，他們都強調不認同在臺灣的國民黨政府。
　　《保釣風雲錄》的作者邵玉銘則在其書中指出，加大柏克萊校區早在 1960 年代就是支持黑人民權運動、反

越戰及反主流文化運動的「聖地」。劉、郭都是該校區的保釣領頭人,「他們的激進言行和當時柏克萊校區的氣氛有關。」邵玉銘引述相關資料解讀,郭松棻在 1960 年接受社會主義思想,他自嘲地說:「連沙特(Jean-Paul Sartre)都去北京朝聖了,知識分子再不左傾就太落伍了。」另一個因素,是他對其臺大老師殷海光無力扭轉國民黨的右翼思潮,感到非常失望。他對殷海光去世前一再遭受政治迫害,除了憤懣,也做了以下評論:「沒有武裝起來的烏托邦思想與強權相遇時,不免像一隻坦克底下的蝴蝶……果真要令人失望的,其實是作為殷師思想的基盤的這個龐大的、虛匱的自由主義。」他將殷海光老師之反抗政府行為,評為「極其徒勞」,並說:「我們這群他的學生已經沒有人想繼他再去做烈士了。」郭松棻與妻子李渝(臺大外文系畢業,柏克萊加大藝術史博士),在臺大時師生相戀,後赴美結婚,鶼鰈情深,兩人在創作、生活上密不可分。夫婦雙雙投入釣運後,曾停筆十幾年,1980 年重新執筆寫作,是臺灣現代小說家的指標人物之一。維基百科資料顯示,1974 年釣運進入尾聲,郭、李夫婦與戰友劉大任等人訪問中國大陸四十二天,獲周恩來接見,旋被臺北當局列入黑名單,長期無法返臺,後來解禁。2010 年李渝曾返臺大任教,此前以《江行初雪》獲得在臺北的時報文學獎小說首獎。

釣運風雲起　國府忙安撫

　　首次全美保釣示威大遊行，提升了海外華人對保釣運動的關心，也令臺北和北京當局更加關注釣運的發展。而以臺灣留學生為主體，自動自發興起的釣運，其運動的走向更令國府忐忑不安，開始和海外留學生直接接觸。當全美各地的保釣會在一二九、一三○的大遊行之後，各種活動逐漸增加，並開始規畫討論第二次遊行，很多討論都在公開場合下進行，自然引起國府更深的疑慮。面對這種「愛國保土，人人有責」的情勢升高，國府外交部顯得束手無策，駐美大使周書楷遂電請中央，派員到全美各大學臺灣留學生團體加以疏導。不久，國民黨中央決議，派出主管留學生業務的教育部國際文教處處長姚舜和主管海外留學生組織活動的中央海外工作會副主任曾廣順，「會同即時赴美進行輔導疏解」，外交部也通令駐美各領事館盡力協助。林孝信在前揭《保釣運動全紀錄》中回顧，當時大家在準備集會遊行時，以為這項愛國保土運動會得到政府的鼓勵，但是讓他感到意外的是，在第一次遊行時，他已感覺到政府並不支持學生的氛圍，第二次遊行當前，政府表現出來的態度根本就是在阻撓、制止。

　　到了３月間有五百二十三位華裔華人學者上書蔣中正，籲請國府「保衛釣魚台主權」，抵抗日本新侵略，在主權問題未解決前，堅決拒絕參加所謂「中（中華民國）日韓聯合開發海底資源協議」的簽訂會議。聯名上書的學者包括趙元任、陳省身、田長霖、何炳棣、朱經武、李卓

浩、李遠哲、余英時、劉遵義、項武忠、杜維明、張系國
等人在內。這封信對在臺灣的國府影響如何,尚待評估,
但至少對島內外的大學生、留學生起到了一些作用,即大
大降低了學生們參與釣運的恐懼感。釣運在美國風起雲湧
之際,主要矛頭卻指向臺北的國府,不少國民黨官宦家庭
或公務員子弟成為運動的急先鋒。保釣大將劉源俊回憶,
1 月首度大遊行之後,由激進派(此時未必是親中共派)
主導保釣運動的傾向越來越明顯,到後來甚至有人公開表
明自己對中共的期待。此前的 3 月 12 日,更有五十八個
保釣團體聯名致函國府,提出派遣海軍至釣魚台海域護漁
等十點要求,還下了「最後通牒」要求限期回答,形同
「哀的美敦書」,此後,釣運一次比一次激進。留學生在
釣運中喊出「內除國賊,外抗強權」的訴求,重現五四運
動的精神,北京周恩來直指為「海外的五四運動」,其時
中共的文革浩劫尚未完全止歇,也非國際社會正式成員,
幾無保釣運動的角色可言;不過在第一次示威大遊行之前
的 12 月 29 日,中國大陸《人民日報》發文,指釣魚台為
中國領土,並引述毛主席強調:「中國人民必須保衛,絕
對不允許外國政府來侵犯。」而此時美國對華政策正在發
生變化,這是自 1960 年代甘迺迪政府以來就不斷醞釀的
結果,美國國內反越戰風潮、美中(共)「接觸」以及中
共可能獲准加入聯合國取代中華民國席次的問題,這些都
引起留美學生、學人在國家認同上產生重大變化,也使得
釣運最終出現路線分歧,並引動中國統一運動的和平攻勢

勃興。

　　在一三〇全美首次保釣大遊行後的 2 月間，姚舜緊急銜命赴美五大城市巡訪，計畫向留學生保釣團體疏通並相機勸阻已然延燒燎原的保釣運動。他雖代表國府傳達對釣魚台列嶼主權的立場，但絕大多數留學生普遍擔心國府為了聯合國代表權問題投鼠忌器，而對美、日交涉有所顧忌。前揭本田善彥就舉出美東海岸保釣團體發出的《釣魚台簡報》第三期報導姚舜與留學生的對話為例，指出當學生譴責與日本關係密切的張羣和谷正綱（國民黨中常委）態度「媚日」時，姚舜只有「支支吾吾疲於應付的窘況」。姚舜在座談會上面對學生的「槍林彈雨」，一度理屈辭窮，陷入尷尬境地，遭到學生們訕笑，更被罵的狗血淋頭；當時在芝加哥大學留學的邵玉銘後來回憶也指出，姚舜在加州大學、芝加哥大學和哥倫比亞大學，「被學生羞辱到極點」。時任中央社駐美記者傅建中在四十一年後於報上為文揭露，指姚舜是一位好好先生，當時和學生座談時，居然被學生們的愛國熱情感動，當場捐了二十美元贊助釣運，如此一來傅建中認為這等於「有辱使命」，返臺不久就丟官了。

　　此外，姚舜與哥倫比亞大學的保釣大將李我焱也有一椿罕為人知的公案。李在臺大物理系唸書時組織讀書會，讀左翼文學，被警總送去火燒島（綠島）關過五年，後來被禁出國。傅建中回憶，「李的舅父是那時的臺灣省新聞處長吳紹燧，找到救國團主任蔣經國，由救國團姚舜

〔按，時任學校組組長〕作保才得以出國。釣運在美國如火如荼時，姚舜已是教育部國際文教處處長……而李我焱恰好是釣運領袖之一，姚舜很自然把李列為說服與勸阻的對象，李表示為了報答從前姚先生對他的再造之恩，他個人可以退出釣運，但阻止整個釣運的發展，恐非他能力所及。」姚舜在美所見留學生群起沸騰的實況，似乎預示著激進學生與國府的關係，恐將惡化到難以收拾的地步。他在 3 月上旬返抵國門時，立刻被召至國民黨中央常會報告，並提出三點建議：一、派軍艦赴釣魚台海域巡弋；二、暫停中日韓三國共同開發海底資源案；三、再度正式聲明釣魚台是我國領土。姚強調「這三項要求都是學生提出來的底線，只要做到這三件事，學生同意取消遊行」。中常委周至柔建議派軍艦去巡邏，但黨國大老谷正綱堅決反對。後來姚舜透露，「沒有討論，沒有對策，就宣布散會。」當他走出會場時，只覺得「非常、非常沮喪」。多年後，他說：「甚至直至今天，他仍不明白為何當時政府不能採取一些行動。」事實上，國府外交部門一些中階青壯官員當時的政策主張，也與姚舜沒有兩樣，但仍敵不過黨內元老的堅持。（參見邵玉銘，《保釣風雲錄》，2013）

「中國人站起來了沒啊」

　　國府的軟弱作為，已難以勸阻在美留學生箭在弦上的 4 月保釣大遊行。而保釣行動，不僅牽動臺灣政局的發

展，也受到美中關係正常化和聯合國中國代表權鬥爭的外在挑戰，且這三大挑戰又糾纏在一起，早已成為國民黨政權生死存亡的夢魘。4 月 10 日的大遊行終於來臨，這次遊行是釣運的最高潮也是釣運轉向中國統一運動的分水嶺。1 月份的遊行在全美六大城市展開，這回為了人力集中，在美京華盛頓和美西的西雅圖、舊金山、洛杉磯四大城市同步舉行。在遊行的前幾天，臺北《中央日報》轉載留學生團體的刊物，點名批判激進派學生劉大任、郭松棻等人是「毛蟲」、「共匪特工」，又呼籲留學生「堅持保衛釣魚台運動之愛國方向，不許野心份子污辱愛國運動！」大遊行的前一天，北加州保釣會以香港僑生為主的數百位學生在舊金山舉行示威遊行，謾罵臺灣政府官員為「狗官」、「應該把狗官拋落茅廁」，這時國民黨海外黨部預先部署的幾名人員衝入會場，雙方發生互毆，最後由美國警察出面制止。（轉引自任孝琦，《有愛無悔》，1997）

　　華盛頓大遊行大會主席兼遊行總指揮為李我焱，演講人有王正方等人，當天華盛頓天氣晴朗，午後一點鐘，眾人從政府機關林立的憲法大道出發，依林孝信的印象，大致初估約有三千人參加這場大遊行；西海岸的遊行則有一千多人上街。他認為，如有四千人參加全美遊行，相當於有半數左右的留學生都加入了遊行隊伍，這在美國也算是空前創舉；遊行引起美國媒體的注意，形容這一天的遊行「足可媲美動員了六十萬人參加的美國反戰遊行」。此

時，整個遊行氛圍不變，學生們都認為參加遊行或認同
這項運動，乃是理所當然；林孝信回憶，「1月的時候是
被問『為什麼去遊行』，到了4月變成『為什麼沒去參加
遊行』。」4月10日下午華盛頓的示威遊行第一站是美
國國務院，其次是中華民國大使館，最後是日本大使館；
其中美、日兩站都遭到冷遇，特別是對美國的失望與憤怒
以及來自於挫折感的反作用力所產生的奇妙情感，主宰著
整個遊行隊伍。林孝信形容「這種心情就像小孩子在外頭
受到欺負，希望得到父母親的鼓勵與安慰一樣。」於是乃
期待國府大使館對生活在海外的同胞、留學生的立場有一
定理解。他說：「早在遊行之前，學生與大使館之間就瀰
漫著一種特殊氛圍，而這種氛圍來自於學生方面的一廂情
願。」遊行隊伍來到中華民國大使館後，推派三位學生代
表進入大使館，在現場的王正方回憶說：「如果讓臺灣學
生進去，恐怕會給他們在臺灣的親人帶來困擾，因此，大
家推派香港留學生當代表進行陳抗。」學生代表向駐美大
使周書楷提出此前3月12日致函國府的十點要求，但周
書楷說他不清楚，並表示他不能代表政府答覆，只能以個
人身分表示意見；雙方談話幾乎不歡而散，而且周也未現
身遊行隊伍面前。三位代表向遊行隊伍報告完談話經過和
結果，大家群情激憤，有人怒喊「周書楷滾出來！」「立
刻滾回臺北！」之前在館外發表演說的哈佛大學學生廖約
克說：「我們所愛的是中國，是有五千年歷史、七萬萬同
胞、每一寸土地都馨香、每一捆草木都芬芳的唯一的中

國。」當他問到「中國人站起來了沒啊」，全場群眾霍然起立，每個人眼中都含著淚水。林孝信回憶，「學生覺得剛剛在美國人那裡受了委屈，大使就像自己的父母，我們一心希望在這裡得到安慰，結果他連出來看我們都不肯！政府就在這一刻斷送了海外的民心！」此刻，似乎就在這一瞬間，北美保釣運動的走向，出現了戲劇性的轉變。

華盛頓這場釣運最高潮的遊行，除了引起美國媒體的注意，當時在場唯一來自臺灣的記者，即國民黨營的中央通訊社記者傅建中；在當年臺灣威權統治下的報禁年代，此刻他發回臺北的長篇通訊報導也不會見報，通常都作為「內參」，供相關人士閱讀。四十一年後，傅建中追憶當天遊行的若干學生的小插曲，亦值得一顧。除了他點出保釣大將李我焱與姚舜的「尷尬」關係，已如前述；又說遊行至日本大使館時的示威演講，「其中留給我印象最深刻的是女將王春生（《新生報》董事長王民之女），她長得滿清秀的，但詞鋒犀利，也有煽動力，多年後在紐約街頭不期而遇，想不到她變成了美國共產黨黨員。」

是日，遊行隊伍中也有後來成為雲門舞集創辦人的林懷民在內，當時他在愛荷華大學國際創作班進修，不遠千里趕來參加遊行，愛荷華保釣會的領頭人則是後來著名的現代詩詩人鄭愁予。傅建中說，林懷民人在遊行隊伍中令他「頗感意外」也是「最難忘」，同時憶起一椿小故事：「更早的時候他父親林金生〔按，曾任國府交通、內政部長、考試院副院長〕來華府訪問，有天晚上找我一起

吃飯，懷民也在座，席間不免談起美國和臺灣的政治，因為林先生很有誠意的問，我就不揣冒昧的斗膽對林先生直言：像你這樣在國民黨內的臺籍高官，在很多海外臺灣人的心目中，等於是美國黑人裡的湯姆叔叔（Uncle Tom）〔按，語出 19 世紀美國作家斯托（Harriet Beecher Stowe）的名著《湯姆叔叔的小屋》，中譯《黑奴籲天錄》，意指對白人主人唯命是從，卑躬屈膝的黑奴。〕林懷民聽了之後馬上用臺語對他父親講：『你看，我有沒有跟你講過？』顯然林懷民對他爸爸當國民黨的官是有保留的。這個話題當然尷尬，但林先生很有風度，只是笑笑，繼續和我談話。」

保釣是中國人的民族主義

　　4 月 10 日遊行結束的當晚，各保釣會代表約三百人齊聚華盛頓郊外的馬里蘭大學召開檢討大會。遊行散會時，遊行帶頭人誓言「釣魚台一天不拿回來，我們就一天不罷休」；此時大家都怒火中燒，檢討會變成聲討國府的批判大會，沒有做出什麼具體檢討。另方面，根據前揭邵玉銘所著書中透露，即將返臺出任外交部長的周書楷，在遊行後結束的 4 月 12 日到白宮辭行拜會，當面向美國總統尼克森、國家安全助理季辛吉指出，「假如中華民國政府不能夠維護釣魚台主權，中國知識分子及海外華人可能會轉而支持大陸一方。」稍後，尼克森告訴季辛吉，他認為「周所稱臺灣必須考慮海外華人政治意見的觀點是正

確的。」當天下午，周書楷又與季辛吉、美國國家安全會議亞洲地區主任何志立（John H. Holdridge）會晤，周書楷再提起遊行示威之事，指「參加本次示威人員中，除學生外，也包括科學家、工程師及專業人士。對於中國人而言，釣魚台牽涉到中國民族主義。」而美國卻需要日本作為其東亞戰略支點，將琉球交給日本管轄；周書楷還在兩次會晤中，不斷向美國當局提到美中關係正常化及聯合國的中國代表權席次問題。

　　邵玉銘引述美國外交解密檔及蔣中正日記指出，4月，美國輸出入銀行主席科恩（Henry Kearns）訪華，和行政院副院長蔣經國談及美中關係正常化之事，蔣表示：「對於美國政府採取任何有利中共之行動，我們必須公開加以反對，但你可以轉告美國總統，我們理解（understand）美國此時採取此種行動的必要（necessity）。」顯見釣魚台問題同時與美中關係正常化、中華民國在聯合國席次問題糾纏的複雜情況，而蔣中正在當年4月7日的日記中也分析釣魚台列島的政策與處理方針，強調「我之國策應以光復大陸，拯救同胞為第一」、「此事（指釣魚台）不可能以軍事解決，以我此時無此能力駐防該列島，如我兵力分散，則徒為共匪所乘，則我現有基地且將不保矣！」到了5、6月間，先是5月23日，有三千位華人學者、專業人士在《紐約時報》刊登全版廣告，聯名發表〈留美學界致尼克森總統暨國會議員公開信〉，要求美國政府：否認釣魚台是琉球西南群島的一部分或任何主張；承認中國擁有釣魚

台；譴責日本與琉球侵犯中國領土。據保釣教授錢志榕指出，這份廣告花費九千九百六十美元，都是釣運師生一一捐資，這個數目在當時是天文數字，恐是空前之舉，這是難能可貴的。6 月 14 日，又有美國五十二所大學研究中國問題學者一百二十人（幾乎所有重量級學者均在其內），在《紐約時報》發表聲明：「我們以研究中國問題學人的身分，認為必須視「中華人民共和國」為中國唯一政府，給予它在聯合國一切組織的合法席位。……至於將來臺灣與華府跟北京的關係，乃是複雜的爭執問題，需要有時間從事協商與調解，唯此時應給予北京在聯合國的合法地位。」以上聲明，已預告中華民國在聯合國的代表權將岌岌可危。6 月 17 日，美日片面簽訂「沖繩移轉協定」，翌年將琉球交給日本，連帶也把釣魚台「行政權」一併移交日本。這個時候只聞極少數學生及示威抗議，標誌著海外保釣運動的實質結束。

　　4 月 10 日保釣大遊行結束之際，美中關係正常化的積木卻開始向上堆積。美國一連串舉措陸續登場，包括在日本參加世界乒乓球賽後的美國隊應邀訪中，隨行的有五位《紐約時報》著名記者、取消美國公民赴中國禁令等五項新步驟、廢止「臺灣決議案」（1955 年國會通過，該案授權美國總統使用武力保衛金馬外島，此決議之取消，等於外島將不包括在「中（臺）美共同防禦條約」之保衛範圍。）以及尼克森親自在 7 月 15 日晚上透過電視宣布，季辛吉祕密訪問北京與周恩來會談以及他自己訂於翌年

5月之前訪問中國。當晚收看電視轉播的林孝信內心百感交集，他說：「美國一方面不重視國府，卻又表現出對另一個中國人政府的重視與破格禮遇，明明和中共沒有邦交，現任總統卻要登門拜訪。4月10日這一天，雖對國府徹底失望，對自己的前途感到茫然不安，同一時間卻又有種以身為中國人為榮的複雜心理。」吐露出中國人某種複雜的情感。

　　事實上4月10日保釣大遊行之後，美國政府一連串親中（共）舉措，早已在美國刮起「中國熱」的風潮；此一情勢促使保釣留學生們開始關注中國近代史的研究，許多學校的保釣會紛紛改組為「國是研究社」，學生刊物也更名為《國是研究》或《國是論壇》，例如從《保釣通訊》改為《國是通訊》，其內容除批評國府外，也介紹許多被國府封鎖的有關中國近代史方面的話題或是中共的言論。邵玉銘曾指出，「4月10日以後，保釣運動急速左傾，明眼人都看得出它已經變了調。」部分保釣學生很明顯地開始關心起中國共產黨以及中國大陸，到後來還和社會主義產生了共鳴。

　　1971年8月20日至22日，約有四百位美國東北地區的臺灣留學生在美東羅德島州布朗大學舉行「美東國是會議」，包括田納西州曼菲斯大學政治系教授魏鏞在內，只有三、五人發言支持國府；魏鏞發言指此次會議係一操縱之會議時，四周喊聲大起，他被五、六人包圍，稱其為「保皇黨」，為恐受暴力攻擊之危險，最後只得離場。會

議最後以一百一十八票通過「中華人民共和國政府為代表
中國之唯一合法政府」決議案，反對票只有一票。本次會
議被視為，代表學生大規模「左轉」的第一個指標。接
著9月3日至5日，在密西根大學附近舉行「安娜堡全美
國是會議」，則被視為保釣學生大規模左轉的第二個指
標。大會籌備會邀請北美兩百多個保釣單位參加，也邀請
國府駐美大使沈劍虹、中共駐加拿大大使黃華和台獨聯盟
代表參加大會。當時第二十六屆聯合國大會訂於9月下旬
討論「中國代表權」問題，大會是否通過「排除國府，接
納中共」一案，成了繼「尼克森衝擊」之後，保釣團體之
間最關注的議題，於是有安娜堡之會，討論臺灣的未來。
沈劍虹和黃華都未參加是次大會，但台獨聯盟宣傳部長羅
福全則應邀出席，他事後回憶，係應胡秋原的兒子胡卜凱
之邀參加大會發表台獨派的想法；羅福全說：「自己在台
上代表台獨聯盟演講，強調將來臺灣這個國家並不分外省
人、臺灣人或中國人，只要希望住在臺灣，希望臺灣成為
一個好的國家，就是臺灣人。」又說：「國民黨不代表中
國人。」他演講後，有二、三十人排隊等著和他對話；此
後，羅福全開始和部分統派學生及學者都有所往來。這次
會議到會的，前後計有四百三十七人，半數以上都是來自
臺灣的留學生，經過三天的討論，大會通過包括「臺灣是
中國的一部分，臺灣問題由中國人民（包括臺灣人民）
自行解決」（贊成三百十九票，反對零票，壓倒性多數通
過）以及「承認中華人民共和國為代表中國人民的唯一

合法政府」（贊成一百一十七票，反對一百一十二票，雙
方勢均力敵）議案在內的五項決議。「承認中華人民共和
國為代表中國人民唯一合法政府」的議題，贊成者僅以五
票險勝，持國民黨中山獎學金赴美留學、後來擔任國府發
言人的邵玉銘就認為，「可見有半數人不願公開拋棄中華
民國政府，或覺得在當時還不適宜公開支持中共。這也說
明安娜堡會議，左派並未全勝。」不過，「布朗大學及安
娜堡國是會議通過以上決議，已清楚顯示保釣運動已與保
釣無關，而成為擁護大陸與唾棄臺灣政府之政治運動。」

　　對於這次會議，保釣大將王正方則指出，「經過安娜
堡會議，過去超越黨派、超越政府立場，在保釣旗幟下姑
且攜手合作，團結走了過來的同志們正式分裂。後來，左
派左傾得更厲害，右派的反共路線益發鮮明。」另一位保
釣大將林孝信也表示，「一般都說是分裂成兩派，其實是
繼續支持國府派與反對國府派之間的分裂。說的更精準一
點，反對國府派的一方也有左派，左派以外的學生也不
少。左派聲音大也搶眼，但多半都是一些平常對政治不感
興趣，對國府也不抱期待，沒有特別擁護國府的人。」至
於釣運走到安娜堡會議，出現這種左右對立的現象，邵玉
銘指出席會議的學生，思想成為左傾或為右傾，是因為他
們對意識形態較有興趣，對於支持臺灣或是大陸也較有定
見，才會前往參加「國是大會」。

　　當時在北美參加釣運的中國留學生，主要來自臺灣、
香港（大陸留學生或人士來美，是 1979 年美中建交以後

的事），何以那麼多人左傾？邵玉銘在前揭著作中，特別
引述時在密西根大學政治研究所攻讀的研究生水秉和的觀
察分析指出，水秉和是安娜堡會議的主要負責人，是釣運
左傾派中少數受過社會科學訓練的人，釣運十五年後水秉
和總結走向左傾的釣運人士心路歷程，主要是受了「文化
大革命」的重大影響，當時中共在 1964、1967、1969 年
的核子試爆，對渴望中國強大的海外華人影響巨大；其次
受到大學圖書館中介紹中共書報的影響；受到當時美國學
界流行的一些思潮（邵認為是指「新左派」（New Left）
思潮）的影響。水秉和指出，受到以上的影響，釣運左派
人士有個共識：「中國大陸雖然貧窮，但是卻發展出一
個無私的、平等的、合理的和超過世界上其他國家的新
社會。」

保釣運動向左轉

　　安娜堡國是會議後，保釣運動分裂成一般統稱的左
（親大陸）、右（親國府）兩派，在 9 月 21 日聯合國大
會揭幕當天的紐約示威遊行中嚴重對峙。根據邵玉銘的
回顧，由於在布朗大學和安娜堡國是會議受到重挫，這次
右派大力動員了六千多人，大部是華僑，留學生約有一
千五百人，左派僅有六百多人。最引人注目的是，左派遊
行行列中，有巨型毛澤東相片和大幅五星旗，這在美國華
人運動中是破天荒之舉。關於當天的情形，多年後王正方
指出，「保釣運動本質上雖帶有批判國府的要素，但只要

一天打著保釣的旗幟，就是一種愛國運動，當局也無法公然反對。不過，一旦釣運變成支持中共進入聯合國，那就是叛國，情況即大不相同。眼看事態嚴重遠超乎想像，國府砸下大把鈔票動員了好幾千人。」當天左右兩派，隔著一條街互相嘶吼叫罵，雙方氣氛非常緊繃，一觸即發，紐約市警局也派出騎警隊介入將雙方隔開，避免了一場可能的流血衝突。

這一天的遊行，促成了右派學生成立反共組織的契機，當晚六百多位親臺灣的學生集會，誓言將「生命、智慧、時間」奉獻給國家，會議主席提出年底前召開「全美反共愛國會議」，並組織「反共愛國聯盟」提案，獲得一致支持，從此釣運走向左右完全分裂，此一決定即為其分水嶺。

同一時間，中共透過駐加拿大大使館的安排，邀請首批五位來自臺灣的保釣學生領袖李我焱、陳治利、陳恆次、王春生和王正方訪問中國大陸兩個月，並參加中共 10 月 1 日國慶。這五人組合中，陳恆次為本省籍，陳治利在福州出生，臺灣長大，父親是福建籍，母親是本省籍，唯一的女性王春生是省營報紙《臺灣新生報》社長王民的女兒。王正芳聽說，「王民後來因為王春生的大陸之行，遭到國府高層斥責。」1971 年，文革業已告一段落，他們一行人參訪的地方相對穩定平和，一路前往廣州、上海、南京、杭州和北京等城市，也參訪山西大寨、學校、工廠及解放軍部隊，不過沿途被禁止寫日記、作筆記，也不

許拍照。當時，林彪事件剛發生不久。參訪行程進入尾聲的 11 月 23 日夜晚 10 時，一行人在人民大會堂新疆廳由周恩來總理親接見，暢談了六個多小時，至凌晨 4 時始散。周恩來是個夜貓子，經常從晚上工作到天亮，已成其生活工作模式。王正方回憶，見到周恩來，他開口第一句話：「我注意到你們都換了衣服嘛！」學生們剛從美國到大陸，打扮顯得過於標新立異，後來五個人都換上在大陸新買的藏藍色中山裝。王正方說，周恩來同五位學生互動良好，大家談笑風生，話題大多集中在臺灣局勢和中美關係，很少提到釣魚台的事。周問了很多關於兩岸分隔二十年來的變化之類的問題。被問到「你們認為誰是蔣介石的接班人」時，他們五個人異口同聲回答：「當然是蔣經國」，周恩來立刻接著問：「老一輩的國民黨幹部會接受嗎？」又問：「怎樣才能解決臺灣問題？」五個人沒有一個主張用武力解決。王正方的回答是：「如果美國不跟臺灣繼續簽訂《中美共同防禦條約》，國府沒人撐腰，那時候應該就會和大陸談和了。」周恩來聽完笑笑說：「臺灣問題的解決，我是見不到了，大概你們可以見到吧！」他們五人後來回到美國，受邀到全美各地演講，說大陸故事以及與周恩來連夜會談情形。

　　而獲得諾貝爾物理獎的華裔學者楊振寧、芝加哥大學的歷史學家何炳棣等知名學者，也在尼克森鬆綁探訪中國禁令之後，以返鄉名義參訪大陸，回到美國後在各地演講，會場擠滿了臺、港留學生，他們口中的「新中國」的

種種風貌，風靡了不少年輕人。沒多久，美國聯邦調查局 FBI 的幹員也頻頻登門造訪，王正方說：「當時，美中之間沒有邦交，自己好像被當成親共分子。一開始還應付一下，但對方實在太過死纏爛打，讓人疲於應付……。」他們是首訪中國大陸的臺灣留學生，當時是祕密出訪，但取道香港入境大陸時，他們五個人的中華民國護照就被註銷了，很長一段時期都斷了返臺之路。針對這五位留美學生訪問大陸之行，《中央日報》海外版早在 9 月底便已見報，臺灣島內直至 11 月 28 日才刊出社論〈共匪「釣」運陰謀敗露──知識分子及早警覺〉，予以回應。

中國統一運動登場

1971 年 10 月 25 日，中華人民共和國取代中華民國在聯合國所有代表主權國家的席位，11 月 1 日五星紅旗在聯合國廣場升起。國府在國際間日益孤立無援，邦交國從 1969 年最輝煌時期的六十七國到退出聯合國的第二年，驟減至只剩三十九個邦交國。中共進入聯合國後，加州大學柏克萊、洛杉磯校區親中共的學生，正式發起中國統一運動，在全美各地成立「中國統一行動委員會」，並提出統一方案，稍後在紐約哥倫比亞大學也舉行「中國統一討論會」。那一年的最後一天，12 月 31 日，中共外交部發表聲明，中國人民一定要解放臺灣！中國人民也一定要收復釣魚台等臺灣的附屬島嶼！翌年，包括李我焱、郭松棻、劉大任在內的八十多名保釣人士，應中共總理周恩來

之請，進入聯合國祕書處工作，成為「聯合國公務員」，他們多數都是被禁止返臺或護照失效的臺灣留學生。依據本田善彥在前揭著作中披露，他綜合多位北京方面涉臺事務人員的說法，從釣運興起的 1971 年到文革結束的 1976 年間，原本在北美等地留學，後來赴大陸定居的臺灣人僅有十幾位，多半是一些專家學者。他解讀北京方面資料顯示，在釣運巔峰時期希望「回歸祖國」的臺灣留學生達一、兩千人之譜，但過了極盛期，大多數留學生已經成家立業，在落腳處打下社會基礎，希望「回國」的人數大幅減少。到了 1977 年鄧小平重返政治舞台，中共國務院開始向住在海外，且擁有高學歷的臺灣專家招手，從 1978 年到 1980 年，自北美、歐洲前往大陸的臺灣人約百餘人，其中大半都有從事釣運或統運的經驗。後來在周恩來的妻子鄧穎超（時任中共中央對台工作領導小組組長）主導下，1981 年 11 月正式成立「臺灣同學會」（Taiwan Scholar Association）；同年 12 月又成立「中華全國臺灣同胞聯誼會」（簡稱「臺聯」），都是與海內臺灣同胞有聯繫的全國性組織。

　　在北美親中共留學生成立「中國統一行動委員會」的同時，親國府的留學生也在華盛頓召開「全美中國同學反共愛國會議」，有五百六十多人參加，會中為了「自由與民主」、「反共與愛國」，孰輕孰重，爭論不休，後經表決仍以「全美中國同學反共聯盟」（簡稱「愛盟」）作為新組織名稱，標舉「愛國必須反共，反共就是愛國」、

「只要有我在，中國一定強」。此前曾在安娜堡會議遭到
圍剿的沈君山，本次應大會之邀再以「革新保臺，自願統
一」為題，向大會提出報告，不料有部分同學認為此一題
目隱含台獨思想而激烈反彈，甚至有少數同學衝上台對他
動粗，最後他被支持的學生護送離開會場，在旅館另覓房
間，開闢言論廣場。事後沈君山表示：「愛盟和我的關係
到此為止，此後我不認同愛盟，愛盟也不認同我」。（轉
引自任孝琦，《有愛無悔》，1997）反共愛國大會閉幕三
天後，「愛盟」正式成立，當釣運進入尾聲之際，此時
「兩個中國」在北美交鋒。愛盟在美國設立四個分會，各
有宣傳刊物，另外在波士頓的愛盟人士則出版《波士頓通
訊》，曾發出豪語：「《波士頓通訊》要出到中國問題解
決的那一天。」關中、馬英九先後都曾擔任過主編。1981
年，馬英九返國出任蔣經國英文祕書前夕，曾為了《波士
頓通訊》出版經費欠債問題回臺北找救援，後來由蔣經國
下令國民黨中央支付解圍。話說愛盟雖因釣運而生，但在
他誕生之際，釣運已過了高潮期，其「保釣」宗旨已轉型
成在美國從事反共宣傳和進行遊說；愛盟的成員大多是
國民黨員，這些人後來學成返臺後投身政壇或成為國民黨
「新貴」，受到國府重用的也有不少。

　　國民黨人邵玉銘從反共的觀點，總結「保釣」運動
的意義，指出「左派的臺灣人在回歸大陸共產黨的前提下
推展統運，我們則站在反對的立場，主張『革新保臺』。
保釣運動讓下一任領導人蔣經國體認到改革的必要性。繼

之而起的退出聯合國、上海聯合公報、對日斷交更加確立
了『革新保臺』路線。」「『革新保臺』避開了中共的統
一攻勢,從內部維繫了中華民國政府的命脈。」日籍作家
本田善彥則自認,「體會到『保釣』運動帶來的影響,並
不侷限在領土認知和歷史觀,更對臺灣知識分子的精神世
界,留下超乎想像的深遠影響。」保釣運動同時在太平洋
東西兩岸的北美臺、港留學生和臺灣的大學生(僑生)之
間,連動發展,既是國際冷戰思維的變化,更是時代的產
物。從大時代的背景看,則是中國人百年自救運動的未竟
事業,其終局走向中國統一運動,恐怕也是中國歷史文化
的必然。

　　本田善彥說,他在一次次採訪「保釣」人士的過程中
確認一件事,那就是臺灣留學生的共同情感之所以轉化成
「保釣」運動,有一篇文章發揮了關鍵性的作用,此即前
面提到的對北美釣運有點燃之功的〈保衛釣魚台〉一文,
該文由臺大研究生王曉波和王順聯名刊登於 1970 年 11 月
號《中華雜誌》,這篇文章將釣魚台事件與 20 世紀初列
強侵略中國看成是一件事。而所謂「臺灣留學生的共同情
感之所以轉化成『保釣』運動」,實則突顯了民族主義精
神在海內外華人之間的文化思想紐帶作用;就某種意義而
言,則是在戒嚴體制教育下成長的臺灣青年或保釣世代的
一種政治啟蒙。追本溯源,王曉波回應本田善彥的訪談,
回顧了 1963 年臺大學生發起的「青年自覺運動」。

保釣世代的政治啟蒙

　　1963年5月18日一位署名狄仁華的美籍留學生在《中央日報》副刊發表〈人情味與公德心〉，批評臺灣社會沒有秩序、缺乏公德心，大學生遲到、插隊、考試作弊等現象，文章見報引起震撼。於是臺大學生發起「五二〇青年自覺運動」，呼籲學生提高公德心，「不要讓歷史批判我們是頹廢自私的一代」，並著手制定各種生活公約，一時之間媒體大幅報導，各級學校紛紛響應，風潮迅速擴及全臺。臺大、政大、師大的學生在救國團的支持和輔導下，得以跨校成立「中國青年自覺運動推行會」，其中政大企管系學生許席圖能言善道，吸引不少中學生加入會員，逐漸成為多數，因學生擔憂國家當前困境，而有激越行動，引起當局警戒，從而使得救國團切斷對自覺會的跨校際連結，並停止補助；正當眾人接續組織「統中會（統一事業基金會）」時，涉入政治遂觸犯禁忌，引來情治機關的調查並打壓統中會。1969年，統中會幹部遭到逮捕，自覺會也跟著落幕。王曉波在自覺運動開始之初，正要考大學，對這個運動產生共鳴，考進臺大哲學系後，立刻找到臺大自覺運動推廣刊物《新希望》（1963年6月創刊）的負責學長，不久就加入該社團刊物成為編輯，透過刊物結識很多撰稿人，大家經常熱烈討論社會改革、教育問題以及國家民族的前途；此時他在這裡認識後來赴美成為釣運核心人物的林孝信、劉源俊等人。林孝信被大家暱稱為「和尚」，在美國創辦《科學月刊》，不久，更成為北美

釣運的原動力。王曉波指運動的背後有著年輕人對改革社會的熱情，而這份熱情在受到戒嚴令箝制下的臺灣，有如地下水脈般汩汩不斷。

談到學生自覺運動的背景，王曉波認為是在《自由中國》被停刊以後，當時整個青年思想沒有出路，在政治上說是要反攻大陸，蔣中正高喊「一年準備、二年返攻、三年掃蕩、五年成功」，結果過去了幾個五年，到了 1960 年代整個社會充滿反攻大陸無望的氛圍。在大陸大躍進失敗而疲憊不堪的 1962 年，蔣中正推動反攻大陸的「國光計畫」被甘迺迪政府硬生生壓制而束之高閣，1964 年中共進行核武試射、1967 年又成功引爆氫彈，當時大陸雖處在文革動亂時期，還是擁有了核武攻擊能力，臺灣心知肚明沒有反攻大陸的客觀條件。而反攻大陸不成，在島內是否可以實行民主政治呢？結果也不行，戒嚴不解除，報禁之外，還實行《出版法實施細則》來控制言論；除了外省籍知識分子主導的《自由中國》停刊，本省人以李萬居為首的《公論報》也被國民黨吃掉。

當時的臺灣社會窮困貧乏，整個社會氛圍讓人快喘不過氣來，經濟上也沒有出路，就業機會不足，臺灣青年只有一條路：「來來來，來臺大；去去去，去美國。」後來沒多久，《新希望》雜誌因當局取締，於 1965 年 5 月發行「停刊號」後就不再出刊；臺大校園內的言論舞台，改由《大學新聞》、《大學論壇》、《臺大法言》等刊物各領風騷，不少《新希望》的編輯和作者開始參與《大學

論壇》運作，王曉波也參加《大學論壇》的編輯工作。大學生的校園刊物，如同林孝信等人在美創刊的《科學月刊》，在自覺運動中播種，後來在臺灣內外的釣運中開花結果，助力於臺灣社會變革向前推進。〈保衛釣魚台〉一文，點燃 1971 年 1 月底全美各地首度舉行保釣示威遊行之火，王曉波說他接到參加遊行的大學同學來信，信上寫著：「在臺灣冰封了的愛國熱情，居然在異國的冰天雪地融化了」，讀後他內心感動澎湃，再難壓抑。1970 年 12 月 4 日，中共新華社首次發表「釣魚台列嶼屬於中國臺灣省」的聲明，受此影響，王曉波表示，有人給他們貼上荒謬絕倫的標籤，說他們「與匪唱和」、「為匪統戰」。然則當時戒嚴時期，只有部分外電報導海外的保釣示威遊行，臺灣媒體幾乎未見詳加報導，社會大眾根本無從知曉保釣在美國發生的實況。

　　曾寫下《青春之歌》一書，追憶當年臺灣校園青年思想浪潮的作家鄭鴻生回憶，從 1970 年底到 1971 年間，由美國的臺灣留學生組織發行的《戰報》等保釣運動刊物，陸陸續續傳回臺灣校園內。國府一開始似乎沒有掌握到正確事態，大量的刊物因而躲過了審查網，來到臺灣學生手中。穿過這些檢查網寄回來的刊物和傳單，幾乎都是手抄油印版。鄭鴻生說，「刊物內容震撼人心，引人入勝自不待言。最重要的是，他們讓人覺得無法置身事外。留美學生有些是自己或同學的兄姐，或是很熟悉的學長，對臺灣學生來說，關係並沒有那麼遙遠。」此外，《中央日

報》偶爾報導美國釣運或示威遊行時，在提到負責指揮的同學，往往會以○○××標名這些同學的姓名，並視為中共同路人。但在臺的學弟妹一看就知道那是在指誰，對於心中景仰的學長或尊敬的長輩又沒犯任何錯誤，卻在不知不覺中被當成匪類，這對他們的心理造成很大的影響。保釣組織的刊物不斷寄到臺大等各大學學生手上，過不久，《大學論壇》就開始有系統介紹臺灣留美學生的各種活動，臺灣本地學生也漸漸受到海外留學生的影響，太平洋兩岸中國青年學生的「保釣」行動也就此開始連結了。

太平洋兩岸保釣運動合流

　　1971 年 4 月 10 日，在華盛頓等全美四大城市同步展開的保釣示威大遊行，參加人數多達數千人，這項消息很快傳回臺灣。此後，戒嚴令下臺灣大學生、知識青年的愛國行動逐漸進入社會大眾眼簾，臺灣社會的政治啟蒙時代也隨著國際情勢風雲變幻，開啟新的局面。4 月 12 日在臺大校門口入口處就出現大字報，上書：「釣魚台是我們的，我們堅決的抗議日本無理的要求、美國荒謬的聲明。我們永遠支持政府」，貼出大字報的是「香港德明校友會」僑生，德明高中是在香港以親國府聞名的中學。不久，臺大校園陸續出現不少來自僑生社與港澳同學會等僑生社團抗議日、美的海報及標語。翌日，臺大學生代表聯合會（代聯會）也貼出批評日、美的大海報──我們嚴正聲明並表態「我們堅決支持政府對釣魚台的堅定立場」。

代聯會的幹部幾乎清一色都是國民黨員，與國府關係非常密切。這一天，大學論壇社同時也在農經館外牆掛出兩幅長十多公尺的白色布條，以偌大的黑體字寫下：「中國的土地可以征服，不可以斷送／中國的人民可以殺戮，不可以低頭」。兩幅標語非常醒目，任何人一進校門就可看見，如今已成為臺大保釣運動的歷史標誌。幾天後為應付校方要求拆除的壓力，於是改換成《大學論壇》主編錢永祥自擬的「流中國淚，起中國魂，誓死保我釣魚台。灑中國血，護中國土，前仆後繼勿甘休」。當時的氣氛，幾乎不分科系年級，大家都在討論保釣的話題。

與此同時，在成功大學、師範大學、清華大學、海洋學院、淡江學院、中興大學、輔仁大學、東海大學等校學生，紛紛舉行座談、遊行、向黨政機構陳情、向日、美駐臺北大使館遞送抗議書（其中師大的抗議書由兩千名學生以鮮血簽名）等行動，等於此時保釣運動在臺灣的大學校園已遍地開花，風起雲湧。4月14日上午，臺大僑生包括來自香港和東南亞各國的，一行百餘人朝著臺北中山北路的日本大使館進發，抵達後宣讀譴責「日本侵犯領土」抗議書，並將抗議書遞交日本使館人員；遊行隊伍舉著孫中山及蔣中正的肖像，除了沿途呼喊抗議口號，還高唱〈領袖萬歲歌〉：「領袖！領袖！偉大的領袖！您是大革命的導師，您是大時代的舵手，……」。這次學生走上街頭示威遊行，是在戒嚴令下首次打破「學生活動不准走出校門」的禁忌，僑生的行動大大鼓舞了其他在校的本地

生，讓整個校園興奮異常。當天為了處理上午發生的僑生請願事件，臺大總教官張德溥將軍還專門著軍裝配將官章銜到場，目的在鎮服示威現場警戒及蒐證的警總便衣人員，避免警總人員「輕舉妄動」，逮捕學生，造成遺憾事故。當天他一早就到示威現場向警總便衣人員講明「臺灣大學的學生由我來負責」，也對學生表示「我會保護你們的安全」，順利平息了抗議活動的紛爭。張德溥官拜陸軍少將，是中華民國第一個飛彈營營長，在蔣經國的授意下，於 1970 年到臺大擔任總教官。學生一般認為，張德溥是一位優秀的職業軍人，開明又沒有官架子，深受學生愛戴。當天，張德溥又得到消息，各大學僑生計畫在次日要到美國大使館進行示威抗議，但因當天友邦元首要來臺北進行正式訪問，當局希望學生不要有抗議行動。張德溥連夜緊急找保釣學生磋商，只要僑生願意改期舉行，會給同學示威遊行的機會，也答應讓大家舉辦全校性的「保釣大會」。由於協調時間太晚，即使住學校宿舍的僑生妥協，也無法一一聯絡到住在校外的僑生，張德溥只好打電話交代相關部門：「學生的事我會負起全責，在抗議過程中不可逮捕或驅趕學生。」

4 月 15 日上午，來自臺大、師大、政大近千名僑生，到達當時位在北門的美國大使館，抗議美國在移交琉球時，將釣魚台的行政管理權一併交給了日本。當天下午，臺大代聯會在校園發起「支持政府抗議美國荒謬舉止」的簽名活動，短短半天時間，就有兩千五百名學生簽名連

署。代聯會的動作頻頻，反映出保釣運動對國府的壓力的確很大，也讓人感到國府似乎有意透過代聯會，將保釣運動掌控在可控的範圍內。不過，僑生們連著兩天串聯上街遊行示威，抗議日、美兩國的行動，等於掃除了戒嚴時期陰霾的威權象徵，促發了接下來兩個月保釣行動走向臺北街頭的高潮。隔天16日上午，十位臺大學生代表帶著前一天的學生連署簽名及抗議書來到美國大使館，由大使馬康衛出面接見代聯會主席李大維及校內刊物《大學新聞》社社長張晉城，馬康衛表示「釣魚台主權美國未明確表示歸日」，並承諾學生會將抗議書轉達美國政府。稍後，學生代表轉往日本大使館，繼續抗議。

「臺大保釣會」一馬當先

　　4月16日晚上，在臺大體育館召開了全校學生引頸企盼而且首度獲得校方同意的「保衛釣魚台座談會」，此一座談會由學生社團與校方折衝良久，終於成功開辦。座談會由代聯會主席李大維主持，各院系代表與社團負責人參加，與會者除了張德溥，還有多位校方人員出席；當晚法學院學生代表洪三雄形容在言論自由受限下，這場突如其來的座談會是「千載難逢的機會」，大家輪番上陣，慷慨陳詞。在洪三雄、錢永祥連番主張保釣運動要有常設機構的激動發言後，現場氣氛達到高潮，此時王曉波走上發言台，高舉著瘦小卻充滿悲憤和力量的拳頭，聲嘶力竭的高呼：「臺大保衛釣魚台委員會（保釣會）即時成立，贊

成的人請鼓掌！」頓時掌聲如雷，全場歡聲雷動。這個意外的一幕，似乎令學校當局措手不及。「主持人李大維頻頻轉身與訓導長和總教官接頭，幾分鐘後，他終於站起來，鄭重宣布：『臺大保衛釣魚台委員會（保釣會）正式成立！』」洪三雄後來在其著作《烽火杜鵑城──七〇年代臺大學生運動》曾如此描述當晚戲劇性的一幕，顯然校方擋不住學生如海浪般的熱情。此一情況，距離北美留學生於 4 月 10 日發動的第二次保釣示威大遊行，不過一個禮拜的時間。過了三天，4 月 20 日晚上臺大保釣會正式成立，不少保釣要角，包括僑生在內，紛紛被選入決策常委，港、澳、臺三地的同學首度聯合領導保釣運動，至此釣運在臺大的領導權也自代聯會巧妙地移轉至保釣會。保釣會成立當晚，接著舉行「釣魚台問題座談會」，與會者有外交部的魏昱孫、教育部的姚舜以及胡秋原和其他學者；新上任不久的外交部長周書楷隔天也應保釣會之邀來到臺大，就釣魚台問題的外交方針發表演講，他向學生強調政府不會對主權問題讓步，將謀求和平解決問題的方法。學生在內心雖不認同官員的官腔官調，但對於行政高官願意到學校向學生說明政府立場，仍以正面評價，認為這是很大的轉變。

媒體報導，美、日兩國擬於 6 月 17 日簽署協定，將琉球交給日本。於是臺大保釣會在 15 日召開緊急會議，決議要在 17 日發動大規模示威遊行，並貼出海報動員令：「如果你是中國人／你便應振臂而起」、「是行動時候／

拿出血性來」，呼籲同學當天遊行要穿校服，帶學生證。
相對於保釣同學的蓄勢待發，學校當局一直沒有明確說
法，卻只是一昧閃躲，雙方僵持不下。後來總教官張德溥
出面斡旋，他刻意強調「學生的愛國心」，闡明「不能壓
抑學生的愛國熱情，更不能阻止學生的愛國行動」。多年
後，參與協商的王曉波透露，當局原本不允許示威遊行，
還曾一度恐嚇「誰主張上街遊行就逮捕誰」，氣氛一度
陷入劍拔弩張，後來經張德溥直接和蔣經國溝通才弭平
爭端，蔣經國時任行政院副院長，已實質掌握國府政權。
臺大學生獲准上街遊行的三原則是「人數越少越好，活動
及路線越短越好，時間越快越好。」

　　當天上午，在臺大傅鐘前已聚集了上千位同學，9時
許按原定計畫，分乘十五輛巴士朝第一目的地美國大使館
前進。學生們高喊：「釣魚台是我們的！」「不坐視雅爾
達密約重演！」「中國人站起來！」，接著由學生代表宣
讀〈致美國政府抗議書〉。王曉波以筆名「茅漢」投稿
《大學雜誌》的文章〈六一七學生示威紀實〉，曾提到當
時現場有警察對同學說：「我願意脫下制服參加你們的行
列。我穿著制服，願意以生命來保護你們的安全！」稍
後，遊行隊一邊高唱愛國歌曲，一邊走上主要街道向日本
大使館進發。學生們高喊「打倒帝國主義！「日本鬼滾出
去！」的口號，並宣讀《致日本政府抗議書》，學生代表
進入大使館遞交抗議書，由日本參事代為收下，允諾將轉
呈日本政府。隨後，抗議的同學再度分乘巴士返回臺大。

這次短時間、短距離的示威遊行，是當局在戒嚴時期點頭同意讓學生走上街頭，成了當時一個劃時代的創舉。據洪三雄在前揭著作中指出，在臺北的師範大學及臺南的成功大學僅能在校園內進行示威，臺北政大、淡江學院、基隆海洋學院、臺中逢甲大學只能以書面表達抗議。

後保釣時期　臺灣往何處去？

　　臺大學生思想活動的積極分子之一、前述《青春之歌》作者鄭鴻生，六一七當天也在保釣遊行之列，他意識到臺大保釣運動以 6 月 17 日到美日大使館示威抗議達到最高潮，同時也告一段落。鄭鴻生反思，「保釣運動到這時必須告一段落了，因為這時臺灣整個社會條件、政治需求與歷史進程都不能配合這一運動的進一步發展。」他同時聞到時代變易的味道，「示威帶來高昂的激情，但另一方面又擔心臺灣未來會變怎樣？自己可以做些什麼？周遭的氣氛有些詭異，讓人說不上到底是期待還是不安。」對照鄭鴻生的大哉問，在 4 月 10 日全美保釣大遊行之後，北美釣運主要人士林孝信也有類似的複雜情感；那一年 7 月 15 日，美國總統尼克森透過電視宣布將於翌年 5 月之前訪問中國，林孝信視之為「尼克森衝擊」，震撼了從事釣運的臺灣留學生。當時他看著電視轉播，內心「百感交集」：「姑不論喜歡還是討厭，實際上國府是統治臺灣的政府，只覺自己的國家陷入更悲慘的處境，完全無法預測臺灣的未來到底會變怎樣。」看到美國一方面不重視國

府，卻又表現出對另一個中國人政府的重視與破格禮遇，林孝信自己說：「4月10日這一天，雖對國府徹底失望，對自己的前途感到茫然不安，同一時間卻又有種以身為中國人為榮的複雜心理。」釣運在太平洋東西兩岸，從勃興、最高潮以迄於告一段落之際，在他們兩人所投射的心理現象，實異曲而同工，間中似有一條歷史脈絡隱然浮現，並逐漸形成某種歷史規律，向著中國人百年自救、振興的終極目標前進。

對臺灣而言，公元1971年，民國60年一甲子，是個秩序崩解與重組的轉折年代。當海外保釣運動轉化為中國統一運動時，臺灣威權體制在海內外衝擊下，風雨飄搖，人心浮動，神話開始崩解，「意志集中、力量集中」、「收復失土、重整河山」的統合意識形態不再顯現。釣運告一段落之後，接著又有臺大的校園民主運動、民族主義論戰、哲學系教師解聘事件；之後有關臺灣前途辯論、革新保臺主張、黨外運動、鄉土文學論戰、校園民歌流行、臺灣左翼運動，直到1979年美麗島事件後的本土民主運動以及美中（臺）斷交、廢約、撤軍，這一幕幕歷史景象都在十年中間展現。青年世代的思潮澎湃洶湧，延續著釣運的精神和活力經過一個夏天暑假的休整，到了秋天開學，臺大非國民黨籍的「黨外」學生，以法學院刊物為舞台，跨社團結盟的方式，推出醫學院三年級的王復蘇出馬角逐全校學生代表聯合會主席，結果以一百五十票比三十七票大敗國民黨籍的法律系二年級生傅崑成。這次校園

最高的「學生機構」變天，前所未有；此前代聯會主席向
來都由國民黨籍學生取得，包括之前的胡定吾、李大維，
顯示校園學生領袖的政治傾向產生根本變化，當時王復蘇
參選，就是以社團刊物《臺大法言》社長洪三雄撰寫的編
者之言——〈對學校開刀，向社會進軍〉作為標語，廣貼
在校園裡。活躍在社團刊物的學生作者，持續撰寫文章關
注言論自由、社會改革和自我覺醒等議題，並舉辦各種議
題的座談會，從校園民主到國會改革，甚至汲取與會老師
的發言，倡議校務參與權和整個國家的政治參與、開放學
生運動，支持學生走出校園，改造社會，此時校園氣氛急
速政治化，為釣運最高潮之後所僅見。

　　國府在聯合國席次的保衛戰及其挫敗，影響所及，
社會上瀰漫著一股惶惶不安的氛圍，甚至有些人賣掉房屋，
聚集資金，向海外移動，有如「驚弓之鳥」；政府當局則
祭出「莊敬自強，處變不驚」的口號，臺大校園的學生及
社團也投入「家事國事天下事，事事關心」的熱潮。新當
選的代聯會主席王復蘇發表告同學書〈這是該醒的時候
了〉，並舉辦「與聞國事」座談會；當時的 11 月號《大
學雜誌》也刊登了由十五位知識青年聯名發表的〈這是覺
醒的時候了〉一文，包括臺大的王杏慶、王曉波、王復
蘇、洪三雄、錢永祥等學運要角在內。當時是臺大森林研
究所畢業生的王杏慶同時宣布，放棄美國大學博士班獎學
金，留在臺灣共赴國難，為此得到蔣經國召見談話，並有
意為其安排工作；畢業後，王杏慶投入新聞界，擔任記

者，後來與同事一起創辦《新新聞周刊》，該刊以「臺灣
不能沒有的聲音，最犀利的新聞時事週刊」為目標，創刊
後一紙風行。之後，王杏慶並以「南方朔」筆名，撰寫大
量的時政、文化評論，成為知名評論作家；美麗島事件以
來，他曾總結看法，認為「台獨」在國際社會上乃屬「不
可能」，在民族大義和文化歷史傳承上屬於「不應該」，
而純就國家的政治發展而言則屬「無必要」，這殆已成為
稍具知識忠誠者之共同見解。

　　此外，在國府被逐出聯合國的巨變前夕，臺大代聯會
在換屆改選前舉辦了「反對共匪混入聯合國」座談，約有
百來人參加，一位農工系新生剛剛當選大一代表會主席的
林正義，在座談會上慷慨陳詞，語驚四座，他建議在聯合
國大會開議前，先在臺灣發動一場全國示威大遊行，但未
得到大家的贊同。據洪三雄回憶，他曾與林正義在法代會
相見，交談甚歡，認為林是個慷慨激昂，憂世嫉俗之士，
也是個天真、熱情、敢愛敢恨的青年。隔年 2 月林正義參
加大專學生寒訓時「投筆從戎」，並在下學期轉讀陸軍官
校，轟動一時，媒體爭相報導；在當時那個「莊敬自強」
的年代，林正義的行動，一時間的確帶給社會一劑強心
劑，為此參謀總長賴名湯代表救國團主任蔣經國，特別頒
發青年獎章表揚，蔣經國也召見嘉勉。1975 年林正義以
第二名成績畢業並留校擔任學生連排長，此時他結婚生
子，不久以軍職身分和國防公費進入政大企業管理研究所
就讀，取得碩士學位後回到部隊。

林毅夫之路

1979 年 2 月，林正義以上尉軍銜調任金門防衛司令部馬山連連長，即駐地在金門東北角的馬山據點，該地距離中國大陸解放軍的角嶼據點，僅二千一百三十公尺之遙，是國軍前線的最前哨，可以掌握福建沿海白河口、小嶝嶼、刀嶼、大伯嶼、小伯嶼等第一線解放軍動態。馬山還設有對大陸心戰喊話的播音站，因此馬山連連長經常要向到此視察的長官和來訪外賓簡報，只有優秀的基層軍官才堪勝任連長一職，此亦可見蔣經國對臺籍青年軍官林正義的眷顧之隆。這一年的 5 月 16 日夜晚，剛從老家宜蘭探親返回崗位一個星期的林正義，算準馬山、角嶼兩地海水大退潮的時間，帶著軍籍證件以及由連長保管的救生衣和水壺，沿著馬山連陣地前緣斜坡雷區內一條通往岸邊的小路下海，留下標記有「連長」職銜的球鞋，游泳近三個小時，成功投奔中國大陸，而此刻他擔任連長還不過三個月。翌年林曾寫信給在日本東京的表哥並轉交家信談到他投奔大陸的動機，「臺灣的未來，現在正處於十字路口，長期維持那種妾身不明的身分，對臺灣一千七百萬同胞來說，並非終久之計。因此何去何從，我輩應當發揮應盡的影響力。」

後來林正義改名林毅夫，先在北京大學經濟研究所畢業，再到美國芝加哥大學取得經濟學博士學位，並在美國耶魯大學進行博士後研究。林毅夫返國後在北大任副教授、教授，與同僚創辦北大中國經濟研究中心並任主任，

2008 年出任世界銀行高級副行長、首席經濟學家；1997
年他曾為文提到大陸國企改革、中央政府財政所得比重偏
低、貪腐嚴重等問題，後來都呈現在朱鎔基的改革對策
中，也因此被視為朱鎔基的智囊。2015 年，林毅夫創辦
北大新結構經濟學研究院，此為中國第一個以社會科學理
論創新為宗旨的機構，更是中國重要的智庫之一。有關林
毅夫當年的思想轉變，他在 2010 年接受美國著名的《紐
約客》雜誌訪談時憶述：「在金門時，他的想法已經經
歷一場劇變，只想著：我想讓中國富強，但是絕大部分中
國人都住在中國大陸，所以我到大陸，可以有更大的貢
獻。」他的臺大學長鄭鴻生在〈青年林正義之路〉一文中
也認為，林毅夫「雖然對國府的幻想破裂，但並沒有失去
對臺灣前途的關切，而他所認識的臺灣前途卻是在中國的
統一。……這也是他當時冒著九死一生游到對岸的心志所
在。」「那個年代，對國民黨理想破裂的人多得是，有人
加入黨外，那他在部隊裡怎麼辦？他有個機會在前線。」

英雄事業學偷逃

　　本章一開始提到南懷瑾向當局提出的警告，以及他的
政治預言在往後的二十年間，一一浮現。他從大陸到臺灣
定居三十六年，弘法利生，心中常存憂世憂國的憂患意
識，自然對於世局國情的發展，心有所感。1990 年代他
移居香港，坐看兩岸的變化，除了持續致力於文化統一的
志願，也對於他在臺歲月的點滴有所回顧，特別是他在臺

的詩作，隱含著不少當年他對時局及兩蔣治臺的「微言大義」，他自己也說，中國傳統文化從來是文哲不分、文史不分、文政不分的混合體，要瞭解一個人，必須要瞭解他著作中的詩詞，最為中肯。通過南懷瑾的詩作之「夫子自道」，那些歷史的沉澱，更能透視未來的變化。南懷瑾自述，從 1960 年開始，他在臺北漸漸開講佛法，但因為那個時代的心境，「心情很不舒暢」，「家國千秋業，河山萬里心」，只好賦詩吟唱，借以遣興。他有詩云：「去國九秋外，支離二十年。風塵雙鬢白，心月一輪圓。」自 1950 年起，已十來年了，「蔣老頭子宣傳『三年反攻』，我就笑他『風塵雙鬢白，心月一輪圓。』」如今雙鬢都白了，他仍如如不動，宣傳如故。南懷瑾批評「蔣老頭重新作中華民國的總統，天天講反攻，實際反攻不了，退到臺灣，蝸牛角上還稱王。」有一回，偶然間提到某些人士熱衷於卜卦算命，他感慨之餘，做了一首《算命》，針砭時弊。詩云：

> 二十年來閱士曹，英雄事業學偷逃。
> 人人憂患家家怨，亂世空談命一條。

　　二十年來他對那些自命不凡的官宦們冷眼旁觀，其所謂「英雄事業」，不過是臨危苟且，大家統統逃到臺灣來；而某些人士熱衷算命的做法，亦屬可哀，認為當世人之共同命運不濟之時，空談個人餘命，也是可笑而復可

憐。那時南懷瑾正在註解《楞嚴經》翻譯成白話，他指出在這個大時代裡，一切都在變動之中，自然亂象紛呈，變亂使凡事俱廢，因之事事都需從頭整理。整理固有文化，以配合新時代的要求，任重而道遠。南懷瑾說，到了民國60年（1971年），是最嚴重的一年的開始。此前一年「臺灣當局有事問我，（但）沒有辦法跟他講。」他有詩《夜讀》，點出當時的狀況：

> 無端憂國又憂天，燈下攤書獨未眠。
> 一局殘棋難落子，輸贏今古總茫然。

時局如同即將進入尾聲的一局殘棋，而當局又舉棋不定，難以落子，是輸是贏？從古到今，總是令人心下茫然，難以捉摸，正如蒼雪禪師所言，神仙更有神仙著，畢竟輸贏下不完。南懷瑾綜觀古今政局之得失成敗，衡諸當道，大都舉措茫然，走向多誤，故而苦思深慮，久久難以成眠。1971年秋天，聯合國大會開鑼，國府的席位可能不保，而當時「漢賊不兩立」的說法又甚囂塵上。南懷瑾透露：「那時老頭子，我們高層透出消息跟我講的，決心準備不要聯合國席位。我說最好是拖住，忍辱負重，既然沒有這個氣派拖住，只好這樣。」南懷瑾說：「臺灣那個時候不得了，外省朋友拚命出國，飛機票訂不到啊，都想逃跑，認為臺灣完了。」

倚美謀國非上策

這一年的 8 月仲夏，南懷瑾感於時局事關重大，寫下
《辛亥季秋感事》詩云：

> 悲憤何如憂患情，那堪徒對豎儒爭。
> 沈疴難覓三年艾，斷腕還須一覺醒。
> 出海蛟龍終努目，入山猿鶴漫心驚。
> 圜中自有天機在，事大翻知生死輕。

臺灣退出聯合國，大家很緊張，南懷瑾認為這是必然
的結果，又說，當局他們問他的意見，他強調大陸與美國
一定建交。因悲哀而憤怒，與憂心劫難將臨的意識相比，
哪個更明智，怎能與小人之儒一般見識，徒然做口舌之
爭。中美關係的由來，幾十年的老毛病，就像孟子講的：
「猶七年之病，求三年之艾也」，其勢所不能，所以在這
個時候等於告訴蔣老頭子，要有壯士斷腕的決心，可是自
己頭腦要清楚，須從根本的覺悟中得以清醒，謀國而倚仗
外力，則終非上策。一般依草附木之輩，謀求全身避禍而
心懷悚懼，則在其不明運數之必然也。至於南懷瑾個人，
他說屁事都不管，照樣還打他的坐；大家都跑到臺灣，共
產黨過來怎麼辦？沒怎麼樣，不在乎，事大如天，生死無
所謂。

當時南懷瑾正在開辦「東西精華協會」，而那一年辛
亥年，除了國府退出聯合國，又召開紀念辛亥首義國民

大會，為翌年的蔣中正五連任，蔣經國正式接班過渡，很多人與他言談時事，俚語書憤。南懷瑾批評道，重開國民大會，所謂大陸過來這些國大代表，統統是要錢的，哪個是人民選的？哪個是為國家？都是狗屁。於是南懷瑾戲作《辛亥大會‧多人來言時事‧俚語書憤》白話詩，又自己解讀嘲諷：「華堂今日會重開，南極仙翁個個來」，這些老頭子都過來了，「薪膽備藏商大計，肝腸待地配樓臺」，再選總統時會投你一票，每個都要房子、要錢。六年開一次國大會，就是大陸上的人大會那樣，「六年坐等傾囊括」，開會就要政府給他錢啊，「半世尸居裝滿材」，年輕選上國大代表，到臺灣三十幾年了，都老了嘛，「尸居」，不過是個屍體在這裡，「裝滿材」，要那麼多錢幹什麼？裝進棺材去嗎？「海上何來駿馬骨」，燕昭王愛士，不是駿馬之骨嗎？「錢王養士只堪哀」，我把蔣老頭子比成那個錢鏐，「錢王養士只堪哀」，蔣老頭子在我的評價裡，不過是浙江五代時的錢王，是個鹽販出身的一方之主而已。但錢鏐很了不起，比他（蔣）還高明。南懷瑾將國民大會之各路「神仙」，比為吳越錢王所養的食客，此輩人等，成事不足而敗事有餘，慨嘆當局對此猶自欺欺人，又以宋初的吳越錢王比附臺北當局，也只能是個地方格局政權罷了。

　　以上詩作都是南懷瑾辦刊物，推進東西精華協會弘揚傳統文化的作品，但這些緊扣時局的詩作，難免也引來學界、政界對他的竊竊私議，但卻是他憂世憂國的真心話。

1972 年初冬，他有一首《壬子初冬子夜》詩，道出他的無可奈何。詩云：

> 淡淡輕愁過半生，滔滔濁世獨何清。
> 謗書毀骨翻堪笑，貧困隨人多負情。
> 王氣凋傷思一統，斯文零亂夢三更。
> 眼前事物真無奈，繞室徘徊待漏明。

　　南懷瑾回顧半生的輕愁，在舉世滔滔之中，仍持清高操守，且痛斥某些人的無端毀謗謠諑。他慨嘆百年國運衰微，內亂外侮，王氣凋傷，斯文零落，心憂天下。他說，「王氣凋傷思一統」，海峽兩面講統一，講了幾十年，現在「斯文零亂夢三更」，把這些學者知識分子看得沒太大價值，亂搞。

第七章
拍碎欄杆人不知（上）

　　兩蔣父子治臺前後近四十年，從1971年秋天國府被
逐出聯合國席位起，臺海兩岸的統一問題，取代了蔣中正
「反攻復國」和毛澤東「解放臺灣」的對峙形勢；臺灣以
「革新保臺」的守勢，迎向大陸的「改革開放」攻勢作
為，兩岸展開和平競賽。此時，南懷瑾已來臺二十多年
了，夜闌人靜，鄉愁如煙：

　　　　故園西望淚潸然，海似深情愁似煙。
　　　　最是夢回思往事，老來多半憶童年。

　　此前辛亥年「母難日」，他夢回故鄉二老身邊：

　　　　此日難忘父母牽，夢回涕淚自流連。
　　　　生當摩羯原多累，身度娑婆未了緣。
　　　　幸得菩提隨地長，故留苦海做航船。
　　　　安心冷廟孤僧境，回首雲山天外天。

安於孤僧冷廟

　　1970年代，臺灣的外在國際情勢日益嚴峻，內部民

主化的挑戰升高，已如前述。南懷瑾仍安於孤僧冷廟的處境，持續深化弘揚中國傳統文化於不墜；他除了每周固定在協會上課外，還經常應邀到大學校園、民間社團講演或授課，諸如孔孟學會、國防醫學院、工業設計協會、臺大、輔大、東吳、成大、世界新專、臺北商專等校，主題仍是中國歷史與傳統文化之學。1972 年 6 月起，每週二小時，他到中華電視台講《論語》，共講八週；1974 年 4 月開始，他又應國民黨中央大陸工作會之邀，在「恆廬」講《論語》，長達十一個月。與往常不同的是，南懷瑾在四年前日本之行前認識的《中央日報》資深記者蔡策先生，這回也來聽課，由於蔡有中文速記的能力，自動聽講速記，後來又花了半年時間完成文字稿，以致促成了《論語別裁》一書的問世。

就在蔣中正去世之際，《青年戰士報》「慈湖」版曾以〈論語新義〉為題，連載蔡策整理的初稿至隔年 3 月 16 日止。南懷瑾的講記以新時代的視角、白話的表述，融合經史合參的空前方式呈現，結果大受歡迎，報紙的訂戶因而大增，有讀者全程剪報輯成一冊，廣傳親友，形同帶來非出版成書不可的情勢，為始料所未及；到了 9 月南懷瑾講授「歷史的經驗」告一段落，開始整理修訂《論語新義》，忙了八個月，正式以《論語別裁》出版。

後來幾年南懷瑾上課的講記都採用同一模式，先由蔡策速記，再由南本人修訂出版，而有《孟子旁通》、《老子他說》的問世。有位就讀臺灣師範大學國文系二年

級的農家子弟杜忠誥，早前已在報上讀過連載，為其生動的詮釋所感動，並開始閱讀南懷瑾的著述。當《論語別裁》出版不久，杜忠誥激動之餘乃主動在國文系日夜間部逐班推銷，短短半個月，一共賣了三百四十多套，引起南懷瑾的好奇而主動約見，特別贈送一套西服料子向他致謝，杜堅決不收，說是為中華文化而推介該書的，後來南改送他一套藏書《淵鑒類涵》及南老自己已出版的著作一批。杜忠誥與南懷瑾因書結緣，南曾吩咐左右，每出版一本新書，必定送杜忠誥一部。兩人交往三十六年，他視南懷瑾如師如父，杜後來在書界成為大家，曾留學日本三年，得到藝術學位，後來取得臺師大國文研究所博士，也三度獲得全臺美展第一名及多項文藝獎。南懷瑾曾讚譽杜忠誥為「今之書俠」，稱許他所著《漢字沿革與文化重建》，「維護保全中國傳統文化，寓風雅頌之諫議」。

「先總統」與「故總統」

1975 年 4 月 5 日清明節，蔣中正於 11 時 50 分與世長辭。南懷瑾回憶：「半夜裡風狂雨暴，那個風雨真的非常奇怪，我正在看書，窗子都撼動了。我心裡想該不會他走了吧？因為他這個烏龜精要走了。」他說，傳說毛澤東是山豬，蔣是海龜，抗戰勝利時，四川有個活佛告訴他，山豬跟海龜在爭地盤，你回去不會安定的。蔣中正死時，王昇、蕭政之已經告訴了南懷瑾，當天夜裡中央黨部又請《青年戰士報》社長唐樹祥打電話知會他，後者問南懷

瑾：「掛的字是故總統蔣總統，這樣說對不對啊？」南懷
瑾表示：「不對，你們統統全體沒讀過書的啊？沒有文化
啊。」南懷瑾指出：「應該是先總統嘛！你來個『故』總
統，假使又出一個總統又姓蔣，你叫他什麼總統啊？新總
統嗎？你看歷史上，皇帝死了，就叫『先王』。」後來治
喪人員連夜就換成「先總統」。南懷瑾說，事後聯勤總部
的人告訴他：「老師啊！你一句話我們可慘了，連夜換了
多少個（稱謂）啊。」南懷瑾說，中央黨部請他寫副輓
聯，他還是表面上寫寫，後來他們認為這是最好的一副輓
聯。輓聯曰：「勳業起南天，北伐功成三尺劍／神靈護中
土，東方感德一完人。」南懷瑾解讀，蔣老頭子以黃埔起
家，在廣東起來，「勳業起南天」；最大的功勞是北伐這
一段，「北伐功成三尺劍」，有如漢高祖拿三尺劍起義。
作了這個上聯，南懷瑾思考這下聯平仄很難辦，忽然想到
「神靈護中土」，人已經死了，天天講反共也打不回去，
你只好靈魂回來保護中國吧。至於「東方感德一完人」，
南懷瑾說：「我這一句是有骨頭的」。他指出：「大家講
你是完人，你不是完人，應該感謝你的是日本人，不要他
們賠償。」南懷瑾始終主張儒家的路子，對日要以「以直
報怨」。南懷瑾後來透露：「這副輓聯送到靈前時，蔣經
國也站在那裡，大家打開一看，哎呀！誰作的啊？旁邊有
人講除了南某人以外，誰有這樣大的手筆啊？當然我沒有
用私人（名義）送，是用東西精華協會的名義送的。」南
懷瑾坦承：「我真正給他的輓聯沒有送，真正的輓聯那才

好呢。」他說的「真正的輓聯」是：「留得剩水殘山，最難料理／際此狂風暴雨，正好收場」。南懷瑾這樣解讀：上聯「留得剩水殘山，最難料理」，統統完了嘛，自己打下來的天下，自己丟掉，只留這個臺灣一點點。下聯「際此狂風暴雨」，他走的那一夜是狂風暴雨，「正好收場」，你走得正好了。南懷瑾強調：「這是我贈給他的一副輓聯，但是不好送出去。他走得很痛快，可是中國、臺灣問題留給後面痛苦了，我早已看到這個痛苦了。」

兩首保留詩　論定蔣中正

其實南懷瑾保留二首評價蔣中正的詩，生前一直未發表，直至 2021 年底，「南懷瑾學術研究會」在公眾號平台公開了這二首詩：

> 海上爭傳走一龍，從來圖讖總朦朧。
> 畢生度德難容物，天下何人真負公。
> 漫道扶餘堪立國，可憐後主不英雄。
> 師王友霸千秋法，自負高明萬事空。
>
> （其一）

詩後附有未標明作者的解讀文指出，「一般民間都在傳說，蔣先生本來是東海上的一個龍種投生，清明夜裡，天變震動，是召他去歸位了。所以懷師的詩句，便有『從來圖讖總朦朧』的用語，他既不承認圖讖之說的真實性，

但也不完全否定它的想像性。第二聯是說蔣先生自大陸撤退後，一直大罵部屬與學生們無恥、自私、不負責，對領袖不忠心……等等，尤其在臺北草山（陽明山）創辦革命實踐研究院時，對第一、二期的學員們，多數屬於黃埔老同學的將校，對他們的講訓，極為嚴厲。然而，背地裡大家都在埋怨蔣先生的度量狹小，剛愎自用，不能容人容物，真正對不起他的人並不多，大半都是他自己在人事上處置失當，迫得無奈而起反抗的。第三聯是說，不要認為遠處海外孤島，便可以像虬髯客一樣在扶餘島立國了。」

故園西去猶江東，陌上花開路未通。
海外聞人望帝哭，錢塘歸夢杜鵑紅。
師傳王學迷心法，徒習山呼誤乃翁。
臣術無方君德薄，敢將成敗論英雄。

（其二）

根據南懷瑾原詩用典，詩末也附上解讀說：「五代時代在浙江崛起的越王錢鏐，他少年失學，對文學的修養，當然不及他同一時代的南唐李後主父子。但他在出征的時候，寄家書給他的妃子，卻有『陌上花開，則緩緩歸矣』的華麗詞句。後來宋朝蘇東坡出守杭州，便拿錢王的這句話，演繹成三首名詩。第二典故，『望帝與杜鵑』。這是中國古代逸史上說秦代的時候，蜀國被逼而滅亡，帝子心有不甘，死而化身為鳥，晝夜啼哭，哭到淚盡出血，

滴在杜鵑花上，所以後世另一種品種的杜鵑花，都變成紅色了。鳥名望帝，花名杜鵑，乃至子規、鶗鴂都是這三個春鳴鳥的別稱。唐人李商隱的詩便有『望帝春心託杜鵑』的名句，也是從這個故典脫化出來的。懷師平時嘗說蔣先生才度，不足以號令天下，然如錢鏐一樣，據地稱尊，或可為一世諸侯。不料，懷師於美國時，在香港購得孫中山先生親筆書寫，改殘唐五代時貫休和尚送錢一聯云：『滿堂花醉三千客，一劍霜寒四十州』，如有前讖。唯貫休原句乃『滿堂花醉三千客，一劍光寒十四州』。此亦是歷史以外偶合之事，豈非怪哉！第三典故，『王學』是指蔣先生少年時代在日本留學時，受到日本人當年崇敬王陽明學說的影響，一生大談心性之學。其實他對心性真詮實在不通，而卻用此來對人處事作為從政治軍的韜略，因而敗得一塌糊塗。這不是王學對與不對的問題，而只是通與不通的問題。第四典故，『山呼與乃翁』。山呼，是指古代帝王政體，臣子上朝，向皇帝行跪拜禮，高呼皇上聖明，陛下萬歲等呼聲，猛如山鳴谷響一樣，所以叫做山呼。蔣先生在北伐以後，採用義大利式、希特勒式、列寧式的搞個人崇拜，到處掛他的肖像，軍公教人員及民間一見，即要立正、敬禮喊萬歲。中國人對個人崇拜的英雄主義真是根深蒂固，積習難除。「乃翁」，是劉邦當了漢代的開國高祖，喜歡謾罵，『乃翁』是他的鄉土話，等於現代人的『格老子』一樣的口語。劉邦對陸賈說：『乃翁天下，在馬上得之。』陸賈立刻反駁他說：『天下在馬上得之，不

能在馬上治之。」陸賈、陳平等等敢於反對，就是臣道臣
術的正確。漢高祖和唐太宗的肯接受別人的意見，便是君
道君德的成功。」

不可承受之輕

正當《論語別裁》出版不久，南懷瑾又碰上一個「不
可承受之輕」的難題，但他輕易化解。1976 年 6 月 24 日
星期四，南懷瑾依例每週一次前往中國廣播公司，為員工
講授《易經》，當時他已連講了十幾回了，尚未講完。那
天他到了中廣，聽到一個剛發布的消息，即中廣董事長易
人，新任董事長是蔣孝武，也就是蔣經國的次子。〔按，
蔣孝武於當年 7 月 1 日任中央廣播電台主任，時任行政院
長為蔣經國兼國民黨主席，以黨領政。在國民黨黨營事業
體系中，中廣與央廣本為一家，此前一年已改組為獨立經
營單位，1980 年蔣孝武才任中廣總經理。〕

此時南懷瑾心裡早有盤算，當演講結束之際，他立刻
對聽眾宣布，因有事要出遠門，暫時請假，待回來再繼續
上課。後來有中廣員工「發現」南懷瑾仍在臺北，詢問
不知何時能再到中廣繼續講《易經》？南懷瑾告訴左右的
學生，這事不便明講，暫時不會再去講課了，內情就是
「新董事長換了蔣經國的兒子」。後來南懷瑾分析其中道
理指出：「假如有一天，這位新來的蔣董事長也來聽《易
經》的課，下了課又客氣的打招呼。再有那麼一天，說是
經國先生邀請茶敘，請問能拒絕嗎？如果拒絕了，使人家

難堪，還說我們不識抬舉；如果接受了邀請，見了面，人家拜託你為他或為政府說些什麼話，寫一篇什麼文章，你能拒絕嗎？真拒絕了，人家有辦法對付你，不拒絕的話，從此變成『御用』文人，學術自由沒有了，不如躲著他們比較好。」南懷瑾對於蔣經國上台，素來就很不同意，曾說：「從年輕開始，我曉得他一直想找我。」他一再申明，自己不是學者，甚至是向大家學習的「學人」；他只是讀了不少各家各派的書，又學了不少雜家的學術，期能將所知所學，貢獻社會上的人們落實於生活各層面，達到知行合一。每個人修養自己，提升品格，才會有較理想的社會，也才能有較美滿的生活。南懷瑾的這種想法與教化方法，是不能因人而喪失其客觀性的，所以他創辦「東西精華協會」，早已說明不涉入任何政治；當然也不可能被政治所左右。

國府安全部門一起「資匪」

　　中共進入聯合國以後，北京對臺政策轉向「和平解放臺灣」，不再喊殺喊打，此時大陸的文革也進入尾聲，被外界視為「鐵幕」的中國大陸，慢慢打開對外的往來聯繫。有一天，南懷瑾在臺灣突然接到一封來自法國的「家書」，是他最小的娘舅寄來的。這封信是怎麼來的？南懷瑾研判，在法國有些溫州人華僑，大概把信帶到法國換了個信封，再由香港轉寄到臺灣，這封信也在試探他這個人還在不在？當時南懷瑾老家人還在溫州，幾十年來大家都

不知道對方的情況，相當無奈。南懷瑾看了家書，是娘舅寫的，那時又高興，又流淚，信中講了幾十年來家裡的事，讓他很難過，想寄點錢回去。他憶述，曉得大陸那個時候很窮，在臺灣的人只要有大陸親戚，他們都會寄一罐豬油回大陸，大陸的親戚像收到寶貝一樣。後來南懷瑾以化名寄了二百美元，也是先寄香港，轉寄法國鄉親再轉回大陸溫州。此前南懷瑾在國民黨中央黨部大陸工作會講中國歷史的經驗和《易經》等課程，台下就有少將、中將等老特務聽講，他說，每週給他們講兩次課，他們都是來聽他罵人的。有一天晚上，大陸工作會副主任焦金堂（戴笠的老部下，來臺後奉令籌辦石牌訓練班，培訓從事大陸敵後工作人員）來見南懷瑾，談了半天，支支吾吾說不出來意。

南懷瑾見狀說：「你今天怎麼搞的？」

焦說：「老師啊，你跟大陸家裡有通信嗎？」

南說：「有啊，你查到啦！查到就要抓去坐牢的！」

焦金堂拿出南懷瑾的家書說：「哎，信在這裡。」

南懷瑾說：「咦？怎麼到你那裡去了？」

焦說：「他們查到了。」

南懷瑾一本正經地說：「那我同你兩個去。」

焦金堂丈二金剛摸不著頭緒，面露尷尬回說：「去什麼？」

南揶揄道：「跟你去坐牢嘛，關起來。」

於是焦金堂告訴南懷瑾說：「老師啊，不是這樣一回事。以後不要這樣辦，你寫信還是照樣寫，但是交給我

們，也是一個月兩百塊錢，也交給我們。」

南懷瑾又問：「交給中央黨部，那你們呢？」

焦金堂答道：「我們也是這樣，香港派人在那裡，專門有人收這個信，收這個錢，到了以後，把信封換了，直接寄到大陸。」

南懷瑾率直表示：「我們被你們抓到要坐牢的，這個罪名叫『資匪』。國民黨稱共產黨是匪，共產黨講國民黨是匪，蔣匪毛匪都是匪。我們老百姓不曉得怎麼辦啊！原來你們是這樣的啊！」

焦金堂強調：「老師你不知道，早知道就不會這樣，都交給我們辦了。」

南懷瑾質問：「那你們不是資匪嗎？」

焦金堂回應：「國民黨跟共產黨兩樣嘛，共產黨是不講溫情主義，我們要講溫情主義啊。你想，我們幾百萬人在臺灣，哪一個家裡沒有親人、沒有親戚、沒有朋友啊？每一個人心裡，同你一樣難過，都要想辦法啊！不得已，我們成立了個小組，偷偷做這個事，老百姓不知道啊。」

南懷瑾探問：「你們這樣幹的啊！只有你一處嗎？」

焦金堂透露：「還有憲兵司令部、警備總司令部、國防部……都有這樣的地方。」

南懷瑾再問：「你們國民黨（各個地方）合起來，每年給大陸共產黨匯多少錢？」

焦金堂說：「起碼美金兩三千萬。」

於是南懷瑾總結道：「你們才是資匪呢！」

　　講起兩岸歷史的荒唐劇，南懷瑾在三十年後的一場講演中，對著二百多位中國大陸銀行監管幹部「漫談中國文化與金融問題」，他指出 1950 年代臺灣還很窮，靠大陸「幫忙」，在韓戰中起來，韓戰一打完，大陸毛澤東先提出來，在三十八度線換虜，美國也同意了。最後有一部分被俘的一萬多名共產黨兵，美國不同意交換，最後決定送到臺灣。〔按，臺灣稱之為「一萬四千名反共義士」，經國府調查，其中約有六成六原為國軍。〕這些人在臺灣每個月有薪水，退下來還有退休金，慢慢在臺灣習慣了自由思想，也有家眷。等到大陸改革開放以後，大陸那邊還有太太，結果回來探親，可是大陸這邊韓戰退役下來的兵，有些還很窮苦；而作為臺胞回來的那些大陸參加過韓戰的兵，統戰部還請客，他們接受招待了。南懷瑾感嘆：「中國人經常搞這些莫名其妙的事情，兩個兄弟吵架，搞些很奇怪的事。」南懷瑾雖與老家取得聯繫管道，稍感安慰，但他自承「心情很苦」，當時他已在鬧市自己的居室中掩關多時，閉方便關，出關後寫有兩首絕句道出他的悲苦心緒，詩云：

> 憂患千千結，山河寸寸心。
> 謀身與謀國，誰識此時情。
> 憂患千千結，慈悲片片雲。
> 空王觀自在，相對不眠人。

　　南懷瑾既為身謀，又為國謀，苦心若此，深情如斯，然無人識此，意難舒，志難酬，萬千感喟；自己站在佛像前，而佛像供在那裡，相對無眠。

　　此時南懷瑾在閉關之前，時起出國避世避地的念想。1977 年在《丁巳中秋關中有寄》詩中就有這個動機了：

　　　　留亦為難去亦難，悠悠世路履霜寒。
　　　　遙聞碧海吹魔笛，幾欲青冥駕彩鸞。
　　　　不慣依人輸老拙，豈能隨俗強悲歡。
　　　　禪天出定生妄想，何處將心許自安。

　　留在自己國家難，想到外國去；而臺灣退出聯合國很久了，國際上的變化及大陸的情況，統統不好，真想飛上天空，駕起七色的彩鸞。出國也不安，留在國內也不安，這個世界向哪裡走啊？1982 年中秋，他又賦詩《壬戌中秋》云：

　　　　避地無方避世難，春花秋月不相干。
　　　　萬緣已了緣何事，一念關心天下安。

　　他看那幾年，中國的變化很多，事情也多，仍然時時關心天下事，而天下不太平啊。1978 年，美國承認「一個中國」，與中華民國斷交，寒潮將至。那一年是戊午年，南懷瑾特別注記是日為「冬至前六日之夜」，寫下跟美國與大陸建交有關的詩作《戊午冬至前六日之夜》云：

晨樓風雨怯宵寒，靈室明燈夜欲闌。
劫運早驚蕉鹿夢，廟堂久醉古槐安。
沉疴鄰乞三年艾，絕望他求九轉丹。
鶴背龍腰攀折苦，下方孽海正狂瀾。

　　南懷瑾說他此刻還在閉關，即將出關，但「外面鬧得一塌糊塗啊。」，他引用《列子》有名的「蕉鹿夢」寓言典故（該寓言稱鄭人遇駭鹿斃之，覆芭蕉葉藏匿，旋遺所藏之處，遂以為夢。後以之喻為人世真假，得失無常。），指此番當局與美斷交事，「早就告訴你們了，美國靠不住啊！」而當權者卻久久迷醉於唐人小說所杜撰的「大槐安國」，以求暫時苟安。南懷瑾批評兩蔣當局，「蔣老頭子父子在亂玩，『廟堂酒醉古槐安』，槐安是一個（夢囈的）國家，螞蟻夢，中國人有黃粱夢，螞蟻夢；廟堂上，你們父子兩個在臺灣當總統，自己真的當成一個國家玩，這只是螞蟻稱王啊」，「一切都沒有，你還想國際上有哪個能夠幫你忙嗎？」那個時期，臺灣有錢有關係的人統統到美國去了，緊張的時候，大家爭搶機位，「鶴背龍腰攀折苦」，騎龍升天，到了美國就安全了。南懷瑾感嘆道，斷交就斷，怎麼看不開呢？你們跑了，不想想「下方孽海正狂瀾」，大陸上苦的人還很多啊，都在災難中，臺灣走不了的人又怎麼辦啊！

「帝王學」專修班引側目

1980 年南懷瑾閉關結束以後，在蕭政之（曾任憲兵司令部、金防部、聯勤司令部政戰主任、中華電視台副總經理、國防部總政戰部中將副主任兼執行官等職）等一班老朋友聯繫安排下，當年 6 月在他所在的臺北信義路二段復青大廈開辦「文化專題研究班」，每週四晚上 9 時至 12 時，由南懷瑾講授《左傳》、《戰國策》、《史記》、《長短經》、《漢書》、《管子》、《莊子》、《易經》、《資治通鑑》、《貞觀政要》等典籍的部分內容，參加的學員有當時的國防部總政戰部主任王昇上將、總統府祕書長馬紀壯、陸軍一級上將劉安琪、調查局長阮成章、海軍上將崔之道、國民黨大陸工作會副主任焦金堂及蕭政之等人士，李登輝的兒子李憲文、媳婦張月雲、蘇志誠及部分企業界、學界人士也曾出入其間，在其他樓層以擴音器聽講，後來聞風而至的各界人士也來了一些，連當時走紅的蔣經國中文祕書馮滬祥也在王昇引介下，參加聽講，盛極一時。每當研究班上課時，將星雲集，最多時有二、三十顆將星在場聽講，復青大廈外停滿各式座車，更有便衣憲兵巡邏警戒，令外界為之側目。此外，部分年紀較大的學員，平日欠缺養生的修養，甚至有慢疾纏身的情況，南懷瑾又領著他們學拳，包括太極拳和密宗的拳術、氣功，當時權勢熏天的王昇經常在早上上班前到復青大廈學打拳，他的手老是展不開，南懷瑾說：「你啊，把手放開嘛。」王昇趁機回說：「老師，我就是放不開，能放開就好了。」

他以為南懷瑾一語雙關，故意點他別的，其實事後南懷瑾說，只是要他手放開，好好打拳健身。南懷瑾講授文化「研究班」的陣仗如此，自然引起外界的好奇，浮言四起，更有人指此為「帝王學」專修班，蔣經國當然不可能不知道。

將近三十年後，南懷瑾在大陸與北京中國人民大學院師生分享國學經典研讀經驗，他憶起研究班當年情景時說：「當年這一班將領在研究什麼？沒有事啊！讀《資治通鑑》、《貞觀政要》而已。」但當年他在課堂上曾語帶玄機對將領們表示：「那個《資治通鑑》你們不要研究啊！司馬光是寫給做皇帝的看的，《貞觀政要》呢，是魏徵寫給做領袖的看的，你們不要研究了，你們再研究，我就沒位置坐了。」研究班學員每次晚上來上課，中間休息時，還有點心招待，南懷瑾笑稱，招待也是很豪華的，每次講課每月總要花七、八萬塊臺幣。他不接受人家的津貼供養，一切都是他欠賬來支持的。研究班從 1980 年 6 月上旬，持續到 1983 年 9 月，前後有三年半，其間兩岸也有不少事情。

有一天，馬紀壯對南懷瑾說：「經國先生一直想見你，但不好意思來聽課。我安排你們見一次面如何？」南說：「不要了。」後來又提了三次，南說：「是他的意思，還是你的意思？」馬說：「你不管啦！」「都是好事呢」。南懷瑾表示：「你替我找個健康的理由婉言謝絕吧。他如硬要逼我見，我就走，離開臺灣。」南懷瑾指出，我見老先生還要叫一聲校長，到底名義上有個老長官是他，其他沒有了。

當年進軍校是個大染缸，但不管如何，當年看到他就曉得
不行啦！南懷瑾進一步說，他二十六歲時就與老先生意見
不同，上峨嵋山閉關。小蔣也知道南是有意見的，他從那
時起就與蔣家分道揚鑣。蔣經國剛愎自用，沒有文化，既
不懂中國文化，也不懂西方文化，只有一點西伯利亞文化。

　　1981 年 9 月 30 日，大陸方面由全國人大委員長葉劍
英發出〈告臺灣同胞書〉（又稱「葉九條」），建議國共
兩黨對等談判，開展第三次合作，共同完成祖國統一。翌
年 7 月 24 日，時任國務院港澳辦公室主任、兼中共中央
對台工作小組副組長廖承志（孫中山的親密同志，第一次
國共合作時期黃埔軍校黨代表廖仲愷之子），以私人名義
寫了一封公開信給蔣經國，強調實踐統一大業「就國家民
族而論，蔣氏兩代對歷史有所交代；就吾弟個人而言，可
謂忠孝兩全。否則，吾弟身後事何以自了。」

　　廖承志與蔣經國是兒時玩伴，又是莫斯科中山大學
同學。根據北京官方說法，鄧穎超看到一篇蔣經國悼念父
親的文章，內有「切望父靈回到家園與先人同在」之語，
於是建議由廖承志致函蔣經國，試探國共和談的可能性。
文章在香港報紙披露當天，在港的國民黨營《香港時報》
總編輯許承宗打電話給在臺北的南懷瑾，說你在《知見》
上的一篇文章〈漢文帝半壁江山一紙書〉，打動了北京並
依此方式致函蔣經國。南懷瑾在文章中提到，漢文帝統一
中國，用了一封信給南越王趙佗，一封信給匈奴王，兩人
讀信後化解了戰爭危機，趙佗也歸順了漢朝，這是最高謀

略。南懷瑾在前述研究班上，曾講授並編印了一套數十冊的《正統謀略學》，也辦了《知見》雜誌，並在香港發行，大陸官方也有少量購閱；應南懷瑾之請，當晚許承宗將刊登公開信的港報隨港臺班機送到臺北，南懷瑾通知焦金堂，誰先收到原信全文，都請複印一份給對方。那天晚上，馬紀壯專門趕到南懷瑾住處，大家圍在一起看信。南懷瑾說：「看來廖承志的古文沒有讀通，這封信的文字毛病很多，且讓我邊讀邊改給你們看。」讀完信後，大家都說應該回信。南問馬紀壯：「誰來出面回信，誰來執筆寫信？」馬說：「你執筆，蔣經國出面。」南懷瑾當即建議：「我看應該由何應欽出面，以長輩身分教訓他一頓。執筆人可以請程滄波。」後來國民黨由宋美齡出面，在 8 月 17 日代表蔣經國給廖承志回信，以長輩身分做了訓誨式的回覆。

據透露，廖承志的公開信轉到蔣經國手中，後者帶起老花眼鏡，讀著廖承志的信，看畢默不作聲，不置可否。中共在鄧小平領導下，大搞改革開放，不斷對臺發動和平攻勢。廖承志向蔣經國和國民黨投下「和談炸彈」之際，中美正在構築《八一七公報》，以切斷美方對臺的軍售支持；而另一方面，美國大玩其兩手策略，正配合美中《八一七公報》逐漸降低乃至終止對臺軍售的同時，又打開一扇巧門，悄悄擬定《六項保證》延續對臺軍售，以迴避《八一七公報》對臺灣慢慢「窒息」的策略。巧的是，宋美齡代表蔣經國和國民黨針對北京的「訓誨」，也在當

年「八一七」正式發出，等於又狠狠打了北京一巴掌，迄今美國軍售臺灣仍在持續，這是美中建交遺留的尾巴。

南懷瑾在臺灣時經常掛的聯語，除了那副廣為人知的「上下五千年，縱橫十萬里／經綸三大教，出入百家言」，另有一副頗能體現其日常特色：「白屋讓王侯，座上千杯多名士／黃金如糞土，席前百輩數英雄」。門庭有如朝市，書生名士、文官武將或企業名流，經常聚在南懷瑾生活、授課、弘法之處，談天說地，縱橫議論，到了晚飯時光，大家圍坐一起，邊吃邊聊，人多時則席開二桌。有一回王昇戲稱南寓很像大陸的「人民公社」，這在當時被指為「人民公社」是不得了的危險；此後「人民公社」隨著南懷瑾的足跡，從臺北、華府到香港、上海、蘇州（廟港）太湖大學堂，形成一個獨特的世界。

邱、林、李候選且競猜

1983年底的一個深夜，南懷瑾照例在臺北信義路二段復青大廈八樓的居室讀書。突然間，披著睡袍穿著便鞋的馬紀壯敲門而進，南懷瑾有點驚訝，問說：「咦，你竟然穿著睡衣過來，怎麼不睡呢？」馬說：「我走路過來。」南懷瑾正色道：「好危險啊！你不要開玩笑！你身為上將，總統的祕書長，萬一出了問題，你來看我，我受不了。」馬回說：「沒有事啦，走路只隔了二、三條街，我睡不著過來看你。」「我知道你未睡，特來看看，與你談談。」他曉得南懷瑾向來夜裡不睡覺的。兩人聊了幾句，

南見他顧左右而言他,就說:「你到底有什麼事?」馬忽然問道:「老師,你看邱創煥、林洋港、李登輝三人,哪個好?」這時南懷瑾才明白馬紀壯的來意。針對蔣經國未來的副手,當時臺灣社會已有不少揣測,而副總統謝東閔年事已高,左手又被台獨的郵包炸斷,行動不便,已表示不再續任;至於政聲日隆的孫運璿又突然中風,坊間一般咸信邱、林、李三人的機率升高,看來馬紀壯深夜造訪,顯然受命而來。南懷瑾見馬紀壯單刀直入的探詢,連忙說:「你怎麼搞的,三個臺灣人我都不認識?」又說:「你是奉命來問我,還是私人談話?奉命談話我不答覆,私人談話,我沒理由答覆。」

凌晨3點鐘了,馬的雙眼瞪著南,似乎等不到答案就不想走的意思。南見此只好說:「我看今天我不講,你是不肯走了。我希望你早點回去睡覺。」於是他隨口丟出這幾句:「邱創煥太滑頭,林洋港有野心。如果以蔣經國的立場來看,最好還是李登輝,他沒有兒子,無後顧之憂。」馬連聲說:「啊!我懂了,我走了。」南懷瑾接著說:「你這個大祕書長深夜到我這裡來,萬一路上出了事,麻煩可不小,讓我送你回去吧。」這個故事不久在南的近身門人中傳開,後來李登輝也知道了,因為蘇志誠在五樓聽課,他不能在八樓跟那些老將軍同座,而馮滬祥也在八樓聽了四、五個月的課。後來總統府近身侍衛、幕僚傳出,蔣經國曾問李登輝:「我想請你為國家多負點責任,你有什麼顧慮?」李答:「謝謝總統的栽培,我恐怕

沒有能力。不過我唯一的兒子也已去世了，個人沒有什麼顧慮。」相信蔣聽此一言，恐怕用李之心意乃決。以上傳聞與南懷瑾此前答覆馬紀壯探詢的談話，不謀而合，可以想見李登輝從蘇志誠那裡得到消息，早已心中有數。依照南懷瑾自己的說法，他提到李登輝，主要是揣摩蔣經國的心思，一語道破，從而促成李的大躍升。前面提到南與李的一段因緣，即臺大學生、南懷瑾的女弟子李淑君在課堂上向李登輝借用課前五分鐘，為南老師籌辦的東西精華協會募款說明，在旁聞聽的李登輝隨手翻閱募款宗旨，隨即樂捐五百元，這在當時相當於一個教授三分之一的月薪，事後南懷瑾經常提到他欠李登輝五百塊錢人情，而此一善緣無意間或許推了李登輝一把。南懷瑾曾說，後來李登輝剛上台那些日子，他心裡反而對李有些歉意，等於把他送了上去的。南認為，人的因緣很奇怪，佛法的因緣很奇怪，他是公平講話，蔣經國應交班給本省人，而且蔣也找不出另外的人選了。根據《蔣經國日記》在 1978 年對於邱創煥、林洋港和李登輝三人的評價，其實與前述南懷瑾的評價，大致相同。

　　這個時候，南懷瑾已下定決心，準備走了。他說：「蔣經國也活不久了，而且他這個人幫了忙，就會走的，即使你當了皇帝也是這個樣子。」並指出有個對子：「發財不相見，倒楣大團圓。」道家佛家思想就是這樣。1984年 5 月間李登輝就任副總統以後，有一回蘇志誠在課後，特別留下來走到南懷瑾跟前低聲說：「李登輝知道你很看

得起他，最近蔣經國要他多多接觸三軍將領和情治機關首長，他要我請教老師，該怎麼辦才好？」南要蘇志誠轉告：「現在做副總統就是副總統，只要多看，多學習，多向祕書長請教。能夠不過問就不過問，尤其軍事和特務單位是蔣最忌諱的地方，絕對不要碰。蔣要你接觸，你就不要碰，會遭人懷疑嫉妒的。」南懷瑾指出，這時李登輝也很聽話，膽子小啦！當年看到將領都很謙虛，在任副總統期間，謹小慎微，逐步取得蔣經國的信任。後來李登輝被問到背後是否有高人指點，他手指向上指了一指，其實他通常透過蘇志誠問計於南懷瑾，後來大權在握，自以為是，好為人師的毛病就慢慢顯現出來了，也聽不進南懷瑾的話了。這是後話。蔣經國晚年病重臥床，南懷瑾曾特地調製中醫祕方託人送進總統府，後來蔣經國身邊的醫療小組和家屬不放心，沒讓蔣服用，但仍十分感動，一再請人轉達謝忱。當時最常守在大直七海寓所（現改為七海文化園區）蔣經國身邊的是他的三子蔣孝勇，後來在蔣孝勇口述的《寧靜中的風雨》一書中，曾提及此事。

「車中密談」之說　不置可否

　　南懷瑾與蔣經國的關係，外界一直撲朔迷離。南懷瑾在臺灣時曾多次講過，「蔣經國很想我跟他見面，我始終避開。」1992 年秋天，南懷瑾在國共香港密談的「密使事件」結束後，曾約請一位在臺北的教授弟子專程到香港，並在他的寓所進行一次錄音談話，細數他從 1970 年閉關

前後，到當時與國共兩邊打交道的往事，保留作為他日回憶之用。他在是次談話中透露：「蔣經國自己來看我嘛，是有這麼回事，那是很機密的。」但是對外界有此傳聞，他既不否認，也不承認，始終不置可否。

南懷瑾去世後，他在臺灣出生的三子南一鵬，2015 年曾有《父親南懷瑾》一書出版，書中披露了南懷瑾與蔣經國見面的一幕。作者指出，1979 年的一天，蔣經國著人通知南懷瑾，說要親自拜訪，當蔣的座車到達信義路南懷瑾住所大樓時，南穿著平常所穿的素衣長衫站在樓下迎接，蔣一下車就快步向前主動與南懷瑾握手寒暄，並欠身想上樓一坐，不料南此時微笑攔住蔣經國說：「陋室過於狹窄，還是借你的座車一談。」蔣先是一愣，接著笑說：「隨意，隨意。」於是蔣自己打開車門，請南懷瑾上車相談，兩人整整談了兩個小時。之後蔣經國在臨走時，南懷瑾從懷中取出備好的一枚上書「願天常生好人，願人常做好事」兩句言志章，送給蔣。

作者又說，曾經有人感到疑惑不解，問南懷瑾：「如果放在別人身上，蔣經國能屈尊拜訪是多大的榮耀，誰都巴不得能請進家裡盡心招待，而你為什麼連自家的大門都不讓他進去呢？」南懷瑾笑答：「你有所不知，我家裡擺滿了書刊，萬一被盯上了其中一本，我是送呢還是不送？為難啊！那都是我的心肝寶貝呀！」南一鵬認為，他父親這句話當然是在開玩笑，其實另有深意，只是未曾告訴過他，他也不敢問妄加猜測。南一鵬追憶半個世紀前的歷史

一幕，其所描述的南、蔣車中會晤，尚無其他佐證，只能是一家之言，而他們兩人在車上談了兩個小時，內情又是如何則已成永遠的謎。當時蔣經國自 1969 年受命出任行政院副院長，走上檯面全面掌握實權，至 1979 年的十年掌政中間，首尾都遭逢動搖國本的歷史事件，先是 1971 年國府被逐出聯合國席位，後來又面臨 1979 年中（臺）美斷交，臺灣經歷兩次歷史淬煉，至今仍未取得歷史的終局定位。

1980 年代前，南懷瑾掩關鬧市禪修，任憑世事如何撲面而來，居禪室而看人間，但見恩怨相報，因果輪迴，歷歷在目。

> 漫將世事叩關來，欲說還休意再埋。
> 靈室明燈春氣暖，隔簾朝市看輪迴。

1981 年除夕，南懷瑾接到大陸來的家書，不敢輕拆，深怕家中突遭變故，得知家中平安，方覺寬慰。

> 封題欲拆又徘徊，寂寞平安一字回。
> 如此江山如此夜，爭教白頭不歸來。

面對大好河山，值此除夕團圓之夜，竟不能闔家共享天倫之樂，此恨悠悠。此前南懷瑾派他的得意門生朱文光去大陸走一趟，朱有美國籍身份進入大陸應無問題，此時

大陸文革剛過去不久，南懷瑾要朱文光看看大陸的情形，同時到他的溫州老家探望他的母親、原配及孩子們。

　　南懷瑾祖上是溫州的富貴人家，到他父親南正裕這一代已家道中落，以小商號營生。1949 年 5 月溫州解放後，南正裕遭人陷害，羅織罪名，被視為「地主階級」受到批鬥下獄，堅不認罪，坐死在牢裡。南懷瑾透露，父親曾告訴獄官，將來如見到他的家人，告訴他們自己是怎麼死的。「當時共產黨只要我父親肯低頭，就沒事了。」南懷瑾說，父親認為共產黨始終是土匪，始終不肯低頭就範，獄方已通知家人準備槍斃。當年大陸槍斃一個人還要交子彈費，家裡也準備了，可是不知那個共產黨朋友照應，並沒有槍斃他父親。南懷瑾回顧父親當時的想法表示：「父親吩咐人家把話帶給他，強調我們讀中國書的人，雖然換了朝代，老思想的人沒有給你丟人，沒有投降，忠貞志節，堅持到底。可是他也不願（靠向）國民黨，跟我一樣。」後來，南懷瑾卻在大時代之前，放下家仇，視此為「歷史悲劇」。

　　朱文光原是二二八家屬，當年臺大畢業準備赴美留學，是經時任憲兵司令部政戰主任的蕭政之擔保成行的，朱的弟弟赴美留學也循此一方式，昆仲兩人都獲得博士學位。朱文光是南懷瑾一手培植出來的，當年一個臺灣人去大陸是有高度風險的，南懷瑾問他敢不敢去大陸？朱二話不說：「老師，我去。」南要朱文光離開大陸就先去美國，設法布置未來他去美國的種種安排。南懷瑾透露，他全家

人四、五個出國，全靠這位得意弟子，讓他一毛不花，從容赴美。為了他一家人出國便利，朱文光在美國花了三個月研究移民法，一切入境手續都合法，若非如此，沒有幾千、幾百萬，那是辦不了的。

王昇遠離政治是非圈

1983 年 5 月，國府正式宣布，國防部總政治作戰部主任王昇調任國防部聯合作戰訓練部主任，9 月又調任巴拉圭大使；南懷瑾認為把王昇拉下台，是蔣經國擺點顏色給他看，因為蔣的人都在他那裡（上課），這聲勢很嚴重啊！還不用談宗教不宗教的。根據《郝總長日記中的經國先生晚年》一書披露，王昇中箭落馬早在當年的春天就已明朗，而在蔣經國心目中也醞釀一段時日，特別是 3 月 20 日王昇訪美歸來之後，外界所謂「蔣經國的接班人」的各種議論浮言四起；而王本人在離職前到政戰學校及南部集合師以上政戰幹部講話，言及「王昇是打不倒的」，更是觸怒當道。蔣經國雖認為王昇對革命有貢獻，但期待他「今後要守份，否則他將有不好的結果。」

郝柏村在他的日記析論，認為「王昇此次調職是不簡單的，顯然有力人士在總統那裡講了不少話，並且還繼續注意他的活動。」此外，郝柏村在日記中記載，1984 年 11 月 7 日，蔣經國召見，「談及憲兵司令柏隆鏜對外交際應酬甚多，囑予警告。」過兩天，蔣又面示郝，謂柏隆鏜交際應酬太多，且據說與大商人應酬等情，要他「據實

列表呈閱」。可見蔣對高官或軍事將領與外界應酬，深惡痛絕，亦顯示他對高官將領的特務監控，相當嚴密。第二天，柏隆鐘呈報，自述「完全是情治首長的餐會應酬，他不過是其中之一而已，顯然並無與大商人來往。惟華心權（曾任馬祖防衛司令部首任指揮官，大陸時期曾任邱清泉麾下副師長）請客，有（國泰企業集團的）蔡萬才在，但客人為汪敬煦（安全局長）、陳守山（警備總司令）以下情治首長，他只是陪客之一而已。」此前 1983 年 7 月 15 日，郝柏村也提到他到七海（寓所）與蔣經國談話要點，指蔣「深惡國軍將領退休後與生意人拉在一起，如蕭〇〇、華〇〇等有失軍人人格。」過了幾天，蔣又對蕭（政之）投靠財團，表達不滿。同年 8 月 11 日，郝記載：「馬（紀壯）祕書長談臺北市立委提名作業，總統不同意提名區域代表蔡辰洲，實乃涉及蕭政之與蔡家的關係。總統對蕭依附蔡家深為不滿……。」

　　1983 年 9 月 18 日，王昇在外放出使巴拉圭前向南懷瑾辭行，後者贈詩送別云：

　　　　萍水交遊二十年，泥塗軒冕有前緣。
　　　　江山本是無情器，人物何妨不世傳。
　　　　南渡風流思王導，中原哀樂憶臨川。
　　　　驪歌遮莫輕憂患，把酒凌空一哂然。

　　述說與老友的前世因緣，慰勉他豁達看淡江山世事。

過了四天，也就是那年中秋的翌日，王昇再來拜謁南懷
瑾，兩人相談後，南意猶未盡，再賦一絕：

> 如水交情二十年，始終道義亦堪傳。
> 離亭聽唱朝中措，持節青雲別有天。

　　當年歐陽修為好友因避親外放餞行，也曾有一闋詞
──《朝中措・平山堂》，回顧他當年任揚州太守修建
「平山堂」，負堂而望江南諸山，拱列檐下，自稱文章太
守，揮毫萬字，一飲千盅，如今一把年紀，還不照樣豪情
萬丈。在離別的十里長亭，聽唱朝中措詞牌古曲，頓感箇
中深意，而老友此番出使異國，遠離臺北政治是非圈，未
嘗不是好事，還是快快去吧！南懷瑾心知肚明，王昇是蔣
經國的打手，而蕭政之是王昇的打手，早幾年將蕭調往中
華電視台任副總經理，他就意識到不妙了，此時他更認為
糟了，把王昇弄走，雖然不是專門對他而來，但他自己也
麻煩了，這個趨勢變化他已看見了。所以王昇來辭行，送
他二首詩，要他快快走吧。王昇臨出門時，南懷瑾說：
「你看吧！你走後還有幾個人也會有麻煩。」王昇問：
「誰呀？」南懷瑾直言道：「看來阮成章、蕭政之也會有
問題。」阮當時還在任調查局長，當年奉命打擊孫立人就
是他幹的。王默然無語，低頭沉思，南懷瑾送他下樓，王
進入電梯後又說：「不會吧！」南說：「哎呀！你不懂
啦！我看不但是他們，連我也會有麻煩。」王昇一臉錯愕

說：「老師啊！你怎麼會這樣講呢？」南連聲說：「你不懂啦！」王昇走了，不久南懷瑾的預言一一應驗。先是1984 年 6 月阮成章垮台，翌年 2 月國民黨祕書長蔣彥士下台，8 月蕭政之坐牢，連與「十信案」完全無關的馬紀壯也被調離權力核心，1984 年 5 月就改任行政院政務委員，不久又外放駐日本大使。南懷瑾自己總結，「盛名之下，難以久居」，也該走了。

1985 年 1 月，臺灣爆發第十信用合作社（簡稱「十信」）掏空案，震驚整個社會和臺北政壇，蔣經國身邊的幾位黨政軍高官紛紛中箭落馬。就蔣家政權而言，這是繼王昇垮台後，最後的驚雷，此時蔣經國痼疾纏身猶如風中殘燭，日薄西山，對於臺灣的全面掌控，有心無力，能穩住局面，已是萬幸。

十信自 1957 年由本省家族事業開始小本經營，第一代老闆是蔡萬春，後來逐漸茁壯發展成為全臺最大的信用合作社，並於 1979 年由第二代蔡辰洲接手，但違規營運情勢也綿延不斷。根據《十信風暴》一書作者王駿披露，中央銀行掌握的資料顯示，「蔡辰洲除了掌管十信之外，還有個企業集團，統稱為『國泰塑膠關係企業』。這一大家子企業，許多並非蔡辰洲自創，而是以『吃倒帳』的方式併吞納入。這些企業先天不良，後天失調，很難經營。蔡辰洲為了維持這些企業，想方設法蒐羅資金。」另據調查局系統提供的情資，「為挹注國泰塑膠關係企業群所需，蔡辰洲以每月二・五％高利，吸引民間遊資，其中包括政

府要員家屬。」「蔡辰洲在十信當家後,十信違規行為猛然暴增。關鍵手段,還是五鬼搬運,以各種手法,將十信資金,搬往國泰塑膠關係企業群。」

蔡辰洲把十信當成聚寶盆,不斷將十信資金往外挪移,持續掏空十信。財金主管部門自 1979 年之後的五年中間,不斷勒令十信改善,十信依然故我,犯行越來越嚴重;特別是在 1982 年的 8 月、11 月,1983 年的 3 月、4 月,財政部部長徐立德放任十信情勢繼續惡化。到了 1983 年 12 月,蔡辰洲獲得國民黨提名成為臺北市七名立委參選人之一,國民黨中央黨部祕書長蔣彥士、臺北市黨部主委關中都說,一定要提這個人,說他家根基厚實,一定選得上。關中還借用市場上的飲料廣告術語,提出「Seven Up」,後來七個提名人果然都選上,被外界視為「超級金牛」的蔡辰洲進入立院不過一年就成了氣候,拉幫結派,弄出了立院著名的「十三兄弟幫」,當時蔡還不到四十歲。

蔡辰洲為了選立委,才臨時加入國民黨,入黨介紹人,一個是國防部總政戰部主任王昇,另一個則是中央黨部祕書長蔣彥士,他先走副主任兼執行官蕭政之的門路,結識王昇。甚至一度也到南懷瑾的研究班聽課,國府黨政軍三方面頗多大員也都被他盯上,仗著家族勢力,小小年紀就黨、政、軍通吃,連蔣經國都要「嘆為觀止」。蔡的氣焰熏天,也有十信員工看不下去,投書密告調查局,連帳本都影印好了,當時軍人出身的調查局長阮成章一度

打算重辦，但蔡也法力無邊，動用關係，硬是把阮成章壓扁，最後阮成章只好以「穩定金融局面為要，暫緩偵辦」。調查局內部甚至傳出，能壓扁阮成章的，「就是劉少康辦公室」，阮成章再橫，也惹不起當時已被外界戲稱為「國民黨中央第二辦公室」、「小行政院」的劉少康辦公室，而主持此一單位的正是王昇。

「南和尚跑了！」

　　「十信案」發生不久，有一天，南懷瑾身邊的弟子突然轉話給他，謂「蔣彥士說，近日蔣經國跟他講：南懷瑾是新政學系的領袖。」南懷瑾心想，這下子蔣經國心裡有過結了，因此「我也非走不可了」。此前，他的得意門生朱文光去了大陸，代替南懷瑾到老家探親，家中一切都很好，他人也到了北京，然後取道美國盤桓一段時間，為南懷瑾避地赴美辦妥了一切，不花一文錢律師費，回到臺灣覆命。南懷瑾提到孔子在《論語》上講，「賢者避世，其次避地，其次避人，其次避言」，又舉《素書》上說，「賢人君子，明於盛衰之道，通乎成敗之數，審乎治亂之勢，達乎去就之理。」看到情勢變化如此，既然求避世不得，退而求其次，決意離開臺灣。他從決定出國到啟程，不到兩個禮拜。李傳洪與姊姊李素美是臺北殷實富戶，姊弟倆於是決定陪同南老師去美國，此時他們倆跟在南懷瑾身邊已三、四年了，有一段時間，李素美也經常到《知見》雜誌幫忙。

　　1985 年 7 月 5 日，南懷瑾從臺北松山機場搭機取道日本轉往美國，隨行陪護的除了李傳洪、李素美一家人，還有潤泰集團的尹衍樑、高雄的法醫洪文亮夫婦，至於朱文光，則先行赴美打前戰，帶領大家直奔華盛頓，當天有不少南懷瑾的相關學生到場送行。臨出國前時，南懷瑾心中有個結，心想可能走不了；暗忖這個國民黨和共產黨一樣，在他還未登機前，還可以派人攔截請回，當然不會抓他，但是如果硬要他留下來，就很麻煩了。當時負責打理行程的李傳洪，據聞之前擔心消息走漏，一直避免提早替南懷瑾訂位，直至當天才買好商務艙的機位，最後順利起飛。後來傳出消息，蔣經國據報後，說了一句：「南和尚跑了！」陪護南懷瑾赴美的人，不久就先後返回臺灣了。

給李登輝的「錦囊妙計」

　　1985 年上半年，俞國華剛組閣任行政院長不久。隨著前一年的「江南案」爆發，震撼了整個臺灣，蔣經國領導的國民黨政府，有「大水衝翻龍王廟」的危機，接著警政情治單位執行「一清專案」掃黑的霹靂行動，抓獲「竹聯幫」頭腦人物陳啟禮；緊接著又發動懲辦「十信掏空案」，逮補當事人蔡辰洲下獄，商界的動盪也牽動著政界的「大地震」，關中、蔣彥士、徐立德、陸潤康等黨政高官，一個接一個下台，社會氛圍真讓人喘不過氣來。

　　南懷瑾在離臺前，蘇志誠代表李登輝前來送行說：「李登輝在家裡焦急跳腳，嘀咕著南老師不負責任，臨陣

脫逃。」其實李登輝登上副總統位置，又不是南懷瑾讓他做的，自無負責任之說；顯然李登輝見少了一個可以隨時請教的背後高人，心裡著實有點慌了手腳。蘇志誠又問：「你走了，將來萬一有問題，軍事怎麼辦？」南懷瑾答說：「軍事我可以拜託劉安祺上將，你問他；特務你可以問焦金堂，多向人家請教。假使有什麼問題要問我，可以找高雄的洪文亮，他是醫生也不相干，他會經常來看我。」南懷瑾留下這三條錦囊妙計，並在行前一一託付了劉安祺等三人，然後浮海飄然而去。其實後來，李登輝他們也都沒有好好請教劉安琪、焦金堂。

CIA 盯上南懷瑾

南懷瑾初抵美國三個月，最有趣味的是看了三百多棟房子，從幾萬美金看起，到三百多萬一棟。他說，在美國看房子多半主人不在家，仲介人連衣櫃都打開讓你看，看到地下室小孩子玩具最多，其他像男人有幾套衣服，女人有幾雙高跟鞋，都看得比較清楚，有錢的、沒有錢的都看到了。南懷瑾這一招對美國社會的「田野調查」，相當實用。此外，他也學孔子的觀念，「居是邦也，事其大夫之賢者，友其士之仁者」，於是選擇落腳美國華盛頓，只有住在首府，才能與第一流的人物交往，才能真正瞭解美國。後來有一位卡特政府時期的財政部要員請他吃飯，問他來美三個月的觀感，南懷瑾被逼得一定要講，他謙稱自己是中國鄉巴佬出身，隨口說了三句話：「第一，你們是

世界上最富裕的國家；第二，是最貧窮的社會。因為我看
到那些家用的汽車、家俱、電視機、洗衣機、冰箱等等，
都是分期付款的，用不到幾年就舊了，新的發明出來又要
換新的了，一輩子都在分期付款中，包括住房，所以整個
社會都是貧窮的社會。第三，你們是世界上負債最大的國
家，你們根本是空的，欠全世界的，騙全世界來的，可是
全世界的國家對你們沒有辦法，因為你們有原子彈，所以
人家不敢向你們討賬。如果我們中國只有鴨蛋，欠了債，
人家就會來要賬了。」對方說：「完全準確。」南懷瑾笑
稱：「真的啊！總算給我矇對了。」1970 年代他曾在國
民黨中央黨部講演，說過「美國五十年後就會走下坡」。

　　南懷瑾在華盛頓的寓所背山面水，屋前有一條小溪，
大家都稱南寓為「蘭溪行館」。翻過背後那座山就是美
國中央情報局（CIA）總部，當他入住寓所不久，就有
CIA 的特務上門拜訪，有人曾質問客寓中人：「這位老人
家來美國幹什麼，他是臺灣社會上的領袖？還是宗教界的領
袖？」被問者道：「我正要問你們呢？你們當然知道他要來
幹什麼的？」這令南懷瑾想起，李登輝當上副總統不久，當
時有個基督教派人找來，他就懷疑是宋美齡搞的，因為宋最
討厭南懷瑾，視他為佛教界頭面人物。他透露，當時宋美齡
曾當面警告李登輝：「信義路那個南某人要注意，專門反對
你。」這是李登輝要蘇志誠轉告的話，南感到真是莫名其
妙。此時，南懷瑾當然不在意這些特務，還邀請他們來寓所
作客。幾天後，中情局的幾個特務頭子果然都來了，他們看

到南懷瑾很坦然，就說：「在你的眼裡，我們都是壞人。」
南笑答：「你們錯了！」「從 19 世紀、20 世紀到 21 世紀，
全世界都是特務政治，我以前也教過特務。真正的特務必須
是聖賢才能做的。以中國來講，姜太公、張良、伊尹、諸葛
亮這些人都是一流的特務。」來客聽了很高興，但認為南懷
瑾故意對他們說好話，南說：「你們不信，那就怕你們不
是聖賢了。」杯盤交錯之際，賓主盡歡。南懷瑾說：「你們
來看我，是不是想要知道我到美國來幹什麼？」他告訴對
方：「我家裡兩兄弟（國共兩黨）吵架，我暫借此地迴避一
下。」對方表示：「你不要這樣講，我知道你的。」：又問
「到美國來，你是為美國？還是為中國？」南說：「當然為
中國，怎麼為你美國呢？三分為你美國，七分為中國。」
特務們立刻表示：「我要敬你酒，你講的話沒有一句是空
話，也沒有一句假話。」南說：「當然如此啊！」

投資中國的文化精神

　　「蘭溪行館」承續著南懷瑾在臺灣的「人民公社」樣
態，來到美國更廣闊的天地，成為兩岸中國人隔絕近四十
年後第一個交流交往的私人平台，來自兩岸的留學生、學
人、官員或其他人士在這個平台上，形成了真正意義的文
化思想的交流。南懷瑾提醒準備到大陸興業的朋友、學
生，應有「共產主義的理想／社會主義的福利／資本主義
的管理／中國文化的精神」這個思想。他常對大陸留學生
說：「大陸對外開放應該再推遲十年。先等老百姓豐衣足

食，再解放思想；否則，大陸將會出現諸侯經濟割據，各
自為政的現象。人民將失去禮義而一切向錢看，如此一
來，不要說中國文化，連共產黨的文化也沒有了。如果我
們一步一步有計畫地開放，集體制還能對國家經濟發展出
大的利益，中國就更容易走向富強。」南懷瑾鼓勵對大陸
進一步投資，先以農業、交通、電力、鋼鐵方向為先，
1987 年夏末，他在蘭溪行館為大陸留學生開講「中國未
來之前途」，共四十三講，把百年中國救亡運動說透。他
常對臺灣投資大陸的人士強調，中國大陸現在所號召投資
開發的內涵，需要的是真實投進資金和進步的科技，用以
改進多年的貧乏和落後，並非如資本主義社會工商自由市
場的投資，可以一本萬利或至少一本十利的如意算盤。如
果沒有這種認識和意向，冒昧去大陸投資，無疑是「驅耕
夫之牛，奪饑人之食」，不但勢不可行，亦理不可恃。南
懷瑾主張「先等老百姓豐衣足食，再解放思想」，避免大
陸出現「經濟割據，各自為政，人民失去禮義而一切向
錢看」的警世良言，在大陸改革開放的第一個十年後以
「六四事件」的爆發得以明證。

　　準此以觀，他對蔣經國在去世前七十天所推動的開放
探親政策，也感到極大的失望。當他聽到蔣宣布開放探親
時，厲聲拍桌道：「哎呀！蔣經國這一包爛藥碰得很厲
害。」他強調：「我要是北京，絕不准（探親）進來，一
探親就把臺灣的壞風氣帶進去，影響裡頭搞壞了。這表示
他（蔣經國）示恩於大陸，來的退伍軍人將來會把人都搞

窮了，人窮財盡。」南懷瑾斷言：「他們（探親者）到了
大陸，會批評大陸罵臺灣、埋怨臺灣，以後大陸來臺的則
會批評臺灣罵大陸；而且他（蔣經國）願意下這包爛藥，
自己怕自己不久（於人世），拉了痢疾，屁股揩不了，你們
後續自己去揩吧！」南懷瑾對此政策的禍害，耿耿於懷。
蔣經國去世後，南懷瑾轉進香港，他透露：「我來到香
港，才知道趙紫陽與蔣經國已經有勾結。後來北京告訴我
的，蔣經國為了歷史責任問題。」在臺灣的政論時評有一
種說法認為，蔣經國晚年自知抵擋不住臺灣在地人士發動
的「本土化、民主化運動」，於是開啟探親政策，以平衡
「本土化、民主化運動」，避免有最終滑向臺灣獨立運動
的危險。

　　1986 年，李登輝奉命訪問中南美洲，途經美國東岸，
曾命蘇志誠打電話給南懷瑾，擬前往請益，有很多話想當
面一談，為南懷瑾婉拒。他說，李登輝以副總統身分出
訪，如要到華府探望，對美方來說非常不便；而且到了他
的寓所，驚動各方，他也不能安安靜靜地住下去了，大家
互相問候一聲就很好了。第二年底，蔣經國病危，洪文亮
突然抵達美京華府向南懷瑾「拜年」。

　　他說：「老師，有人託我問你話。」

　　南立刻說：「他們啊！」

　　洪答稱：「對呀！我必須趕來。」

　　南懷瑾表示：「問什麼？」

　　洪說：「首先，萬一蔣經國一死，他接手，共產黨

出兵怎麼辦？」

南答：「我雖不懂政治，不過我可以斷定大陸不會出兵。」

再問：「中共若說不以武力打臺灣，要我們談和怎麼辦？」

南懷瑾強調，他會哈哈大笑，輕鬆回應一句話：「我臺灣大軍五十萬，從此不再談反共復國就是了。」

三問：「他過世了，他（李登輝）接手怎麼辦？」

南懷瑾說：「叫他上台時立刻照舊，半年內一概不動人事。」

稍後，南懷瑾請一位在美國奧斯汀德州大學正準備返臺的博士弟子，專程飛到華府交代，要他帶話給蘇志誠轉告：「多說話，不利；少說話，有利。」當時南的弟子李傳洪也在場。1988 年 1 月 13 日下午，蔣經國病逝，蘇志誠不顧時差十二小時，半夜三更急電在美國華盛頓 D. C. 的南懷瑾，告知小蔣的死訊。十七天後南懷瑾啟程取道東京抵達香港，開啟他回歸大陸文化統一征程的長途旅行，時年七十有一。

南懷瑾 1985 年夏天赴美的「避地」之行，正當臺灣面對政權繼承人危機，政局暗潮洶湧之際。蔣經國身體健康已亮起紅燈，國府內部軍方與技術官僚結盟態勢驟現；而臺灣過去二十年主要對美、日的經濟依賴體制，也因西方政經結構變化尋找資本主義開發的「新疆界」（New Frontier），而出現瓶頸；再加上本土黨外勢力的挑戰，蔣

經國本身必須面對重重危機。1985 年 1 月的「十信案」風暴，正是這重重危機的總爆發。此前十個月，蔣在國民黨內提名李登輝為副手候選人，並接續整肅黨國高官，正是政權移轉的「預演」，也算是排除「政治地雷」的舉措。

除此之外，美國為開發新市場，進一步扮演臺海兩岸「調人」的角色。美國具影響力的「中國通」鮑大可（Doak A. Barnett）於 1985 年訪臺所透露的訊息；同年又有美國防長溫柏格（Caspar Weinberger）放話，指兩岸如能達成某種協議，「對大家都有好處」；同一時候美國國務院也有類似公開表示。顯示蔣經國晚年所處內外疊加的壓力等級，最終都指向國民黨政權「正當性」危機的挑戰，預示著「變天」的可能結局。

南懷瑾離臺雖情非得已，但他一貫奉持道家走在變局之前，順勢而為的風格則再清楚不過了。

第八章
拍碎欄杆人不知（下）

　　1988 年 1 月 30 日南懷瑾抵港後，暫時落腳在半山白加道，一位比利時外交官的寓所，離美時他已把綠卡退回，而隨他飄洋過海的萬冊藏書，後來由隨從弟子殷曰序等人，在美打點整理，再託貨櫃海運歸來，他這趟橫跨太平洋的歸來之旅很不容易。落腳香港，等於一腳跨進中國大陸，一腳站在資訊充分活躍的世界，此舉令他保持彈性，進退自如，有助於他帶頭投資建設中國及實踐在中國大地弘揚傳統文化精華的願行。

老友重逢　只為兩岸談和

　　六天後，即 2 月 5 日凌晨 3 點，南懷瑾突然接到大陸方面的全國政協常委、中國國民黨革命委員會（民革）中央副主席賈亦斌的電話，說要來拜訪老友。賈與南懷瑾當年都是成都中央軍校的教官老同事，後來賈成為蔣經國麾下一員愛將，又是第一叛將；1946 年賈曾任青年軍復員管理處少將組長，與小蔣成為親密戰友，當年賈與妻子譚吟瑞（也是譚嗣同孫女）結婚時，蔣經國是證婚人並主持婚禮。賈的次子賈浩在美國留學時，曾到南寓代父致意，也算四十年來唯一的聯繫。兩位老友重逢，南開門見山的

第一句話就說：「你們的情報好厲害呀！」賈則表示，他已來港等候三天了。兩人坐下來談了一會兒後，南對賈說：「你是來做說客，還是來看老朋友的？」賈說：「當然是來看老朋友的，怎麼說來做說客呢？」

南懷瑾其實心裡明白，這位不速之客千里迢迢找上門來，當然不僅僅是為了敘舊而來，定然負有北京的某種政治任務。但是對方不開腔，他也就暫不點破，且聽來者有何說法。後來賈的話題始終離不開兩岸關係，南懷瑾乾脆一語道破賈的來意：「你說是來看我這個老友的，但談來談去都是這些事嘛。如果你要我回臺灣去為你們做說客，是不行的。一來我不在其位不謀其政，根本不想管這些事；二來我原來就與蔣經國沒有什麼關係，現在是李登輝當家，我跟你一樣是外省人，與他更沒有關係了。」此刻，賈亦斌也不再遮遮掩掩了，他說：「我們曉得李登輝是很尊重你的。」賈亦斌在香港停留了一個月，直到3月5日返回北京。他與南懷瑾先後有七次晤談，南明瞭自己已成為大陸想要通過他與李登輝疏通的一個目標。賈亦斌臨回京時說，一個月後他還會再來，南懷瑾表示：「很高興與你見面，但請勿帶任何政治人物來。」南、賈兩位舊友重逢，開啟南懷瑾與北京高層領導人接觸的管道，也在臺灣的強人政治之後，為重啟兩岸接觸揭開新幕。在北京當局積極推動以及指派賈亦斌等人駐點香港聯絡之下，南懷瑾扮演「娘舅」的兩岸正式的「非正式商談」即將落實，這是20世紀末期海峽兩岸終結敵對關係的重大歷史

事件。後來其部分過程被媒體揭露，一度在臺灣政壇掀起波瀾。根據事後南懷瑾的憶述以及他本人保留的錄音帶和若干文件、照片留影，並由其弟子魏承思撰就的《兩岸密使50年》一書所披露的實況，加上筆者保存的1992年南懷瑾有關蔣經國晚年臺北政局和兩岸密使香港會談的口述錄音稿，筆者試著還原當時的歷史現場，以求證南懷瑾一生雲淡風輕的道家隱士精神。

南懷瑾多次與賈亦斌晤談，臺灣問題談了大半天，只有一個關鍵問題即「國號問題」，他談起了近代史指出，當年大家一起革命推翻滿清時，沒有共產黨，倒滿以後國號叫「中華共和國」，旗子是五色旗。碰到倒楣的袁世凱偏要當皇帝，鬧到後來只有北伐，此時兩黨一起北伐，當然共產黨是尾巴黨，這是事實。在中華民國的旗幟下，北伐勝利後，國民黨又把原來的「中華共和國」改為「中華民國」，其實這都是帝王思想在作祟，似乎非改朝換代不可。等到兩黨一起抗戰，仍然在「中華民國」的旗幟之下，內戰時毛澤東打敗蔣中正之後，又是帝王思想，把「中華民國」改成「中華人民共和國」，如果不改國號，臺灣問題根本不存在嘛。

南懷瑾要北京來使多讀史書

後來到了4月21日，賈亦斌又打電話給南懷瑾，說他現在已經在香港，想要來看望南。南回話說：「你進進出出香港，怎麼那麼方便啊！」賈說：「這次還帶了一位

朋友一同來拜訪你。」南說：「誰啊？」賈說：「電話不
便講。」南懷瑾在電話中正色道：「我不認識的朋友，請
你不要帶來。」賈亦斌默然不語。其實南懷瑾早已從賈亦
斌的兒子賈寧那裡聽聞，這位不請自來的朋友是中共國家
主席楊尚昆的代表楊斯德，當時楊斯德擔任中共中央對台
工作小組辦公室主任，是小組組長楊尚昆手下大將。南懷
瑾放下電話，幾分鐘後就響起了門鈴，他起身迎客，只見
賈背後站著一個彪形大漢；來人在門口見到主人便一個鞠
躬，以濃重的山東話自我介紹：「南老，我叫楊斯德。」
南說：「你們怎麼搞的？」遂把客人請進屋子，才見楊的
後面跟著一個人，楊稱是他的機要祕書小戴。賓主入屋坐
定後，南懷瑾開門見山道：「楊先生，我聽說你是一個重
要的人物，你們這次一定是有重要事情來的。」楊斯德反
復表示，北京有誠意與臺灣通過和平談判來解決國家統一
問題。南說：「我先聲明，我跟李登輝沒有關係，你們同
我談統一問題，是要我勸李登輝帶了臺灣來投降？不可能
的！你們還是去找毛澤東吧。」楊無奈地說：「老師，不
要講笑話了。」南懷瑾說：「不是笑話。中國人講傳統，
現在的國號不合傳統。你們書讀得少，《三國志》總知道
吧，劉備在四川稱王，是偽組織，正統在曹操，曹操沒有
稱王，上面還是漢獻帝。因此，朱熹寫《通鑑綱目》沒有
蜀，沒有劉備。」

　　接著南懷瑾又把前述已跟賈亦斌講過的近代史國號
演變來由再講一次。他又對楊斯德說：「現在你們說要統

一，叫人家取消國號，那除非是兵臨城下，臺灣不得不投降。如果你們現在硬要出兵攻打臺灣，勝敗尚不可知。即使你們拿下臺灣，也將使二千萬人變成一千萬人，在歷史上臺灣永遠也只是一個荒島，什麼都無用，再也不是美麗島了。既然我們是朋友，希望在李登輝任內不要出兵打仗，假使你們真要出兵，我也是軍人，就回臺灣去與你們打仗。」楊斯德、賈亦斌見南懷瑾越說越激動，就連聲說：「不會打啦，不會打啦。小平同志有過批示，要和平解決統一問題，南老若不相信，我們下次帶給你看。」（後來，楊斯德再到香港，果真帶來鄧小平手諭：「對臺暫時不能出兵。」）楊斯德還對南懷瑾指出：「李登輝不是叫我們退兵三百里嗎？」南答：「那是書呆子的話，怎麼可能退三百呢？他不學軍事嘛。一個國家太平的時候，每個省還要派兵駐防，這是安全問題。」楊點頭稱是。南接著說：「可見李登輝是書生嘛，那個話不必理他。」南懷瑾告訴楊斯德：「如果大陸肯改國號，恢復中華民國，臺灣不想統一也站不住了啊！或者兩岸都改稱中國，這還可以談。」楊斯德表示非常敬佩南先生，說國號問題可以商量。南懷瑾於是反問道：「真的嗎？你能負這個責任？我可是要錄音的喲。」對方聞言便支吾其辭了。南懷瑾接著說：「據我瞭解，沒人能拍板，李鵬、趙紫陽皆不能拍板，楊主席恐怕也不能拍板，鄧老闆能拍這個板嗎？如果鄧老闆願意拍板定案，我可以去臺灣跑一趟。」

　　談話告一段落，南懷瑾邀大家上太平山頂吃飯，途

中演出一段「驚魂記」小插曲，原來楊斯德有嚴重的氣喘病，他陪南懷瑾一步一步爬上山頂的餐廳，南見他臉色不對，追問之下才知道楊患有氣喘病。南懷瑾說：「老兄，你真嚇住我了。萬一你在這裡出了問題，那還得了，要我的腦袋呀！」楊斯德和賈亦斌在南懷瑾寓所逗留兩天，天天圍繞著兩岸統一問題交談，談話之間，南懷瑾發現他們很擔憂台獨的問題，就說：「台獨只是次要問題，臺灣本來就獨立了五十年，本省人提出台獨，是針對國民黨，只是要爭位。」

兩岸信差　分頭並進

楊斯德初見南懷瑾，對南懷瑾非常尊敬，談話告一段落，4月25日，楊做東請南懷瑾到香港新華社赤柱招待所赴宴，南帶了李素美、李傳洪姊弟以及尹衍樑等三人陪同。南懷瑾把尹衍樑介紹給楊斯德，俾便今後能在兩岸傳遞信息。兩天後，楊、賈告辭返京，他們帶走了一套與南懷瑾的談話錄音，回京向高層領導人匯報工作。5月5日，楊斯德來電，請南懷瑾派尹衍樑去北京一趟。10日下午，楊尚昆主席在中南海接見尹衍樑，並請後者轉達對南老的問候。此前楊斯德前腳剛走，南懷瑾就把同樣的一套錄音帶請李素美送回臺灣。接著南懷瑾親自打電話給蘇志誠：「你告訴叔叔（指李登輝，蘇志誠都以叔叔稱呼李），那邊有賈亦斌帶朋友來，你懂不懂朋友啊？」蘇答：「聽懂了。」南說：「你告訴他，快派人過來。」蘇

說：「老師，我們沒有人去，香港不能去的。」南說：
「你可以找安全局長，他們做特務的，什麼身分沒有，尤
其你現在要辦多少個身分都不難，隨時可來。不用怕，我
會保護你。」蘇志誠還是不敢來，南指其膽子小不敢來。

　　此時南懷瑾留在老家的兒子小舜來到香港探望父親，
隨同而來的溫州市政府代表向南提出修建金溫鐵路的願
望，指溫州當地十六個縣份、一千六百萬鄉親期待南懷瑾
登高一呼，吸引國內資金投資。翌年2月，南懷瑾委請賈
亦斌與溫州市政府在上海商談合作修路，同年10月，南
指派尹衍樑、李傳洪到浙江與對方簽署合作意向書，後來
南又請尹、李兩人到計畫修建金溫鐵路沿線調查研究，他
們認為投資回收期過長，不符經濟效益，風險過高。金溫
鐵路早在孫中山先生的《建國方略》中已描繪藍圖距當時
已經八十年，其間先後歷經七次倡議修建，均未成功。南
懷瑾考慮後，請李素美、李傳洪姊弟先提供一千萬美元的
啟動資金，以帶動國內外的資金支持，修建一條「通往人
心的大道」。

　　1992年1月，浙江省副省長柴松岳和南懷瑾的香港聯
盈興業公司代表李素美在香港簽訂合資修建鐵路合約，這
也是中國鐵路史上第一條公私合資興建的地區性鐵路建
設計畫。當時南懷瑾打電話給蘇志誠，要他來香港參加
簽約儀式，希望臺灣方面能參與修建鐵路，幫助大陸經
濟建設，為改善兩岸關係做實際貢獻。南懷瑾甚至在儀
式上介紹蘇志誠，點醒浙江的領導人說：「這是臺灣最

重要的人物。」可惜對方聽不懂弦外之音，口口聲聲稱
他為「臺商」，眼睛只向錢看，不解其中政治關係的意
涵；而此為蘇志誠首度接觸大陸的地方官，一看他們竟是
如此水準，想必內心也不會有什麼好的印象。這條鐵路全
長二百五十一公里，當中有三十五公里是隧道，全線地形
複雜，施工艱難，又有各種官僚主義帶來的種種干擾，所
幸 1998 年 6 月全線通車營運後，第一年的客貨運量已達
到四百萬人次，提早十年實現預期目標。鐵路通車前夕，
南懷瑾決定踐行「功成身退，還路與民」的道家風範，向
浙江省和鐵道部全面原價轉讓持股。2000 年 7 月兩岸密
使案曝光後，李登輝和蘇志誠無視於南懷瑾早已「還路與
民」，仍誣衊南懷瑾想藉由兩岸密使商談的機會，夾帶修
建金溫鐵路圖利，此一讕言，不攻自破。

　　1989 年「六四」造成北京政局變化，李登輝一再命蘇
志誠打電話、發傳真函給南懷瑾，探尋北京對臺政策的虛
實。那一年 12 月，南懷瑾對李登輝錄音談話表示，希望
讓蘇志誠設法來香港一趟，詳細了解大陸方面要求談判的
意圖。他告訴李登輝：「我答應大陸修一條鐵路，是孫中
山先生當年計畫的，我家鄉十六縣父老希望我出面來做。
我給清華、北大獎學金，是為了自己的國家民族，我在大
陸『南老』的聲譽很響，但大陸誤傳是你在背後支持，因
此對你也很有好感，應該抓住這個機會與對方接觸。」南
懷瑾還提到，鄧穎超在北京曾轉述他的「中國現代史上有
三個半可憐的人」的史評，強調史上這三個半可憐人都不

懂老子功成身退的道理；他勸李登輝「不要再做第二任總統了。」李登輝當時接任蔣經國死後遺留的任期至 1990 年 5 月 20 日止，後來在修憲前，李又「連任」當了六年總統，卸任前才又主導修憲改成全民直選，任期為四年，於 1996 年當選直選首屆總統至 2000 年，總共執政十二年。1991 年大陸華東大水災，南懷瑾打電話給李登輝，提出十二個字：「同胞愛、民族情、救苦難、心連心」，要求發動臺灣社會救濟大陸災區，後來這十二個字上了臺灣媒體，凝聚了臺灣人心，出現不少慷慨解囊救助同胞的感人場面，兩岸關係也迅速推進到一個前所未見的高潮。

祕密返臺　告誡李登輝

　　為了當面商討對大陸政策，李登輝希望南懷瑾回臺灣一趟，正好南的護照到期，南說，他本來要蘇志誠代辦，蘇一方面膽子小，一方面也壞，說辦護照要本人去；稍後蘇奉李之命，祕密赴港，當面邀南懷瑾返臺，他在南的寓所結識了尹衍樑，兩人一拍即合，後來還帶著尹衍樑去見李登輝。南懷瑾在赴臺前，電請他另一位學生即臺灣派駐馬尼拉代表處的外交官饒清政，要他陪同返臺。1990 年 9 月 8 日下午，南懷瑾在饒清政、尹衍樑、李傳洪三人陪同下抵達臺灣，蘇志誠到桃園中正機場接機，當饒清政告訴南懷瑾已到了臺灣時，他禁不住落下淚來。南懷瑾事後說：「咦！好奇怪啊！在臺灣住了三十六年，香港不是自己的家，美國更不是，到臺灣才像回到自己的家。可見我

這個人修道無情還是有情，到了臺灣是高興？還是悲哀？連自己都搞不懂了。」當晚，南懷瑾就與李登輝總統在官邸見面了，李的夫人曾文惠、兒媳婦張月雲都出來迎接，張月雲曾聽過南懷瑾講課，也算是南的學生之一。李將南懷瑾請進他的書房，蘇志誠在旁作陪，南開口第一句話說：「老兄啊！我欠了你五百塊錢，所以今天才來管管這些事。」李登輝平日見任何人，往往習慣一個人從頭講到尾，這次卻靜聽南懷瑾滔滔不絕講了兩個小時，南懷瑾對李說古道今，縱論天下，曉以和平統一的民族大義。後來南告訴蘇志誠：「蔣家天下交給李，天下是他們打下來的。李既無威望又無德望，而蔣有軍功又有威權，李要多做好事，要好好利用幾百億外匯多建設臺灣，為老百姓做點事。」

第二天晚上，南懷瑾和李登輝在總統官邸再度會面，兩人晤談了兩個鐘頭。最後，李登輝夫婦送南懷瑾到門口說：「我就不到機場送行了，請問南老師還有什麼吩咐？」南懷瑾語重心長地說：「我希望你不要做歷史的罪人。」南回到香港後，李什麼也沒做，臺灣社會也不安定，把饒清政調回總統府，也未受信任。南懷瑾返臺時，蘇志誠曾私下告訴南老師，李登輝曾特地去找過在臺大農經系的恩師王溢滔，這位九十多歲的老先生是南懷瑾的同鄉好友，李問他：「我想請南老師回臺灣好嗎？」王當場就說：「太好了！他是我們家鄉的才子啊！你找他來太好了，可只怕請不動。」聽完這一段小插曲，南懷瑾笑著對

蘇志誠說：「原來他對我並不放心，還要找人考察一下啊。」南懷瑾心裡明白，李登輝既然如此多疑，自己的一番肺腑之言，恐將落得個對牛彈琴的結果。然而，為了民族統一大義，也就知其不可而為之了。

兩岸密使　香港會談

　　1990 年秋冬之際，臺灣對大陸的政策鬆綁，國家統一委員會、大陸工作會、海峽交流基金會紛紛成立，人員也佈置到位。這一年最後一天，蘇志誠化名「立民」祕密訪港，與代表楊尚昆的楊斯德在香港白加道南懷瑾寓所見面了，賈亦斌和楊的機要祕書小戴也在座。一見面，蘇就滔滔不絕，為臺灣一系列鬆綁政策表功，又打探李登輝正準備終止動員戡亂時期的政策，大陸方面的回應為何？楊則指出，中共中央已決定以李登輝為談判對手，希望國共可以談判，把四十年的對立化解掉。南懷瑾以中間人立場表示，他對李登輝說，北京派楊斯德來兩次都沒帶來方案，也不會拿出方案，只講統一，臺灣也拿不出方案，你們兩家碰面了，不如由他編一個劇本，讓你們審查。

　　南懷瑾建議，提出上、中、下三策，成立一個「中國政經重整振興委員會」，包括兩岸兩黨或多黨派人參加，修改歷來憲章，融合東西新舊百家思想，為中國文化特色的社會主義憲法，國號、年號都可以在這個委員會內商量，成為全中國人的國統會，這是上策。中策是大陸劃出從浙江溫州到福建泉州、漳州和廈門一塊地方，臺灣劃

出金門、馬祖，兩岸合起來搞一個經濟特區，吸收臺港等
地百年來的經濟工商經驗，有錢出錢，有力出力，作一個
新中國的樣板。最重要的是為國家建立南洋海軍強有力的
基地，控制南沙及東沙群島，對東南亞－太平洋海域建立
管制權利。下策是只對兩岸經濟、貿易、投資、通與不通
的枝節問題商討解決辦法，大家談生意，交換煤碳石油。
南懷瑾談到兩岸合作成立經濟特區，在座的都叫好；南淡
淡地說：「好是好，可是你們都做不到。如果能做到，英
國人、美國人也都會佩服我們了！」兩岸密使首次會談，
只能是開場白就結束了，南懷瑾心想兩岸接觸已開了頭，
他自己應該及時抽身，便給兩岸領導人寫了一封信，分頭
送出。信中說：「我本腐儒，平生惟細觀歷史哲學，多增
感嘆。綜觀八十年來家國，十萬里地山河，前四十年中，
如陰符經言，人發殺機，龍蛇起陸。後四十年來，天發殺
機，天翻地覆。及今時勢，吾輩均已老矣。對此劫運，應
有總結經驗，瞻前顧後，作出一個嶄新好榜樣，為歷史劃
一時代之特色，永垂法式，則為幸甚！……目前你們已經
接觸，希望能秉此好的開始，即有一好的終結。惟須鬆手
放我一馬，不再事事牽涉進去，或可留此餘年，多讀一些
書，寫一些心得報告，留為將來做一點參考就好了。」

　　1991 年 2 月 17 日春節大年初三，兩岸密使第二度在
香港白加道南寓會談，這回鄭淑敏和尹衍樑同來，大陸方
面仍是楊、賈等三人。鄭淑敏在臺北迪化街出生，在成功
大學外文系畢業後留學比利時魯汶大學，取得大眾傳播碩

士學位，回國在中華電視台任職，與當時的臺北美國新聞處處長柯約瑟結婚，以外交官夫人活躍於臺北政界社交界，也結識時任行政院政務委員的李登輝，後來丈夫柯約瑟去世後，她一度擔任新聞局編譯工作。鄭淑敏任職華視期間受到蕭政之的賞識，把她帶進南懷瑾的書院聽課，並在那裡結識蘇志誠、尹衍樑，後來出任行政院文化建設委員會主委。此次隨蘇志誠加入兩岸談判行列，她自認為是「奶媽兼保鑣」的角色，李登輝事前就告訴他，蘇志誠身分敏感，無法自由進出，要鄭協助確保蘇的安全，並在談判中擔任紀錄，還要幫忙整體情勢，而且她非公職，又有美國護照，出入比較方便，不會引人注意。

　　本次會談一開始，蘇又提「終止戡亂令」，大陸如何反應的問題，楊則希望先確定中共定位再表態；南懷瑾知道這是眼下蘇最關切的問題，如果大陸能積極回應，可助李登輝累積一大筆政治資本。南懷瑾對楊說：「一旦臺灣宣佈了，北京沒有及時回應，對李登輝來說問題很嚴重，內部會有反對意見。」此時賈亦斌插話，指郝柏村說，廢除動員戡亂時期後，兩岸還是交戰狀態。蘇志誠連忙解釋，指郝是一個軍人，對大陸政策並不了解；又說，「我們的決策是在一個很小的範圍內，包括李總統和李元簇副總統在內只有六個人。」〔按，蘇所說的六個人，另外還有前外交部部長錢復、前陸委會主委黃昆輝、已故前國安局局長宋心濂及前國民黨陸工會主任張榮恭〕並出示六人小組的會議記錄，唸給楊斯德聽，後者要求影印，蘇拒

絕但強調已得到最高層同意出示。楊見狀很滿意，具體表示：「希望臺灣當局把中共定位為友黨，將來停止軍事對峙、停止一切敵對行動、停止一切危害兩岸關係和統一的言論和行動，達成祕密或公開的協議。」並應蘇的詢問，楊強調這些意見已事先向鄧小平報備了。蘇志誠表示：「我回去報告後會認真研究的。」雙方互相扯皮，沒有結論。

第三輪密談不歡而散

　　1991 年 3 月 29 日，兩岸密使第三輪面談在香港堅尼地道的公寓展開，這回賈亦斌沒來，楊帶了小戴和國台辦的小王，臺灣仍是蘇、鄭兩人，該處是南懷瑾購下公寓的一層樓，作為平日與友人和弟子們聚會的講堂。此前兩週郝柏村在答覆立法委員質詢說：「動員戡亂時期終止後，『一個中國』的政策不變，反共的政策不變，中共現階段還是臺灣的敵人，『三不政策』〔按：即不接觸、不談判、不妥協〕基本上也不作改變。」這是對中共最明確的「定性」。因此，會談一開始氣氛就很緊張，楊斯德批評郝柏村的說法，指這是為繼續堅持蔣中正的反共、反人民的內戰政策，他們必須反對的。這次來，首先要解決（中共）定位的問題，否則下一步就沒法談。南懷瑾見大勢不妙，立刻出來緩和氣氛說：「你們見了三次面，都是少數人知道，其他人都在講官話。江澤民、李鵬和郝柏村都一樣，都不知內情。」雙方接著各說各話，唇槍舌戰，南懷

瑾見大家都沒誠意，也不想再聽下去了，兀自在一旁打坐入定。一旁的鄭淑敏輕聲問：「老師，你真的在打坐？」南說：「當然是真的。」雙方爭了一陣子，南懷瑾建議休會。他把蘇、鄭兩人喚到房間，痛責蘇志誠沒有誠意：「你知道我為什麼離開臺灣？我就是看到你們不行。」蘇想給老師消氣，趁機轉達李登輝支持金溫鐵路的修建之意，南不相信李是發自真心的支持，就說：「如果李登輝真的支持，他大可把金溫鐵路改為『登輝鐵路』，只恨李沒這個氣魄，如果有，比反攻大陸還莊嚴。」

　　接著又開始第二回合談判，蘇指現在雙方都贊成和平統一，但臺灣不贊成「一國兩制」，不如把分歧暫時擱置，先談合作問題。楊斯德強調，和平統一，一國兩制是個堅定不移的原則；統一當然統一到中華人民共和國，臺灣只能是地方政府，解決辦法就是「一國兩制」。現在不單純簽訂和平協議，上回提的「三停止」是最低要求，目的是結束敵對狀態。雙方各自拿出草案，互相交換，再正式簽訂，如何公開可以再商量。楊並說，他代表中共中央邀請蘇志誠或其他李登輝的代表去北京，與大陸的最高領導人當面談。南懷瑾見雙方的想法幾乎是南轅北轍，於是提出自己的意見說：「我只提一個『和平共存，協商統一』的八字方針。統一是雙方認同的目標，這八個字也沒有說要臺灣取消國號，投降過去。大家先不要打仗，慢慢談統一。」雙方都同聲稱好，南說：「你們對這個方針都叫好，那就簽字呀！你們簽了，回去雙方領導人認可就

管用，就是條約；有一方不認可也沒關係，這是一句文學語言，妙就妙在這裡。」

南懷瑾就問：「志誠，你簽不簽？」蘇答道：「拿支筆來，我簽！」南進一步說：「你們都拿出證件來，我是中間人，要驗證的。」蘇拿出總統府工作證，南再轉身問楊斯德有沒有證件？楊呆坐在那裡不答腔，所有人都默不作聲，屋內的空氣似乎瞬間凝固了。稍後，坐在南懷瑾身邊的小戴有點沉不住氣了，隔著桌子低聲對楊斯德說：「主任，我看就簽了吧！」楊仍不作聲。南見此狀，起身走到臨街陽台窗口，倚著欄杆抽菸。不久，楊斯德也起身來到南懷瑾身旁，一臉尷尬地說：「南老，你生氣了？」南說：「笑話，我生個屁的氣，又不是我要談，這是你們的事，不要多談了。」接著又對楊說：「你就是不敢賭。」楊不解何意：「這怎能說賭呢？」南說：「政治本來就是賭。」楊不知如何是好。南的建議又是突如其來，顯然與上級確定的談判方針不同，眼下又來不及請示，當然更不敢違背組織紀律，自作主張。他只好換個話題，想安慰南老師，就問：「老師，你在國內有什麼事需要我們去做嗎？」南懷瑾苦笑一下說：「謝謝，我一無所求，對國家該做的都做了。」最後，楊斯德再問蘇：「你有沒有可能祕密來北京？」蘇志誠答道：「要請示。」這一輪談判的結果是，雙方「不歡而散」。如果南懷瑾的八字方針經兩岸代表簽字落實，可以說比後來的「九二共識」的「口頭承諾」，更具協議效用。有論者甚至認為，「和平共存，

協商統一」的八字方針果真簽字協議，至少兩岸關係定位得到鞏固，歷史或將改寫，可惜一時千載的歷史「機會」，轉瞬間流失。

關於臺灣終止動員戡亂時期後，大陸的回應為何？李登輝急於瞭解，一次次馳電拜託南懷瑾摸底。1991 年 4 月 23 日深夜，南懷瑾傳話給李登輝表示，蘇志誠已當著楊斯德面提出了這個問題，目前不必再追問，否則流露臺灣方面迫切需要。求於人者畏於人，給對方看出這樣一個心態反而不利。絕不徵詢對方任何意見，才是最高策略。站在臺灣的立場，結束動員戡亂時期是很大的讓步；但站在中共立場，廢不廢除動員戡亂令毫無關係，不會有感謝之意，不過是臺灣當局明確表示了和平統一的願望而已。南懷瑾又說：「以我占卦結果看，一九九五年是坤卦，1996 年臺灣會有點禍，要忍得住這兩年。」五年後，臺海導彈危機乍現，證實了南懷瑾早先的預言。

南懷瑾一面勸說李登輝，一面轉而勸說北京領導人：「大陸大、臺灣小，談判籌碼不可同日而語。大陸一定要肚量大，不能與臺灣斤斤計較，更何況李登輝在臺灣需要面對反對黨與黨內反對派，掣肘不少，對他的要求不能操之過急。」他又從海基會蒐集的資料讀到楊尚昆傳達鄧小平的指示：必須旗幟鮮明地再三告訴臺灣方面，兩岸統一只有「一國兩制」，「一國兩府」、「一中一臺」都是沒有出路的。一個小小臺灣怎麼與我們平起平坐？5 月 8 日，南懷瑾託賈寧帶一卷錄音帶給他的父親賈亦斌，請

其轉告北京最高決策當局：「統一是不變的原則，現在研究的是方法問題。策略上要爭取千秋，不爭一時，不要在『一國兩制』，還是『一國兩府』、『對等談判』等口號上去爭論不休，雙方不必在文字遊戲上頂住。」這等於委婉地批評了鄧小平的指示。

1991 年的 6 月 16 日，兩岸密使第四度在香港會談，這次中共中央對台工作小組辦公室和國務院臺灣事務辦公室兩機構合併，王兆國出任主任，楊斯德去職，來港商談的只有小戴和小王，臺灣仍由蘇志誠、鄭淑敏擔綱，而臺灣在 5 月 1 日正式終止動員戡亂令後，大陸以「中央台辦負責人」的名義正式回應，在肯定「這不失為正視現實、降低敵意之舉，應該說是一個進步」的同時，又指責臺灣「企圖謀求海峽兩岸互為對等的政治實體，幻想和平轉變大陸，這是根本行不通的」。聲明中提出盡快實現直接三通、進行國共談判，歡迎國民黨派代表到大陸，也願意應邀派代表去臺灣共商國事。這次商談，對手層級不高，蘇志誠顯得意興闌珊，只是反覆表示：「簽和平協議的事，希望你們嚴肅認真考慮。」

公等碌碌　蹉跎敗事

1991 年秋天，南懷瑾同北京來的訪客道出了他在兩岸之間充當「娘舅」調人的始末。他說：「兩岸密談越來越糟，責任在你們這一方面。我幾十年旁觀政治，軍人、特務、政客都是好朋友，每個地方都買票不進場，所以看

得很清楚。……你們當初打垮國民黨，就是靠打打談談，談談打打。毛澤東用《水滸傳》的策略，打得過打，打不過談，搞慣了。周恩來的謀略不如毛澤東，毛先生歷史讀得多，懂中國的謀略學，虛虛實實，只有毛會用，其他人只是『公等碌碌，因人成事』，別人打天下，你們來做官，靠吃現成飯。因此，大謀略就不行，楊斯德這樣的人遇大事就沒有主意了。李登輝和蘇志誠原來對大陸是很害怕的，談了五、六輪就看不起了，原因是摸到大陸的底，驕傲了，很多機會就錯過了。談來談去還是這一套，我就煩了，我又不想作官。」

北京來客聽了這席話，說：「你是諸葛亮、姜太公，還是你得管到底。」南說：「我幾十年不管閒事，你們打來打去都與我無關。這次我是為中國人做事，不為兩岸兩黨。我的辦法，相信周恩來、毛澤東都會聽我的，但他們兩個人都不在了。與現在這些人打交道，我覺得很窩囊，不是對手，他們不讀書，程度不夠。現在你們大陸最大的問題是人與人之間缺乏誠信，誠信仁義是大謀略，你們缺乏這個。」南懷瑾這一席談話，等於為前面幾次的兩岸密使會談的失敗，做了一次總評，說出了根本問題，但也因勢利導，為他重啟的最後一次商談，謀篇佈局，雖然結果兩岸雙方仍只能在事務性的技術層面周旋，還是無法走到終局談判。

兩岸當局過河拆橋

　　1991 年春天，兩岸密談「不歡而散」之後，大陸方面既不願採納南懷瑾的建議，就希望繞過他直接找蘇志誠打交道，於是不斷催促蘇到北京與楊尚昆見面，他手下一幫人也千方百計另闢蹊徑。1988 年 5 月那次楊尚昆接見尹衍樑，北京只是利用尹傳遞與南懷瑾之間的訊息，此後一年間，尹創設以南懷瑾掛名的「光華獎學金」，獎勵大陸優秀學人，往返大陸更頻繁。1991 年 3 月之後，兩岸香港密談實際已陷入僵局，南懷瑾樂得不管閒事，專心致力於金溫鐵路等投資大陸的事情；尹衍樑卻如魚得水，活躍於大陸的政治、商業、學術圈中，廣結善緣。同年夏天，他帶領李登輝的智囊、首席經濟顧問劉泰英去北京見楊尚昆，北京發現尹衍樑與李登輝的私人圈子關係密切，並不甘於僅僅充當南懷瑾的信使，便有意捨南而就尹，作為楊尚昆與李登輝之間直接互通信息的橋樑。楊尚昆親自在中南海內接見尹衍樑的舉措，尹也受寵若驚，此後也就自行其道，與北京往來頻繁。1991 年 7 月間，在尹衍樑居間穿梭下，李登輝先派鄭淑敏以華視執行副總經理的公開身分，專程赴北京探路。此行鄭見到楊尚昆和王兆國，初步建立楊和李登輝溝通的管道，接待她的是國台辦一位王姓局長，此人曾在歐洲受訓，以「老同學」關係，稱鄭為「學姐」，建立了交情，蘇志誠還在翌年 5 月專門託尹衍樑帶禮物致意，三人的交情不錯，即使在 1996 臺海危機後，他們仍繼續保持接觸。本次鄭淑敏北京之行，向大陸

方面提出，協商合作打擊海上走私問題，彼此談妥原則性意見後，再安排雙方代表商談細節，鄭返臺後，海基會派出祕書長陳長文到北京談判，雙方果然達成協議；此一協商方式其實是照著先前兩岸密使開啟的商談模式，依樣畫葫蘆。

　　1991 年 11 月 14 日國台辦王局長打電話給在臺北的鄭淑敏，希望在香港商量臺灣加入世貿問題，16 日蘇志誠和鄭淑敏就到香港，同大陸方面國台辦的王局長和小王，在希爾頓酒店商談臺灣加入世界貿易組織問題，雙方首先肯定通過祕密管道解決合作打擊走私的做法，願意比照這一成功做法，來安排兩岸就臺灣加入世貿問題進行協商的程序。小王代表中共提出，在中國大陸加入世貿後，不反對臺灣以獨立關稅區的名義加入；蘇志誠表示，希望北京表態支持臺灣加入，不必刻意強調一定要大陸先入；並透露臺灣在名稱上做了讓步，將會以「臺澎金馬關稅區」的名義申請加入。……「今天我是把臺灣的最高機密都告訴你們了。」最後雙方同意在第三地，派出適當人選祕密談判，形成共識。這次香港密談是延續此前的四次談判後，由兩岸雙方在新的溝通管道運作下的首次談判，而且只進行事務性商談，不做「政治性談判」。

　　北京當局在蔣經國逝後，對李登輝的情況相當陌生，但又寄望兩岸和平統一於李登輝，於是找到南懷瑾作為兩岸接觸、談判的突破口。對於北京而言，南懷瑾此人能對李登輝說得上話；從兩岸歷史發展看，南懷瑾歷經抗戰、

內戰、兩岸對峙，國共兩黨都有朋友；而且南懷瑾在臺灣待了三十六年，具有一定的社會聲望，也走過白色恐怖、經濟起飛到兩蔣政權的起伏波動，深知臺灣島內政情變化，是最恰當的兩岸「調人」。

其實早在 1963 年，南懷瑾已成大陸方面推進兩岸和談的目標人物之一。當年南懷瑾就應香港一位和尚之邀，到香港大嶼山弘法，當時他北望中原，在香港邊境遠眺。

> 沿流入海有孤村，田婦肩輿入佛門。
> 島嶼縈迴衣帶水，遠山如髮望中原。

不著一字，而思鄉之情油然而生。

此番來到最靠近大陸的地界弘法，然還鄉不易，而大嶼山：

> 花香鳥語似江南，恍惚童年夢亦酣。
> 如此江山如此夜，蘭若孤妄話禪參。

這個時候毛澤東派出的章行嚴（章士釗）正要到香港找南懷瑾，章是毛澤東的老師。南懷瑾說：「那天楊管北就告訴我，明天我們趕快走，回臺灣。」楊管北陪南懷瑾到港參加弘法活動。於是南懷瑾就問：「為什麼？」楊說：「章行嚴來了，老毛派他來的，專程來找你。」後來楊管北一早回臺灣，南懷瑾中午走，他憶述：「本來還想

多留一個禮拜。然而下午章士釗到，我們已走了。」南懷瑾透露，章行嚴到了香港，知道他們已回臺灣，就頓足道：「大家何必搞成這樣，好朋友不能見面嗎？」南強調：「那個時候真不能見面啊，見了面我臺灣也不能回了。實際上毛澤東是派他來做說客的。」

許老爹登場

　　1991 年 11 月間，有一天尹衍樑從北京來到香港探望南懷瑾，提到北京有幾個人，包括其中一位老先生許鳴真想來見他，但中央不批准他們來。南說：「他們來做朋友可以，再談這件事，我已經煩了。」尹衍樑繼續介紹許鳴真的來歷。他指出，許鳴真在中共元老及其子弟圈中被暱稱為「許老爹」，早年是陳賡大將的祕書，而陳賡又是黃埔一期畢業，東征時，曾救過蔣中正安全脫離戰場。文革時期，許鳴真為東北哈爾濱工程學院（前身為 1953 年創建的中國人民解放軍軍事工程學院，簡稱「哈軍工」，首任政委兼院長為陳賡）校長，當時許多高幹子弟，如陳雲、楊尚昆、陳賡的子女沒飯吃，都到東北找許老爹，得到他的照顧和保護，因此各家都很感激他。文革後，許鳴真出任國防科學技術工業委員會（科工委）副主任，他與楊尚昆無話不談；兒子許永躍曾任陳雲的機要祕書，後來獲江澤民委任為中共國安部部長。不久，許鳴真到了香港，參加國防科工委主任丁衡高（丁的太太是聶力，岳父為中共元帥聶榮臻）舉辦的「香港航空展」。尹衍樑告訴

南老師，許鳴真已到香港，南以出席航空展在場認識許鳴真為由，避開北京的疑慮。當天下午，兩人在堅尼地道南寓一見如故，相談甚歡，南在談話中知悉許也是學者梁漱溟的學生，指許是個忠厚的長者，雖然地位不高，但跟北京各派系都很好，頗具親和力，是甘草型的和事佬，彼此引為知己。

幾天後，許又偕同丁衡高再訪南懷瑾。前面提到南為北京訪客說到在兩岸間充當調人一事，北京訪客即為許鳴真。除了前述楊斯德拒簽他提出的「和平共存，協商統一」的八字方針，南懷瑾又告訴他們，自己曾幾次問過楊斯德，誰能最後拍板？楊都含糊以對。他就對楊說：「江澤民、李鵬、楊尚昆都不能拍板，鄧小平才是老闆。他不出面，你們來談都是浪費時間。臺灣的李登輝，我有把握叫他拍板，但不會勉強他，因為你們的拍板人沒有出面。」南懷瑾甚是懷疑，他的八字方針，他們回去有沒有向鄧小平報告，都是問題。南懷瑾感慨道：「中央幾個領導人都想把統一功勞放在自己口袋裡，在歷史上能留名的事，互相瞞著在做，因此拿不定主意。」

南懷瑾指出，他跟北京講過，李登輝怎麼做都可以，但不能成為民族罪人；要做歷史關鍵人物，如此一來，個人就成功了。南懷瑾主張，「一國兩制」或「三通」都是小事，暫時不必談。先訂定一個凌空的原則性的條約或密約，把統一的共識肯定下來，然後再慢慢商量如何去統一。

許鳴真完全贊同南老的意見，並說：「這件事要辦

成，需要想辦法讓最高層的領導人都知道才行。」南反問道：「你回北京如何串連？」許說：「南老，問計於你啊！」南沉思片刻說：「以我看來，此事楊尚昆知道，李鵬也許知道，但江澤民剛來，根本不知道，應該告訴他。他們再向上面報告才容易成功。」那麼，誰去跟楊尚昆和江澤民談呢？南說：「許老，你雖與楊主席公誼私交都很好，但這樣的大事，他沒跟你談，你也不好跟他說吧。」許說：「不然，我可以跟他直接講」。南又問許：「上海有個汪道涵，你與他熟不熟？」許說：「我與他很熟，卻沒有深交，但要找他很方便。」南說：「江和汪兩人過去在上海感情很好，汪本是上海市長，退休後成為上海的總顧問，我在上海的事業，他照應很多，我們未見過面，他常看我的書，常說與我是神交的朋友。看來此事必須他親自出馬去找江。」南懷瑾對許鳴真說：「你明天先去上海找汪，請他與你同去北京找江。」許應允，南接著吐露一句：「楊尚昆和江澤民他們如何對鄧老闆講，我們就不管了。最後還是要鄧、陳兩位拍板的。」

許鳴真到了上海，把南懷瑾那裡聽到的兩岸密談經過一五一十告訴汪道涵，後者連聲說：「這個重要，這個重要！應該儘快讓澤民同志知道。」幾天後，12 月 16 日，大陸海協會正式成立，此時汪已內定為會長，成為江澤民對臺決策的重要智囊，可是他此前對兩岸香港密談的事情一無所知。兩人決定連袂上北京，兵分兩路串聯江、楊等高層領導人。此時陳雲正在上海休養，許老爹喚來兒子許

永耀，囑他向陳雲報告兩岸密談的梗概。

重組「娘舅班子」

許鳴真和汪道涵進京展開串連穿梭行動，首先是許進了楊尚昆辦公室，並告知「南懷瑾已經很失望了」，楊見許知道了這件事，就說：「國民黨和共產黨就像兩兄弟吵架，吵了幾十年，中國人的老規矩還是要請娘舅出面來調解。南老現在就是娘舅，不過弄到眼下這個局面，娘舅也搞得沒辦法了。」楊尚昆此時主張重組一個「娘舅班子」，並指定許鳴真和汪道涵都是南老「娘舅班子」的成員，要請江澤民、李鵬一起來談一次。許鳴真見楊尚昆不提楊斯德，他對楊尚昆說：「君子念舊，把楊斯德一起找來吧。」楊見老爹為楊斯德說話，就勉強答應了。

而另一方面，汪道涵連夜見了江澤民，把從許鳴真那裡聽到的話複述一遍。據說江聽完後第一個反應是很生氣，連這樣的事都瞞著他。江說：「有人對我說，南懷瑾是杜月笙之流的人物，門生滿天下，後來我看了他的書，杜月笙怎能跟他比呢？」第二天，江澤民請汪道涵、許鳴真吃飯，商談如何重啟與臺灣的祕密談判。當天，楊尚昆那頭也來了電話，談了重組「娘舅班子」的想法。此後，汪道涵和許鳴真逐漸成為對臺談判的主角。許因為兼任香港公司的董事長，經常往來北京和香港之間，於是也取代楊斯德的角色，負責與南懷瑾和臺灣方面的聯絡工作。同年 12 月，在香港南寓許鳴真初次會見了蘇志誠，尹衍樑

陪同前來；也許尹已事先介紹了許的背景，蘇志誠對這位密使不再傲慢，滿口答應把中央最高層的意見向李登輝報告。在許鳴真穿梭京、港兩地，南懷瑾居間聯絡臺北的緊密安排下，新一輪的兩岸密談準備工作正在緊鑼密鼓展開。

　　1992 年 5 月初，在徵得鄧小平和陳雲同意後，中共中央決定與臺灣李登輝的代表舉行祕密談判。5 月 18 日許鳴真到中南海與楊尚昆共進晚餐，江澤民也在座，前一天他到上海已將中央的決定當面知會汪道涵。當晚席間，江澤民出示鄧、陳的批示：確定以李登輝為談判對手，在堅持一個中國原則的立場上，兩岸商量如何促進統一的問題。北京希望南懷瑾向臺灣最高當局表明：這一次，北京的鄧、陳、江、楊四位最高領導人的立場完全相同。到了晚上八點鐘，王兆國和楊斯德應召前來，江、楊一起向他們宣布：中央已決定由汪道涵、許鳴真、楊斯德和王兆國等四人組成專案小組，由汪領銜，以李登輝為對象，通過在香港的南懷瑾談判，對臺灣其他勢力的工作暫時放下不管。次日，汪道涵來京，與許鳴真商議一整天，下午王兆國和楊斯德加入討論下一步與臺灣談判的對策，並同意國台辦王局長作為作業層級人員參加專案小組。5 月 26 日，尹衍樑抵京，傳遞李登輝方面贊同祕密談判的意旨，並帶來蘇志誠送給王局長的禮物。當晚王兆國在釣魚台國賓館宴請尹衍樑，許老爹、王局長、小王作陪。席間，王兆國代表中共中央請尹轉告南老：兩岸祕密商談的安排近

日內即可定案，北京將派出汪道涵、許鳴真和楊斯德為代表，其中，許將在 6 月初先到港會見南老通報北京方面的旨意，汪、楊稍後到港，等候與蘇志誠會談，中央已決定賈亦斌今後不再參與其事。最後，王兆國對南懷瑾建議海基、海協兩會領導人正式會見，表示支持，將留待與蘇志誠見面時詳細討論。這就是日後在新加坡舉行首次「辜汪會談」的濫觴。

後來在 6 月 16 日的兩岸密使重啟會談沒有實質性結果，倒是敲定了首次的「辜汪會談」的日子，蘇志誠藉此否定「辜汪會談」並非出自南懷瑾的提議，而是「他與汪道涵腦力激盪法的成果」，甚至強調此議未獲得李登輝的授權，是他當場向汪道涵提出來，更不是南懷瑾的提議，此後國民黨一再紀念新加坡「辜汪會談」，但卻對此會談的由來濫觴，隻字不提。

娘舅班子四老　陪小孩子玩耍

1992 年 6 月，北京談判代表汪道涵、楊斯德、許鳴真提前一週抵港，差不多有四、五天在南寓吃飯，與南懷瑾相談甚多，南懷瑾從他們的言談中意識到這三位老先生得到的授權有限，最高層仍然希望是國共兩黨談判，堅持以「一國兩制」為簽定兩岸和平協議的底線。

於是南懷瑾就說：「國民黨不足以代表臺灣，臺灣始終是一個省籍問題。臺灣人不是不承認自己是中國人，也不是不願意談統一，愛國家的心情是一樣的，他們怕的是

共產黨。甲午戰爭後，臺灣被滿清政府割讓給日本，他們被出賣過一次；日本投降後，臺灣人，簞食壺漿迎王師，但是在『二二八事件』中反遭國民黨軍隊鎮壓，他們有再次被出賣的感覺，這些都是歷史事實；現在臺灣人害怕第三次被出賣。因此，不必擔心少數搞台獨的政客，重要的是爭取臺灣的民心。五十年來，臺灣實際上是一個獨立的政治實體，如果講正統和法統，站在國民黨的立場，可以講你們大陸政權是一個偽組織，因為推翻滿清時是中華民國。當然，你們不願承認，那也可以，我提的『和平共存，協商統一』，這裡的『存』既沒有說是兩個政體，也沒有說是兩個國家，大家求同存異來討論如何促進國家和平統一。本來談判的事就須反應快，下決心快，結果拖了那麼多年，現在李登輝不聽我的了；我想毛澤東、周恩來活到現在都會聽我的辦法。今天你們中國究竟還有沒有人？」南懷瑾越說越激昂，汪道涵連連說：「是這樣，是這樣的。」南懷瑾最後說：「中朝無人，我累了，戲就你們自己去唱吧。」汪道涵等人慌忙勸說南老，無論如何是要出場的。南懷瑾感嘆道：「兩方面都不能決定，我實在煩了。光這幾年為此花費不少，李登輝也沒給我錢，連過年過節都沒一張卡片，做人做到這種程度還不要說，就花費來講，也有六、七十萬港幣，誰來還？這還不是錢的問題，我跟大陸的娘舅班子三老，加上我四老，四個人加總起來有三百多歲了，都是七十以上的人了，還同這個小孩子（蘇志誠）來玩，真是！這個小孩子如果了不起，是周

瑜一類人物，還可說得過去，可他又根本不是。」

　　蘇志誠在《戰略蘇志誠》一書中曾向作者鄒景雯自曝：「和汪道涵見面的前一天，南懷瑾還打電話給蘇志誠，疾言厲色地對應如何處理兩岸問題談了一個多小時，但蘇志誠仍有自己的定見。」南懷瑾指出，蘇志誠有他的路子，偷偷跟大陸那邊的局長級幹部有所勾搭，想將這條線搭起來，自己心中也賭氣，但他都知道卻裝作不知。南懷瑾告訴蘇志誠：「你呀！年紀那麼輕，地位不算高，不過在總統府辦公，你不要代表了一切，如有誠意為何不派年紀大一點的本省人呢？假定你要來談，要有李登輝的委託書，而且將來臺灣人罵你出賣臺灣，你怎麼辦？我站在公正立場，我不在乎啊！我對得起臺灣，對得起大陸，對得起國家民族，你必須找個老前輩來，例如謝東閔也行啊。」南懷瑾痛罵蘇志誠「你知道我為何離開臺灣嗎？我就是看到你們不行。雖然叫我老師，我不認你這個學生的。」後來蘇志誠在電話那頭「偷偷哭了」。

「一場愚痴無智的誑語笑談會」

　　1992 年 6 月 16 日至 17 日連續兩天，兩岸雙方在香港希爾頓酒店總統套房展開正式會談。臺灣仍由蘇志誠、鄭淑敏參加，尹衍樑表示不參加。蘇志誠仍滔滔不絕，長篇大論，汪道涵、許鳴真倒很有耐心當聽眾，但一談到實質問題，雙方寸步不讓，會中敲定海協、海基兩會領導人首次的「辜汪會談」，算是會談最大的成果。蘇志誠在是次

會議中邀請許鳴真祕密訪問臺灣，與李登輝會面，許答應
保持聯絡，待回去研究後回覆。最後，雙方推南懷瑾講
話，他重複早先三條原則性意見：和平共濟，祥化宿怨；
同心合作，發展經濟；協商國家民族統一大業。雙方都表
示贊成，卻都不肯簽字負責；這是南懷瑾意料中事，他趁
勢不疾不徐從口袋中取出草稿說：「這樣吧，由我寫一封
信，請你們帶回去給最高層當局，三個月內，如兩邊不回
信，也不簽字，此議自此作罷，不要再找我了。」原信
〈和平共濟協商統一建議書〉提到：雙方「先後在此相商
九次」，蘇志誠怕萬一密談曝光，會被人說他出賣臺灣，
要求把「相商」一詞改成「相遇」。南當場改好了、謄
清，一式兩份，分別給臺灣的李登輝以及北京的江澤民和
楊尚昆。

　　他們各自回去不久，南懷瑾打電話、傳真給許老爹
說：「那個蘇志誠是小孩子，我看李登輝也幼稚，他們不
敢為天下先的，要回信，你們這邊先回信，我傳給他們
看，他們也許會回，你們要等他們先回，他們才不敢了
呢！」結果北京同樣也不敢為天下先。後來，汪道涵曾告
訴南懷瑾，江澤民已寫了回信，稿子放在那裡。南說：
「我又沒看到，不作數的。其實，你們氣派可以大一點。
你們到底大，人家膽子小。你們回三句話，我就有話對臺
灣說。」汪也相當無奈地說：「不談了。」汪道涵的話，
相信多半是真的，問題可能出在鄧老闆不願拍板。因為鄧
老闆一開始就認定，一個小小的臺灣怎麼能與我們平起平

坐？他當然不肯聽南懷瑾的建議，放低姿態與臺灣商談合作。1992 年 10 月，鄧小平決定了中共中央軍事委員會新的人事，大陸著名的「楊家將」楊尚昆、楊白冰昆仲，自中共十四屆全國代表大會上，雙雙退出政壇、軍隊，而江澤民自此全面接班，但遲至第二年 6 月，江澤民才自楊尚昆手中接下中共中央對台工作領導小組組長的職位，全面掌管大陸對臺政策。以南懷瑾為「娘舅」的兩岸最後一次香港密談在六月結束以後，由他建立的兩岸祕密渠道仍再繼續運行。那年 8 月，許鳴真應邀訪問臺灣，會晤李登輝，行程均由蘇志誠安排，代號為「大爺旅遊計畫」；許一到臺北，蘇志誠就心懷鬼胎告訴他：「你見到李總統後，請不要提及南老師寫信的事」，許不明就裡，也只好客隨主便，看來蘇志誠留中不發，私自扣壓了南懷瑾的信件，瞞過了李登輝；至於李登輝即使看了這封信會有什麼反應，也很難說。許老與李登輝談了半天沒有結論，李告訴許：「只有我這一條線，所有到北京說代表我的，都不算數。」許在臺灣盤桓一星期後空手而歸，臨走時，蘇再三叮嚀許：「回香港後，請不要把你來臺灣見李登輝的事告訴南老師。這不是對他不恭敬，只是暫時不說，將來再說。」許老聽了一肚子不高興，感覺蘇志誠這是過河拆橋，回到香港見到南懷瑾，劈頭第一句話就說：「這些人作些什麼事啊？」覺得這小孩太不誠懇了。

　　同年下半年，許鳴真再度來到臺灣，見了李登輝，密談數小時，無功而返。南懷瑾說，蘇志誠、鄭淑敏不止一

次在香港私下與大陸勾搭，他都知道也裝不知道，那曉得他們搞些什麼？這中間正好有一次過教師節，蘇向南老師問好，老師說，不必客氣啦，都沒有事呀，「我的那封信都沒事嗎？」南懷瑾表示，實際上蘇都在作鬼，這小孩子專門作鬼，李登輝用他遲早有事。在 6 月那次會談以後，南懷瑾在他的一本拍紙簿（便箋本）上寫下：「這是一場愚痴無智的誑語笑談會，此乃我心裡裁決的結語。」此時南懷瑾對兩岸的密談結果已失望透頂，但仍一本初衷，鼓勵大家投資中國大陸，持續努力對大陸社會弘揚傳統文化。縱觀兩岸歷史發展的進程，兩岸新領導人在強人威權之後，既無威望也無德望，汲汲於運用權力的槓桿，撬動江山一統的政治領域，以鞏固政權，兩岸的和解與博弈可以滿足其權力的槓桿作用，兩岸祕密談判於焉登場。相對於臺灣方面對南懷瑾的過河拆橋，北京從賈亦斌、楊斯德、許鳴真到曾慶紅，無一不是為其權力槓桿作用的支點，豈有實質性的成果可言？而李登輝、蘇志誠終究不是為兩岸合作，謀求統一而來，純粹在試探大陸動武的可能性，一面示好安撫大陸，降低敵意，累積李登輝個人的政治籌碼，企圖從國民黨政權的權力圍籠中突圍而出，再造新的臺灣。

　　1993 年李登輝扳倒郝柏村以後，在民進黨「助攻」之下，權勢上升，積極推動走出去的「務實外交」路線，挑戰大陸「一個中國原則」政策，不堅持以正式國家名稱在國際中活動，「元首外交」也接受「來自臺灣的李總

統」的稱謂，以「擴大國際生存空間」，並開始支持重返聯合國行動，只強調中華民國是主權獨立的國家，願意與中華人民共和國並存於聯合國內。

1995 年 6 月，李登輝以「私人身分」訪問美國康乃爾大學之行，結果兩岸的密談幾乎「斷線」，雖然事前大陸並非不知曉，蘇志誠事後就在接受監察院調查時表示「雙方早已在事前於香港密談，達成一定默契」，也對外聲明「康乃爾之行是學術之旅，不會觸及政治話題。」結果李登輝以「民之所欲常在我心」為題演講時大談政治，北京高層因此有上當受騙的感覺，開始認清李登輝的真面目。李登輝返臺一個月後，大陸在東海舉行大規模登陸軍演，並發佈消息；7 月至 11 月先後發動飛彈及海空軍演，翌年 3 月在臺灣大選期間又進行飛彈發射及軍演，飛彈落點在基隆和高雄外海；一時間臺海硝煙瀰漫，臺灣人心惶惶，不僅股市、匯市大幅滑落，民眾爭購黃金、外匯，更有不少資金外移，這些恐慌窘態，一一驗證了南懷瑾在 1991 年送給李登輝參考的占卦結論：「1995 年是坤卦，1996 年臺灣會有點禍」。當時臺灣在 1994 年出版了一本政治寓言小說《一九九五閏八月》，美籍華人作者鄭浪平預言解放軍將於 1995 年的農曆閏八月出其不意進犯臺灣，書中並詳細描述動武過程及其手法，該書一出版就大賣，也引來兩岸及華人社會的廣大爭議，而且盜版書也在兩岸流傳。翌年，臺灣電影市場趁勢推出同名的電影劇情片，以嘲諷寫實的手法演繹臺灣自 1950 年到 1990 年代的

社會生活變遷，劇中的虛構人物「中正雞王」在談及兩岸關係時，認為最大障礙不在軍事對抗，而在「身高」（李身高 180 公分，江 174 公分），因為江澤民不肯抬頭，而李登輝不肯彎腰，很難找到視線焦點，但憑中國人的聰明，在未來的歲月，終究會找到一個妥善解決的辦法。此類庶民苦中作樂的臺式幽默，不也折射出中國人在時運不濟，苦難當頭時，無可奈何，逆來順受的人生觀。

李登輝暴露心跡

　　李登輝康乃爾之行以後，兩岸情勢急轉直下，中共對臺「文攻武嚇」不斷。據蘇起所著《兩岸波濤二十年紀實》披露，「武嚇」部分從 1995 年 7 月起的一年間，中共總計對臺展開六次軍事演習，包括兩次震驚全球的飛彈試射。書中引述報導，「僅 1996 年的這三項演習，就耗費當年中共相關國防預算的 3%，3 月海空演習，中共甚至動員十五萬大軍。這規模暗示中共隨時可能進犯外島。美國軍方高層因此極度憂慮情況可能失控，最後導致美中核武對抗。」此後美國對中共外交行動出現安撫動作，包括柯林頓用總統私人密函，通過國務卿克里斯多福於 1995 年 8 月 1 日出席汶萊 APEC（亞太經濟合作會議）部長會議的機會，親手交給錢其琛再轉交給江澤民，密函中柯首度向江澤民保證美國「不支持」兩個中國或一中一臺、「不支持」臺灣獨立、「不支持」臺灣加入聯合國（簡稱新三不）。1997 年元月柯林頓開始他的第二個任期，並

安排江澤民 10 月訪美，進行「國是訪問」；這一年中共
有幾件要事，包括 2 月鄧小平去世、7 月香港回歸、9 月
中共十五大召開以及 10 月江澤民訪美。江在十五大後權
力趨於穩固，這次訪美，中、美雙方同意逐步建立「建
設性的戰略夥伴關係」，江離開華府的第二天即 10 月 31
日，美國國務院發言人魯賓（James P. Rubin）在例行記者
會公開提出「新三不」。次年 6 月柯林頓夫婦訪問中國，
6 月 27 日在北京人民大會堂，江對柯說：「坦率地講，
臺灣問題不能一直拖下去。一定要有個時間表……我希望
美國政府能權衡利弊，明確表示支持中國統一。」這段
當時未見諸外界報導的談話，中共在 2006 年出版的《江
澤民選集》中曝光。

　　兩天後柯林頓到北京大學演講，在回答學生提問時
說：「現在美國與中國達成了我們將遵循一個中國政策的
協定。同時我們也同意，統一應以和平方式進行，而我們
也一向鼓勵兩岸對話以促成統一。」到了 7 月 1 日，柯林
頓參加上海廣播電台主辦的座談會，地點在上海錦江飯店
的小禮堂（這也是 1972 年 2 月 28 日尼克森總統訪問中
國，發表《上海公報》的歷史勝地），柯林頓以總統身分
首度公開表態說出「新三不」。從柯林頓同意發給李登輝
訪美簽證，到柯林頓轉變成「促統」及「新三不」的美國
總統，北京在短短兩年之內，重新扭轉美國對臺外交的傾
斜，並取得更大的收穫，接著北京開始佈署重啟被推遲
的辜汪會談，以調整緩和 1995 年以來的兩岸情勢。1998

年 10 月 14 日，海基會董事長辜振甫赴大陸進行「辜汪會晤」，全團一行十二位團員中，政大教授蔡英文是唯一女性，當時蔡兼任總統府國安會兩岸幕僚小組成員，但還不是國安會的諮詢委員，僅擔任處理加入 WTO 的國際談判事務，她獲李登輝欽點，以「辜振甫英文祕書」身分加入訪問團，並在隨後的兩場國際記者會為辜振甫傳譯，表現亮麗。辜振甫這次除了在上海進行「辜汪會晤」，達成包括邀請汪道涵先生回訪，汪也同意在適當時間來臺訪問等四項共識，並到北京會見江澤民等人。汪道涵也在本次「辜汪會晤」中，提出「一個中國」的八十六字訣。

　　「辜汪會晤」後，有個小插曲。南懷瑾在事後不久應詢，曾以閩南話的諧音——「黑鍋」來形容此次雙方會晤，認為「不會有結果」。

　　此一插曲源於辜返臺後，緊接著臺灣《中央通訊社》邀請大陸《人民日報》新聞代表團訪問臺灣，由時任《人民日報》主持言論部門的副總編輯周瑞金領隊，汪道涵得知此事，囑咐周專程去拜會辜振甫代為致意，並瞭解臺灣政界對剛達成的辜汪會晤四項共識的反應；並要他在回程香港時，前去拜見南懷瑾，聽取南懷瑾對兩岸關係的高見。周拜見時年八十一歲的南懷瑾時，後者戲稱周為「南書房行走」來了，一語雙關。當時外界早已有人戲稱南懷瑾寓所為「香港中南海」，加之周瑞金主持中共機關報的言論部門，行走中南海自為意料中事。而今「南（懷瑾）書房行走」問起辜汪之會的看法時，南懷瑾不假思索，脫

口而出：「現在兩岸都說好，我看不會有結果。汪辜，閩南話是——黑鍋。」南接著又說：「李登輝這個人你們都沒有看透。他在執政初期，權力基礎未穩，利用密使會談，緩和兩岸關係，取得大陸對臺灣地位的認可，得以騰出手來將李煥、郝柏村、林洋港等政敵消除掉，鞏固自己的權力。現在，李登輝不同了，他會容忍汪道涵去臺灣談統一嗎？」

果不其然，根據李登輝下台後第一本書《李登輝執政告白實錄》（印刻出版，由長期採訪總統府新聞的記者鄒景雯執筆）揭露，在柯林頓訪中並在上海提出「新三不」後的一個月，即 1998 年 8 月，李就在國安會成立了「強化中華民國主權國家地位小組」，由政治大學教授蔡英文任小組召集人，顧問為張榮豐、陳必照（皆為國安會諮詢委員）及林碧炤（時任總統府副祕書長），並邀請一些法政學者參與研究，次年 5 月完成結論報告，即後來在 1999 年 7 月 9 日由李登輝對《德國之聲》記者說出的「兩國論」原型。

而在這個時機安排此一外媒訪談，李登輝自己也承認，主要是為了汪道涵的來訪，必須創造談判的籌碼，其實等於阻止汪道涵來臺訪問。表面上，這當然也是應對海內外排山倒海而來的壓力，而其包藏的「禍心」自然不僅於此。至於南懷瑾早先的預警，周瑞金回到上海已面報汪道涵，包括不看好兩岸關係的改善，汪訪臺機會渺茫和李登輝已經發生變化了，這些都在第二年的「兩國論」公布

之際，徹底暴露。2005 年 12 月 25 日汪道涵在上海病逝，
享壽九十歲，南懷瑾在閉關中得知汪的辭世，遂在關中為
老友超度，並撰挽聯：「海上鴻飛留爪印，域中寒盡望春
宵」。汪道涵再也望不到兩岸會談，和平統一。

南懷瑾密訪上海

　　1995 年農曆除夕，江澤民發表著名的「中國人不打
中國人」的「江八點」之後，2 月間汪道涵將大陸知名記
者周瑞金發表在雜誌上介紹南懷瑾的〈奇書、奇人、奇
功〉一文，送請江澤民參閱，同時代表江澤民邀請南懷瑾
北上，在釣魚台國賓館會晤中央領導人，並建議南老到北
大、中央黨校講演或授課。到了夏天，南懷瑾在上海的表
哥和許鳴真都得了重病，於是他決意到上海探訪；當他得
知中共領導人都已到北戴河避暑，就打電話給汪道涵說：
「你暫不要去北戴河，我要來了。」當時外界正在盛傳江
澤民與喬石之間的政爭，已有「水落石出」或「石落水
漲」的流言，看來中南海也不是風平浪靜，南懷瑾為避免
捲入是非，而想說的話也可以由汪道涵轉上去，於是在 8
月 3 日「微服」密訪上海，此行是他離開上海近半個世紀
後重歸故土，別有一番滋味在心頭。為避人耳目，他一
改平日中式的青衫及履，特地換上一套筆挺西裝，倒顯得
有趣。

　　當天有六位青年朋友在機場迎接南老師，一見面就得
意地說：「老師，你看我們的砲打得如何？」南一語雙

關，以詼諧口吻說：「打兩砲，褲子一穿就走嘛，不能真打的。我就是為了你們打砲來的，我贊成你們打，不打不行。你們是不是打給美國人看的？」青年朋友眾口一詞說：「對呀！老師，不瞞你說，我們是不打臺灣的。」南說：「不要再打了，只要打兩次，第三次不要再打了，再打就要失去臺灣老百姓的民心了。」南懷瑾走出虹橋機場，立刻直奔海軍醫院探望許鳴真。兩人見面，緊握雙手，相對無言；南懷瑾懂得中醫，一看許老爹氣色，知道這關過不了，許也知道自己來日無多，想想統一大業未成，禁不住眼淚奪眶而出。不久，許鳴真辭世，南懷瑾在香港聞聽噩耗，悲從中來，寫下一副輓聯：「事求妥貼心常苦，悟道因緣日已遲」悼念這位晚年知己。

汪道涵為南老師安排下榻於上海衡山賓館，並為他晚宴接風，在場作陪都是南的親近人士，有李傳洪、王偉國及王的妻舅練性乾（曾任上海《文匯報》駐美記者）等人。第二天的談話，汪希望與南老兩人單獨會面，南不同意說：「天下事絕對無私，讓青年人參與吧。我今天來是為歷史做個交代。」接下來次日一整天及第三天上、下午，南懷瑾前後足足講了八、九個小時並答覆詢問，汪道涵及北京來的那幾位青年（有些來自軍方情報部門），自始至終都在場聆聽。據在場人士憶述，南懷瑾從臺灣歷史講起，包括日據、兩蔣治臺、二二八事件的歷史傷痕及一般社會情況，間中甚至提起 1950、1960 年代白色恐怖時期，在蔣中正威權統治下，他的軍方好友蕭政之請他幫

忙，到軍人監獄給犯人上課，說是請他去上課，死刑犯可以減罪免死。他問：「老先生同意嗎？」對方答：「同意」，南再問：「為什麼？」老友說：「這幾百個罪犯，十幾歲就出來抗日，到全國各地戰場打日本人，後來跟著國民黨退到臺灣，沒有功勞也有苦勞，沒有苦勞也有疲勞，尤其有些人頭髮都發白了，還揹著無期徒刑、死刑，過意不去，可是依法也不能放。」所以請他去上課。南懷瑾來到獄中教室，要求立下這些人的祖宗牌位，然後利用夜晚點上蠟燭，要他們在祖宗面前懺悔、反省；南老師告訴這些人要反省懺悔，也不要埋怨了，並說像我們這一代人的命運八字就是「生於憂患，死於憂患」。當時很多人面向自己的父母、祖宗牌位，當場跪了下來，呼天搶地，痛哭流涕，經過這場懺悔儀式的洗禮，南老師又讓他們寫下懺悔的心得報告。另外，軍方也安排黨國大老如陳立夫也來獄中上課，為他們講解三民主義與中華文化一貫之道。後來這些上呈的懺悔報告起了作用，一個月以後，很多人以懺悔的成績，獲得釋放。南懷瑾講了臺灣這些社會情況，聽者莫不動容，等於上了一堂未曾公開的真實臺灣史課。

他強調，兩岸對峙，等於兄弟吵架，如何化解，不宜太著急；而臺灣經濟發達，大陸以大事小，兩岸生活條件、水平不一致，問題不易解決，但要爭取和平解決；大陸在本錢不足的情況下，要先擱置分歧，共同發展經濟。南懷瑾對兩岸因互不信任而坐失國家統一良機，表示痛心

疾首，他說：「你們現在做的是出自下策，李登輝那個傢伙瘋了，你們不要跟著發瘋，打幾砲，警告一下美國人就可以了。」汪道涵從頭到尾禮貌地聽完南老的嬉笑怒罵，並答應把兩天的錄音談話送給最高領導人。三天後，南懷瑾自滬返港。1995 年底，李登輝修憲掀起的公民直選總統大戲正在臺灣熱鬧上演，他與早期逃亡海外歸來的台獨前輩彭明敏競選，為此南懷瑾寫下一首嘲諷詩云：

> 島池魅力魚千里，蠻觸功名一飯餘。
> 早說南柯非昨夢，如何人間問乘除。

國共幾年離索　錯！錯！錯！

　　說到南懷瑾從 1988 年 1 月落腳香江，一直到 1995 年 8 月為北京高層解讀臺灣史事和兩岸關係，七年來他為國家統一大業所付出的心血，這中間的「娘舅」工作雖以遺憾收場，並曾以「一場愚痴無智的誑語笑談會」來概括其遺憾，但畢竟難言而言，他借用辛稼軒的詩句「有時思到難思處，拍碎欄杆人不知」道出他「怕人尋問」的心境。南懷瑾解說：「古往今來，凡是詩學名家的作品中，香草美人，大多或屬於感懷時事，借託青衫紅粉以掩情懷而已。」

　　有一天，北京大學國際研究所所長袁明教授及人民大學教授李青原到香港探望南懷瑾，老朋友見面又向他打聽對兩岸密使的看法和事後感想，南懷瑾一言難盡，道出

所謂詩學名家「借比興抒情感懷」的說法，在兩位教授一搭一唱之下，南懷瑾借陸放翁與當年奉母命所迫而仳離的夫人唐琬的兩首詞，解讀國共恩仇與和解的「難！難！難！」。陸放翁寫給唐琬的《釵頭鳳》首先云：「紅酥手，黃縢酒，滿城春色宮牆柳。」正好比在北伐以前，國共的合作；「東風惡，歡情薄，一懷愁緒，幾年離索。錯！錯！錯！」這好比北伐到上海開始，蔣氏討壓共匪，辣手摧花，施行清黨，從此一錯再錯；然後國府撤退臺灣，毛澤東、江青鬧文化大革命，豈不是「春如舊，人空瘦，淚痕紅浥鮫銷透。」現在國共兩黨，大陸臺灣兩岸，又要如何和談，如何回歸，中間又彼此久已隔絕，勢難溝通。豈不是「桃花落，閒池閣，山盟雖在，錦書難託。莫！莫！莫！」。唐琬回應陸放翁的《釵頭鳳》則云：「世情薄，人情惡，兩送黃昏花易落。曉風乾，淚痕殘，欲箋心事，獨倚斜欄。難！難！難！人成各，今非昨，病魂常似秋千索。角聲寒，衣闌珊，怕人尋問，咽淚妝歡。瞞！瞞！瞞！」

　　南懷瑾「怕人尋問」及「欲箋心事」的心境，都寫在在唐琬對陸放翁的答詞之中。兩位北京來客又追問南懷瑾到底今後管或不管這件事（兩岸談判）而且又怎樣回覆大陸？南懷瑾則舉《寄征衣》（元‧姚燧作）所言：「欲寄寒衣君不還，不寄寒衣君又寒。寄與不寄間，妾心千萬難。」接著再誦唸六朝的兩首《休洗紅》以及辛稼軒的詩，算是答覆訪客的追問。《休洗紅》云：「休洗紅，洗

多紅色淡，不惜故縫衣，記得初按茜。人壽百年能幾何，後來新婦今為婆。」（其一）「休洗紅，洗多紅在水，新紅裁作衣，舊紅翻作裡。迴黃轉綠無定期，世事返復君所知。」（其二）最後南懷瑾的心境有如辛稼軒詩云：「飲罷閒遊遶小溪，漫將世事細尋思。有時思到難思處，拍碎欄杆人不知。」

終　章
命該濁世一身藏

　　南懷瑾先生晚年一再指出，他一輩子出版的述著之中，以《論語別裁》和《原本大學微言》，最值得關注。他的內侄，也是他在大陸當地的聯絡代表王偉國同他私下晤談時，南懷瑾也強調後世流傳他的三、五本述著中，這兩本書就在其中，顯見其寄望之深且重。

重定《論語》訓詁內義

　　南懷瑾第一次講《論語》，早在 1950 年代末期，當時他在泰順街住家（訂名「淨名學舍」）為少數學子講授，1962 年秋天講記由「淨名學舍」出版，只有開頭的六篇，初名《孔學新語－論語精義今訓》，由楊管北題簽。後來在漫長的十五年中間，他前後又講過三、四次，他說：「起初，完全是興之所至，由於個人對讀書的見解而發，並沒有一點基於衛道的用心，更沒有標新立異的用意。」雖然初心如此，但針對《論語》的沉淪，他在〈孔學新語發凡〉一文中強調，「孔家店開得太久了，經過二千多年的陳腐濫敗，許多好東西，都被前古那些店員們弄的霉濫不堪，還要硬說它是好東西，叫大家買來吃，這也是很不合理的事。」但是「那個老牌寶號的孔家店，向來是出售

米麥五穀的糧食店，除非你成了仙佛，否則如果我們不吃五穀米糧，就要沒命了！固然麵包牛排也一樣可以吃飽，但是他到底太稀鬆，不能長日充饑，而且我們也買不起，甚至不客氣的說：還吃得不太習慣，常常會患消化不良的毛病。」南懷瑾認為，孔家店被人打倒是不無原因的，主要是所講的義理不對，內容的講法不合科學。他指出，古人和今人一樣，都是把《論語》當作一節一節的格言句讀，沒有看出他是實實在在首尾連貫的關係，而且每篇都不可以分割，每節都不可以支解；他們的錯誤，都在斷章取義，使整個義理支離破碎了。本來二十篇《論語》，都已經孔門弟子的悉心編排，都是首尾一貫，條理井然，是一篇完整的文章。

早在 1960 年，南懷瑾著作《楞嚴大義今釋》時就揭櫫「整理固有文化，以配合新時代的要求」的理念，對《論語》的講授亦復如此。他要「擺脫二千餘年的章句訓詁的範圍，重新來確定它章句訓詁的內義。」他的體驗便是要「入乎其內，出乎其外」，「主要的是將經史合參，以《論語》與《春秋》的史蹟相融會，看到春秋戰國時期政治社會的紊亂面目，以見孔子確立開創教化的歷史文化思想的精神；再來比照現代世界上的國際間文化潮流，對於自己民族、國家和歷史，確定今後要走的路線和方向。」他說：「孔子學說與《論語》本書的價值，無論在任何時代、任何地區，對它的原文本意，只要不故加曲解，始終具有不可毀、不可讚的不朽價值。後起之秀，如篤學之，

慎思之，明辨之，融會有得而見之於形式之間，必可得到
自證。」南懷瑾期待「因此若能使一般陷於現代社會心理
病態的人們，在我們講的文字言語以外去體會，能夠求得
一個解脫的答案，建立一種卓然不拔，矗立於風雨艱危
中的人生目的和精神，這便是我所要馨香禱祝的了。」

　　1970 年代初期，南懷瑾在中華電視台、國民黨中央黨
部大陸工作會，先後講授《論語》，講記隨後又在《青年
戰士報》連載，社會大眾的反響較大，開始關注他結合現
代思潮以及經史合參的方法，賦予《論語》新的生命，進
而支持他為孔家店「伸冤」。《論語別裁》出版後，影響
所及，連離島的澎湖馬公市也傳出青年男女結婚，以南懷
瑾的著作為信物。當時的《中央日報》曾刊登一則報導，
一對馬公市男女青年依古禮儀式舉行婚禮，新郎張建勝騎
馬迎親，當雙方互贈信物時，新郎以《論語別裁》贈予新
娘陳淑子，新娘則以南懷瑾的另一著作《孟子旁通》回
贈，顯見南懷瑾當時在臺灣的影響可見一斑。南懷瑾自
述，他「雖遊心於佛道，探性命之真如；猶輸志於宏儒，
樂治平之實際。」他的發現，也正因為有歷代先賢的啟
發，加以力學、思辨和體驗，才敢如此作為，開創新說；
同時更要鄭重說明，「我不敢如宋明理學家的無聊，明明
是因佛道兩家的啟發，才對儒學有所發揮，卻為了士大夫
社會的地位，反而大罵佛老。」他透露，自己也是因為多
年學佛，才悟出其中的道理。「為了深感世變的可怕，再
不重整孔家店，大家精神上遭遇的危難，恐怕還會有更大

的悲哀！」所以他才講述此前二十年來的一得之見，貢獻
於社會的後起之秀，他「既不想入孔廟吃冷豬頭，更不敢
自己杜塞學問的根源。」要講孔子的思想學術必須先要瞭
解《論語》。

《論語別裁》長銷百萬冊

　　1980 年代，大陸開始改革開放，傳統文化思想地位也
慢慢恢復，前章所述葉嘉瑩自海外返鄉，在大江南北講演
傳統古典詩詞所受到的熱烈歡迎，迄今仍在發揮其影響；
兩岸對峙氣氛緩解以後，在海外特別是美國的中國留學生
之間的交流、通婚也排除了禁忌。1994 年暑假，來自臺
灣的一個學界同儕參訪大陸，當時的副總理李嵐清在中南
海紫光閣接見這些學人，交談之間，領銜的臺大前文學院
院長顏元叔問李嵐清，大陸如何恢復傳統文化？是否還在
批孔？李嵐清回答，大陸近年來舉辦了不少孔子思想討論
會，特別是在山東曲阜的孔子故鄉，已定期舉辦多屆的孔
子思想學術國際研討會，也有不少海外學人應邀出席。改
革開放以來，大陸在文革破壞下的思想真空問題，已威脅
到改革開放的長遠發展，正思推進文化重建的方法。1980
年代初期，據聞北京的一位最高層的紅二代一度透過其在
美國德州留學的朋友，向臺灣留學生探尋、搜集南懷瑾的
《論語別裁》等作品，轉寄給大陸的「長輩」閱讀，到了
1990 年代中共內部曾少量印發「內部閱讀」版本在小範
圍流傳。接著上海復旦大學出版社也開始有計畫地出版發

行部分南懷瑾的述著，當時出版社還一度擔心書賣不出去，不料卻帶來長時期的暢銷，這對當時因文化自卑而引發的政治的危機，至少在思想上有相當的化解和對沖的作用。此舉又對於南懷瑾其他的著作在中國大陸的陸續出版起到了關鍵因素。接著又有華人外資企業主動以《論語別裁》，作為在地幹部培訓的教材。南懷瑾指出，不僅企業幹部的管理素質重要，一般社會大眾對傳統文化的培養也很重要，特別是未來掌握宣傳口子的新聞傳播幹部對傳統文化的認識與涵養至關重要。不久，若干在滬臺商及復旦新聞系校友受到南老的精神感召，也主動樂捐一批復旦版的《論語別裁》、《歷史的經驗》等書，送給母校新聞系師生，以落實南老師的倡議。

習近平早在 2014 年就在中國特色社會主義道路自信、理論自信、制度自信的基礎上，再加上「文化自信」，統領中國前進的底氣；2021 年 3 月的全國兩會，習近平又指出，「年輕的中國人如今走出去看世界之前，中國已經可以平視這個世界了，也不像我們當年那麼土了。」於是「平視世界」成為中國看待外在世界的精神立足點，印證了「文化自信」的健康成熟態度。2023 年新年伊始，北京《央視新聞》公眾號發佈習近平辦公室書櫃上的高清照片，揭開書櫃中部分藏書的神祕面紗，其中就有一套《論語別裁》首先映入眼簾，此前該書已入選大陸教育部推薦的七年級必讀名著，甚至在無錫、長沙等地的初中生畢業考，南懷瑾有關傳統文化的講話，也成考題。在海

峽兩岸不斷出版的長銷書中,《論語別裁》上市已不下百萬冊。

仙佛修行之路皆從人道做起

2010 年 1 月 25 日,南懷瑾應「吳江太湖國際實驗學校」之請,一連三天為學生家長講授修身養性之道。這所學校是南懷瑾於 2008 年在他創辦的「太湖大學堂」原址開辦的民辦學校,目的在實驗他倡行的教育理念,在知識教育的同時,擺脫應試教育的窠臼,著重生活和生存教育,培養孩童生活自理能力、學習能力、做人做事能力以及團隊精神,入學學生從初始的二十九名,一直發展到二百多名,一律住校,師資團隊則分別來自臺灣、大陸及外籍教師。當時那些到太湖大學堂聽講的家長,很多是抱著想要學佛學道,求得人生的順遂以及健康長壽,而且也是衝著南懷瑾的令名而來。惟南懷瑾在開場白中,直話直說,先為聽眾倒了一大桶冷水,他說,大家都有個錯誤觀念,以為南懷瑾是學佛打坐搞修道的人,想跟他學一點修身養性,如不能成仙成佛,也至少祛病延年。他強調,當時已九十三歲,一輩子都在找,也沒看到過仙佛,那麼有沒有這回事呢?有,但是找不到。「因為幾十年來大家忘了根本,只喜歡看我寫的那些佛經之類的書。我那些書不是弘揚佛法,講佛經也不是弘揚佛法,是叫大家不要迷信,這一套我們自己本來就有的,是大家沒有搞清楚。」

南懷瑾正告台下的聽眾:「我的著作很多,大家要學

修養身心，重點是兩本書，請諸位聽清楚，一本是《論語別裁》，……我不是聖賢，只是以個人見解所瞭解的中國文化，做人做事是這樣的。所以不管學佛修道，是先讀懂了《論語別裁》，才知道什麼叫修行。」他強調：「《論語》真正是講聖賢做人做事的修養之道，也是大成至聖先師孔子的內聖外王之道。孔子是中國的聖人，在印度講是佛菩薩，在外國就叫先知，在道家叫做神仙。可是儒家的傳統上，只把大成至聖孔子看作是一個人，不必加上神祕外衣，他就是一個人。」「《論語別裁》是我很重要的一本書，另一本非常重要的是《原本大學微言》。」南懷瑾感喟道：「如果說對我很相信，請問《原本大學微言》讀過嗎？不要說讀過，翻過嗎？看得懂嗎？要問打坐修行修養之道，《原本大學微言》開宗明義都講到了。」於是南懷瑾花了三天時間，為聽眾導讀《大學》的宗旨回歸中國文化的根本之道。

南懷瑾指出，他從八歲起就讀《大學》了，而從這個《大學》的宗旨來講，佛的道理也是不離它的。《大學》之道就是大人之學，中國古代的傳統，周禮規定的教育是八歲入小學，到了十五歲由童子變成大人了，開始教《大學》，教你如何做一個人。南懷瑾將《大學》的原文歸納統整為：「四綱」（即大學之道，在明明德，在親民，在止於至善。這是講一個凡人成為知道生命來源的聖人的四個綱要）、「七證」（即知、止、定、靜、安、慮、得的七步工夫，是修養程序，也就是求證大道的學養步驟。後

來佛說修禪定，這個禪定的翻譯就是從「知止而有定」來的，所以禪定也叫靜慮）和「八目」（即格物、致知、誠意、正心、修身、齊家、治國、平天下的八個大項目、大方向的外用之學）。誠如南懷瑾弟子周勳男在《原本大學微言》一書的編輯說明所言，「這七證工夫，實為中國原創的儒家心傳，不只為後來的道家實修者所引用，也為佛家傳入中土時，借用來說明禪定的方法，影響後世甚為深遠。」南懷瑾強調，《大學》之道，四綱八目，再加上七證，如何修養的起步工夫，如何打坐修行，佛家道家基本上也都離不開這些，事實就是如此啊！中國傳統文化同佛法一樣，上自天子皇帝，下至庶人普通老百姓，都看作是一個人，都要先以這個文化作根本，「自天子以至於庶人，壹是皆以修身為本」，這就叫做內養之學，佛家稱為內明。「所有仙佛修行之路，都是要從人道做起的。」南懷瑾感嘆表示：「找我的人多半是看佛經的，問我的都是怎樣打坐啊，前面看到光啊，下面放個屁啊，都是這一套問題。民國以來知名佛學大師太虛法師有個偈子：「仰止唯佛陀，完成在人格。人成即佛成，是名真現實。」南懷瑾認為很有道理。他說：「人做成功了，人格發展到極點，就成佛了。這就是現實，這才是真存在主義的存在。《原本大學微言》出版以後，沒有人提出向我討論，沒有人問過我什麼是大學之道？什麼是『物格而後知至，知至而後意誠』？這些內容；出書到現在十幾年了，沒有一個問過我，你就可想而知了。」

　　有一回，南懷瑾提到司馬遷的名山之作－《史記》
時說，司馬遷在自序說他著《史記》要「藏之於名山，傳
之於其人。」這句話大家都說很偉大，其實司馬遷是在罵
人，為什麼？南懷瑾解讀指出，一部書寫出來，要放在
山角落藏起來，不讓人閱讀，要等到一萬年、一千年以
後，讓人考古挖出來。「實際上他在罵人，罵了漢朝當
代的人，你們都是渾蛋，看不懂我的書，將來會有人看
懂的。」這是寫文章這樣罵人的，罵得好！結果時人被
「罵」了以後，還視之為名句，背誦流傳下來。南懷瑾
說，孔子傳給學生曾子記下來的《大學》是四書五經之
一，當年他八、九歲就讀這幾部書，《大學》、《中庸》、
《論語》、《孟子》，都是講內聖外用的修養之學。

　　說起《原本大學微言》的誕生，也是大勢所趨，勢所
必至。1996 年南懷瑾慨嘆，對於佛學的講解已經夠多了，
對於道家的學術也講了不少，但對於中國文化最重要的儒
家四書，只出版了《論語別裁》和《孟子旁通》；而最重
要的《大學》及《中庸》，尚未有述著出版，所以希望把
以上兩部書講完出版。

《原本大學微言》緣起

　　事實上，催生《原本大學微言》這本書的，間接與對
岸的江澤民主席也有關係。前章提到，江澤民在 1995 年
農曆除夕發表《江八點》，提出「中國人不打中個人」的
倡議之後，海協會會長汪道涵向他推介南懷瑾其人，後來

江澤民委請汪道涵邀請南懷瑾到北京談談臺灣問題，期待
他也到北京講學，但南並未答應。南懷瑾一輩子未到過北
京，年少時一度想到清華、北大讀書，後來走了另一條道
路，眼下前去北京的意願不高，他曾私下與左右講到，如
果北京還有梁漱溟一類的學人在，他倒有興趣去談談。後
來經過汪道涵再三協調，1995 年 8 月南懷瑾以探望在上
海病中的許鳴真為由，祕密訪滬，而有與汪道涵等人長談
臺灣問題等相關議題，並全程錄音由汪老轉交江主席和中
央，已如前述。至於到北京講學的邀請，南懷瑾最後答應
寫本書作為回應，此即 1998 年出版《原本大學微言》的
由來，他希望中國最高層領導人瞭解國家的歷史文化，以
文化先行，攻心為上，作為兩岸統一的最高策略；誠如南
懷瑾所言，中國的立國精神主要還是奠定在儒家的基礎之
上，其思想精義在國際之間，向來主張「興滅國，繼絕
世」，盡力輔助弱小國家民族，而他親撰《原本大學微
言》一書，同時也希望能作為現在和未來中國處理國際關
係的思想原則的決策參考。因此南懷瑾返回香港後加快講
述《大學》的課程，他講課有個特點，聽眾越多，靈感來
時，越是精彩；而香港環境條件的關係，講課都是小班聽
眾，講來講去，難以充分發揮。講過幾次，每次都由不同
的人記錄，整理文字稿又不甚理想，總是不滿意。後來南
懷瑾乾脆自己親自動筆，每天在夜深人靜時開筆寫稿，每
回約二千字，寫完放置在宏忍法師的書桌上，第二天再由
宏忍師打字輸入電腦，左右弟子謝錦揚、歐陽哲也幫忙從

書堆中翻找南懷瑾所要的資料，兩人也從中學了不少。

到了 1997 年秋天，南懷瑾持續筆耕一年的四十萬字鉅著《原本大學微言》終於殺青，這是他生前出版六、七十種述著作品之中，鮮見的少數親筆「著作」之一。南將書稿交由弟子周勳男帶回臺灣從事校對及編輯工作，周又花了半年的功夫完成校訂，終於在 1998 年 3 月出版。根據周勳男署名的編輯說明，該書之「所以定名原本（又稱古本），是為了有別於流行八百多年的朱子章句本。《大學》的原本是指西漢戴聖所傳《禮記》的第四十二篇原文。自宋朝朱子的章句本流行以後，不只許多注解《大學》的書，如司馬光的《大學廣義》等，都已失傳，甚至坊間連原本《大學》也久不流通。所以到明朝嘉靖年間，王陽明把原本《大學》刻印出來，當時的文士還驚怪起來，不相信還有這一種本子。甚至清朝的李惇還說：『學者有老死不見原文者。』因為大家既然只讀朱子的章句，刻《禮記》的人索性就把其中的《大學》、《中庸》只存其目錄，把文字都刪除了。本書所採用的原文，是依據清末阮元重刊的《宋本禮記注疏本》。」周勳男又引南懷瑾在書中所點出，「《大學》的思想是源自《易經·乾卦·文言》而來，而《大學》原為古代中原文化、文學的代表作，自有其理路脈絡，而不必去篡改原文，對於朱子把『大學之道』竟說成『初學入德之門』，更不以為然。」又說：「為了恢復原本《大學》的真面目，先對朱子把『親民』當作『新民』，以及改編《大學》次序，提出

了批判，對於朱子把『明德』說成『虛靈不昧』，更詳加探究，而強調要從自知之明做起。」《原本大學微言》在講述和著作期間，也受到大陸「中國國際戰略基金會」的關注，該基金會理事和學術委員會成員，遍及中共軍方、港澳台機構、國際政治研究單位、財金單位及學界人士，同美國智庫如蘭德公司、布魯金斯學會、卡內基和平基金會，美國國際戰略研究中心都有往來。本書在臺灣老古出版社出版的同時，也在北京同步印行簡體字出版，該版書中的「出版前言」還是由中國國際戰略基金會祕書長陳知涯先生所撰，後來又有復旦版的出版發行，迄今仍在長銷，顯見其普受專業人士的歡迎。

　　僅僅數千字的《大學》，經南懷瑾從內聖的修身養性，層層推衍至外用的治國平天下，講述統整為四十萬言的一部書，最後結語則在說明，「在悠久的中國歷史文化中，雖有所謂『諸子百家』之說，而立國精神主要還是奠定在儒家的基礎上，而儒家思想的精義在國際之間，向來是主張『興滅國，繼絕世』，盡力輔助弱小國家民族的。」因此他要正告西方學者如杭亭頓之流，「不應挑起文化之間的互相敵視，引起人類爭戰的悲劇。」要而言之，「中國是由歷史上許多民族混和而成的，而中國文化也在歷史上融合了西域、印度等地的文化。中國及其文化永遠是開放心胸，希望『禮運大同』，以達和平共存、互相繁榮文明的世界。」

彼得・聖吉問道南懷瑾

2006 年的 10 月底，那位自 1997 年起已多次拜見過南懷瑾的美國麻省理工大學著名的管理學家、寫過《第五項修煉》、《修煉的軌跡》的彼得・聖吉博士，偕同 ELIAS（Emerging Leaders for Innovation Across Sectors）團員二十五人到太湖大學堂參訪研究，並請南懷瑾對該團發表演講。這個組織是在聯合國全球契約計畫中開發學習共同體的理念下組成的，團員來自十二個國家，包括了聯合國的專家顧問、各國企業領袖、學界菁英；有醫生、學者、行政人員、社會人士……彼等的工作領域涉及環保、能源、疾病防治、國際合作等，均屬人類社會關懷性質。團員在四天的研討、聽講中，對推動本地和國際社會真正可持續健康發展有深刻的個人願望，也就是南懷瑾口中的「存救世之心者」。南懷瑾在四天當中，講了十二堂課，主要從中國文化歷史談儒釋道如何應變及其他天人之際更廣泛實際的探問。而過去幾年彼得・聖吉也向南懷瑾學習不少中國儒釋道的修煉，並在他的著作《修煉的軌跡》中呈現他的學習心得。南懷瑾提到，「從 16 世紀以後，東西方有兩個重大不同，中國文化思想認為，解決貧富差距，安定社會，要用好的文化政治來解決經濟問題；西方文化從亞當・斯密的《國富論》，一直到馬克思的《資本論》，到凱恩斯的消費刺激生產，都是認為要用經濟來解決政治、文化的問題。這兩個不是矛盾，是兩個方法。現在東西文化的結合，造成今天全世界的人類（不止中國人），只向

錢看，而且都在凱恩斯的思想之下，消費刺激生產。如果要消費刺激生產，最好是天天打仗，打仗是最大的消費。所以現在人類看不清，沒有一個新的思想能綜合這一切，領導這個世界，照這樣發展下去是很嚴重的。」

　　二十年前，南懷瑾在美國曾回答一位哈佛大學社會教授的問題，也曾講過這個問題，所以人類現在是在迷糊之中。他常對人講：「現在全世界人類文明思想是四個東西在轉，即所謂達爾文的進化論、弗洛伊德的性心理學、馬克思的資本論、凱恩斯的消費刺激生產，除此之外，產生不出來一個新的思想。」南懷瑾進一步指出：「你看科技文明的發展，一個國家一個民族安定了幾千年，所謂現代這些科技什麼都沒有，卻過得很自然，很舒服。到了西方文化騙了中國搶了印度，兩百多年的佔有，東方的黃金白銀統統流到西方去了，變成現在的西方文明。這一下給中國一個大大的、痛苦的打擊，從 19 世紀到 20 世紀。像我小的時候，已經對中國歷史、西方歷史瞭解了，但我很樂觀，我說不要怕，他們的科技越發展得快，我們越好，就是『迎頭趕上』四個字，後來孫中山也用上了。怎麼叫『迎頭趕上』呢？你車子越開得快，我不在後面跟，在車子還沒有來時，我在你車子前頭等著你。你看到今天的中國社會了吧！趕到科技火車頭的前面，變成 21 世紀今天的中國！」「看中國歷史的發展，和現在的中西文化做比較，你就看到，科技文明究竟給人類帶來什麼，是禍害，還是和平？不知道。科技是沒有感情的，可是人心百分之

九十九都是感情、情緒，所謂理性也常常是為情緒服務
的。感情、情緒的陶冶，人格的養成，會不會做人做事，
不是科技的範圍，而是哲學、宗教、文藝、教育的範圍。
今天的世界惟科技馬首是瞻，人格養成沒有了，都是亂得
不成器的，教育只是販賣知識，這是根本亂源，是苦惱之
源；只有科學、科技、哲學、宗教、文藝、人格養成教育
回歸一體，回歸本位，均衡發展，才有希望。」

　　最後，南懷瑾站在一個人類的高度，看待中國文化、
看待中美兩國的發展，他對在場參訪研究的「存救世之心
者」說：「中國文化幾千年，必定會產生共產主義、社會
主義，這是一個必然的趨勢。中國的現狀也並不是結論
哦！你們美國的，現在中國的，都是歷史一段一段的過
程；像公共汽車開動，一站一站，都只是一站，慢慢變化
吧。道家的道理就是你看清楚未來的變化趨勢，就先在下
一站等，現在是拉不回來的，不能急。」

歐美強盜經濟學家

　　放眼當代世界，南懷瑾認為當今世界上的經濟學家，
歐美的經濟學家，是強盜的經濟學家，都是為一個國家、
一個觀點，寫了許多經濟學專書，從《原富論》開始，通
通不對，沒有一個學者研究全體人類的經濟學，馬克思有
一點像，但還不完全，他在那個時代還看不清楚，世界上
所有的經濟學家都是這樣。實際做國際大生意的，影響了
整個世界，他們對全人類究竟是怎麼個影響法，今天乃至

以後的全人類，究竟應該怎樣生存生活，沒有人研究，這是很嚴重的大問題。他提醒國人注意，我們這個時代走到大河中間，中外文化也走到大河中間了。問題是我們自己怎麼準備好，不要「中河失船」；萬一船漏了，這個時候有一個什麼辦法，能夠救起這個時代，救起自己國家民族的政治，而政治包含了經濟、文化在內，這是很重要的。他在《原本大學微言》書中一再強調，「科技發展的最高目的，不是專為經濟價值，或市場競爭做工具的。我們對這個課題，先要了然於胸，才有資格說迎頭趕上。」

　　每當變亂來臨之前，南懷瑾總能感知於風向的變化，從而駕變馭變，有如他自己所說的道家的辦法——因勢利導的應變之道。抗戰時江南淪陷，他先走一步，離鄉背井，來到西蜀；國共內戰登場，他避地昆明返鄉省親；及至大陸變色，他又東渡海峽，落腳臺灣；蔣經國對他有了心防，他避地美國；兩岸對峙放緩，他落地香江，擇時回歸故里。這是他生於亂世，不能避世而有的一幅避地應變地圖。南懷瑾細數他的一生，一輩子都活在中國歷史上大變化的百年動亂之中，既生不逢時，也應世而生，所以他說自己是多生累劫修行而得人緣、法緣以篤行實踐。1918年出生時，滿清覆滅不過七年，接著五四運動爆發，他說「五四運動以來，使這個文化斷層了，我不能不來，我也是應劫而來，發願來的。」然後是北伐，都在變亂，童年在天下大變中度過。剛剛成長又親歷第二次世界大戰，日本人入侵中國，全體老百姓都在災難中。接著八年抗戰，

說是八年，其實前後加起來共十幾年，那真是家破人亡，國家民族支離破碎。剛剛結束抗戰，國家內部又陷黨派意識的紛爭，肇生內戰。南懷瑾感喟，此後幾十年避世遠行，漂流在外，「這樣一搞，我一生的時光就沒有了，報銷了」。所以他給自己一生的定位是「生於憂患，死於憂患」，沒有一天安定過，自認是經過六個朝代的人了。但眼下這二、三十年卻是中國歷史上幾千年來，從沒有過的太平歲月，認為生在當代的人是運氣最好的一代人。他處在憂患歲月，心憂天下文化興亡，「知君兩件關心事，世上蒼生架上書。」

南懷瑾指出，中國文化有三條道路，一個是師道，做老師教化、教育，是超然於物外的；一個是君道，做治世的轉輪聖王，那是好的帝王，不是普通的領袖；再一個是臣道，做個很好的宰相，輔助聖君，使天下太平。他決心結合世間法，走師道教化之路，著眼於時代的變化，投身於傳統文化的整理和發揚，造福人群。

《狂言十二辭》自畫像

南懷瑾曾有一幅自畫像《狂言十二辭》，最能體現他在亂世之中的自處之道。辭云：

以亦仙亦佛之才，處半鬼半人之世。

治不古不今之學，當談玄實用之間。

具俠義宿儒之行，入無賴學者之林。

挾王霸縱橫之術，居乞士隱淪之位。

譽之則尊如菩薩，毀之則貶為蟊賊。

書空咄咄悲人我，弭劫無方喚奈何。

　　平日他從早到晚只吃一餐，晚上就是喝一碗稀飯（偶爾肚子餓了也吃一點點心），還陪「人民公社」的來客談笑風生，聲音宏亮，但他不是故意提高音量；他說如果吃了東西，腸胃塞滿了以後，反倒不然，所以他討厭吃東西。通常他陪來客談話應酬後，到了夜裡 12 點鐘，自己就去做功夫了，或者看書或者打坐到天亮，到了凌晨才休息，但不是睡覺，是做睡功，行住坐臥、睡覺走路、活動講話，時時都在用功。1977 年，南懷瑾放下諸般外緣，從容於鬧市宅居掩關，曾寫下《自笑》絕句，安於平淡、平凡。詩云：

自笑平生潔癖忙，命該濁世一身藏。

原知淨穢皆非相，卻喜蓮泥夢也香。

　　2009 年，有一回南懷瑾在「太湖大學堂」禪堂的禪修課上，談到一生傳授教化的「身心性命」之學，沒有傳人，內心很著急、很痛苦，說著說著突然咽哽說不出話

來，進而流淚哭泣，舉座驚愕……，氣氛凝重。南懷瑾提
到他的一生，不單是密宗、佛法、顯教，乃至世界的知識
學問，文化、軍事、政治、經濟、教育等等，無所不包，
他有那麼好的機緣，都是前輩找到他，送來給他的，搞得
他一輩子負擔很重，現在倒是交待不出去，沒有傳人，一
個都沒有。他對著台下的學生表示，看你們後輩，不管青
年、中年，中國文化的基礎（學識）都不夠，你們這些留
學回來的，包括老少，中國的不通，西方的也不通，都沒
有基礎。學佛修道，都是做生意的觀念，好玩的，都想求
短、平、快，自己沒基礎，又不下決心，尤其現在更可
憐，唯一向錢看。「跟你們講句真話，有時候我想到，都
哭了！中國人傳統的文化怎麼傳下去？對於人類社會的文
化前途怎麼建立？」南懷瑾哭泣流淚沉痛的一幕，指出了
當代人類社會的文化危機，至今無解。

傳統身心性命「十日談」

南懷瑾晚年為了給學生們最後的交待，曾於 2008 年
8 月有「傳統身心性命之學」的「十日談」，當時他內心
感到「很悲哀、很嚴重、很無奈」，中國文化、東方文化
怎麼變成這樣？在 8 月 1 日一連十天開講的首日，他就
說：「這一次找你們老同學回來，講這些實在話給你們
聽，因為我覺得自己九十幾歲，算不定明天、後天走了，
要給你們做個交待，你們再聽不懂、學不會也是活該。我
也找了快一百年，我的運氣好，抗戰把全國這些三教九流

的學者都趕到成都重慶，如果我個人去拜師訪問，那得花多大的力氣！這下都趕攏一處，我都有幸見到。譬如共產黨創辦人陳獨秀、佛學專家歐陽竟無、馬一浮、謝无量，這些大師，我們都一起談過，相互之間不是老師就是朋友。共產黨趕跑了國民黨，把一批大師又趕到臺灣，又都在一起了，所以有佛道兩家的高人名人，我看得多了，真實證道的很少看到。所以我笑中國當年流行氣功，中國文化竟然墮落到這個程度，只有氣功了，但是我也佩服他們，為什麼？唯物主義流行不能講唯心，只好弄個氣功的帽子戴上。中國的內修工夫分五步，第一步是練武功，以前的出家修道的人，像虛雲老和尚、印光法師都會武功……。然後，武功練好了是氣功，氣功練好了是內功、導引，內功練好了是道功，最後是禪功，這五個層次，一步一步修過來。」他感喟道：「好久沒有跟大家一起講話了，尤其對於這些半老的朋友們，老實講我心裡有點可憐，這個人生忙忙碌碌，忙些什麼呢？你們諸位半老的朋友都到五六十、六七十了，你們有些經歷、想法、要求，我都有過，沒有結論的，功名、富貴、老婆、孩子、孫子，你們這一方面放不下，是應該，不是不應該，但是真講修行之路，我七八十年以來，沒有看到一個人，心裡很難受」。南懷瑾表示，當年在四川大學哲學系講課時，他說人類文化只有一個中心，不管宗教、哲學、科學，都圍著這四個字在轉——身心性命，任何學問如果與身心性命無關是不會存在的，也不能叫作學問。

南懷瑾憶述，二戰以後，日本鈴木大拙奉密令到美國講禪宗、禪學，用東方文化滲透美國，到現在全世界就是文化戰爭、思想戰爭階段。這個階段臺灣的密宗也起來，當時在美國流行的，除鈴木大拙的禪以外，印度人也來了，同時還有一個韓國的文鮮明，搞個新基督教，那時南懷瑾也在美國，但是他早就講，「美國的禪，中國的密，只有四個字──『過眼煙雲』。」後來那個印度人、文鮮明統統被趕跑了。南懷瑾強調，「我在美國絕口不談禪、不談佛，也不談文化。」他指出，人家是西方文化耶穌基督教的天下，你在那裡玩這一套，開個小廟子，可以在華僑裡頭偶然玩玩，我那個一玩是世界性的，玩起來那還行啊？所以叫你們學會世間法，不懂世間法你不要玩政治了，也不要弘揚佛法，你看這些大和尚在外國修的大廟子，影響了誰？影響的都是華僑，外國的名流學者聽你的才是笑話呢。南懷瑾進一步指出，現在美國流行什麼──內觀，日本、美國叫內觀，「我聽了又笑了，內觀也是中國的，中國文化傳統打坐修行，叫內視之學，內視就是內觀，黃帝時候就有，所謂容成內視之學。容成是上古的祖師，黃帝的老師，是內視之學，就是止觀，返照自己。……密宗的觀想也屬於內視之學的範圍。這是孔子以前都流行的中國文化啊，因為你們不讀書，管仲就有這樣的修養，中國人今天要治理國家天下太平，我告訴你要讀《管子》。管仲有兩篇文章講修養的，〈心術〉篇的上下，還有一篇〈白心〉，與後世佛家道家的身心性命修養

相同。」

南懷瑾總結道:「管子的修養工夫都是道家的,你想不到吧!比孔子還早,這是中國傳統文化。現在我假設說做一個有立場的比較,把印度文化、中國文化比較,中國上古就有了,佛家還在後面遲得很呢。」所以南懷瑾這次通知老同學聽講關於傳統身心性命之學,他說:「不是普通來學佛打坐,旁聽湊個熱鬧,這些都要很多的學問累積,深入科學研究,不是那麼簡單。你們年輕的來了聽聽熱鬧,學個打坐,就吹自己也在南老師那裡聽過,那算什麼啊?」

南懷瑾透露:「我現在九十多,我對中國諸子百家的古書,很多沒有讀都已經知道了,我幾十年不講這個話,現在才告訴你們,這是生命的道理。」他說,其實他修行一輩子的經驗,最後答案都在佛經上找出來。所以他親自體會過「書到今生讀已遲」。這是南懷瑾晚年最後的告白。

2018 年 6 月,浙江紹興有個「第二屆陽明心學高峰論壇」大會,論壇組委會特別為南懷瑾先生頒授「國學終身成就獎」,斯時適為南懷瑾先生百年誕辰紀念,獎詞有言,南懷瑾先生「以一己之力疏導千年人文鬱結,以萬卷之功弘揚中華傳統思想。啟迪國人,文化自信重生。」組委會祕書長高斌代表致詞,他標舉一位紹興人,也是南懷瑾先生非常崇敬的老鄉馬一浮先生,並引述馬一浮概括百年來中國的問題是,「一代蒼生誤富強,時人數典必

西方」這兩句話；而組委會基於這兩句話，想找到 1840
年以來能夠為中華民族文化傳承、傳播中華民族魂的人，
把終身成就獎頒給他，希望把大師呼喚出來，讓他的精神
在我們民族文化的偉大復興中，激勵一代又一代的人，為
尋求中華文化之魂去努力、去奮鬥。（參見上海《南師如
是說》博客網站，2023 年 9 月 2 日）

　2012 年 9 月 19 日，是南懷瑾在上海的醫院住院診治
的第五天，此前院方已宣告「我們的能力到此為此」，不
建議作進一步檢驗。當天上午 6 時 40 分，在病房照護的
宏忍師等，忽然聽到躺在病床上以坐姿入定整夜的老師
身體，有個戛然而止的聲音（就像開關突然關了一樣的聲
音），發現老師的鼻息沒有了，脈搏也近乎沒有了。經醫
師檢查心電圖，呈現直線，且間隔很久才突起一點點的狀
態。醫師和趕到病房的南懷瑾次子南小舜（中醫師）檢視
南懷瑾的瞳孔並未放大。兩小時後，南小舜再驗父親的
眼睛瞳孔，不但未放大，而且臉頰華潤。稍後南的兒子和
弟子們商議，當下決定將南老師送返太湖大學堂。

　次日在南家兄弟和家人提出有關南老師的許多事項，
均為重大之事，於是眾議組成七人護持小組，由最年長的
劉雨虹居士任召集人，協調處理南老師的後事。據劉雨虹
為文追憶，「當宏忍師報告老師的情況一切平靜如常時，
大家卻有不同意見」，有些認為 19 日上午，老師已經過
世，現在應處理後事；另有些人認為，老師畢生用自己做
生命科學的實驗，幾十個小時不僅未見屍斑，瞳孔亦未見

放大，應給他足夠的時間機會實驗，不必以死亡輕率處理，宜審慎觀察再決定。大家爭議了一陣，後來發佈消息，「老師在禪定中」。然而，「連續幾天，情況困擾著每個人，老師仍平靜的躺在那裡。」劉雨虹如是說。

28 日傍晚，一對來自香港醫師夫妻，國際知名的遺傳醫學專家林德深和神經科專家李丹，化解了前述困擾。林、李夫婦，過去也常來拜望南懷瑾，探究各種生命問題。當晚他倆在會議室面對大家，講解西方醫學對死亡的定義。初期是當生命現象消失時（呼吸、心跳都停止、瞳孔放大），就認定為死亡。後來因器官移植的需要，再加上一個腦波停止，才算死亡。不過也有報導，指有人在被裁定死亡之後，又恢復生命跡象。所以，西方醫學界對生命終結的判定，越來越複雜困難了。

29 日上午 10 時許，兩位醫師帶著借自醫院的儀器，為南懷瑾檢測，包括陪同的有南小舜、南國熙、宏忍師共五人。檢測直到下午 1 時許才完成。醫師們根據各項檢測資料，仔細研判，發現南老師的腰部、腳上出現小小屍斑，且瞳孔已放大。於是林醫師在會議室宣佈：「南老師已經沒有生命的跡象，部分身體已出現死亡跡象，身體不可再用了。」此時，林醫師忽然忍不住大哭，在場有不少人一同落淚⋯⋯

下午 4 時左右，當地法醫相驗，確認南懷瑾的死亡診斷。晚飯後，小組代表在餐廳向大家正式公佈南老師辭世，享耆壽九十五歲。次日，9 月 30 日（農曆八月十五

日），在太湖大學堂舉行佛教荼毘儀式火化，當晚一輪皎潔明月高掛星空。

　　南師弟子曾云，以南師的定力，要捨壽往生很容易，完全可以預告時至（古人所謂預知時至，實際是預告時至），但那不是他的目標（實際他的壽命超過所有算命高手預言多年），他的目標，是想做更多的生命科學實驗，他想實驗身體壞了能否再重新啟動使用，這才是他臨終做的科學實驗。

　　偉哉！南夫子。

參考書目

- 《論語別裁》，南懷瑾述著，2004／12／老古文化出版
- 《原本大學微言》，南懷瑾述著，1998／3／老古文化出版
- 《金粟軒紀年詩初集》，南懷瑾著，2014／4／老古文化出版
- 《金粟軒紀年詩》，林曦注釋，2015／2／南懷瑾文化出版
- 《南懷瑾詩話》，王學信釋著，2014／6／老古文化出版
- 《南懷瑾先生側記》，劉雨虹著，2001／北京時事文化出版
- 《南懷瑾講演錄二〇〇四－二〇〇六》，南懷瑾講述，2006／12／老古文化出版
- 《漫談中國文化——企管、國學、金融》，南懷瑾講述，2008／12／老古文化出版
- 《亦新亦舊的一代》，南懷瑾述著，2012／6／復旦大學出版
- 《老子他說》（上），南懷瑾述著，1987／12／老古文化出版
- 《廿一世紀初的前言後語》，南懷瑾講述，2013／6／北京東方出版
- 《與國際跨領域領導人談話》，南懷瑾講述，2012／2／老古文化出版
- 《我的故事我的詩》，南懷瑾講述，2020／9／南懷瑾文化出版
- 《傳統身心性命之學的探討》，南懷瑾講述，2021／7／南懷瑾文化出版
- 《中國文化泛言》，南懷瑾著，2016／4／北京東方出版
- 《懷師－我們的南老師》，老古文化編輯部，1993／8／老古文化出版
- 《對日抗戰的點點滴滴》，南懷瑾口述，2015／11／南懷瑾文化出版
- 《南懷瑾與楊管北》，劉雨虹編，2017／5／南懷瑾文化出版
- 《許倬雲談話錄》，許倬雲口述／李懷宇撰寫，2010／1／廣西師範大學出版

- 《日本對華諜報工作－誘和》，藤井志津枝，1997／11／文英堂出版
- 《滄海波澄－我的詩詞與人生》，葉嘉瑩著，2017／11／北京中華書局出版
- 《郝總長日記中的經國先生晚年》，郝柏村著／王力行採編，1996／12／天下文化出版
- 《台海‧冷戰‧蔣介石：解密檔案中消失的臺灣史 1948-1988》，林孝庭著，2015／6／聯經出版
- 《意外的國度－蔣介石、美國與近代臺灣的形塑》，林孝庭著，2017／3／遠足文化出版
- 《蔣經國的臺灣時代－中華民國與冷戰下的臺灣》，林孝庭著，2021／4／遠足文化出版
- 《蔣經國晚年身影》，張祖詒著，2009／9／天下遠見出版
- 《寧靜中的風雨：蔣孝勇的真實聲音》，王力行、汪士淳著，1997／5／天下文化出版
- 《殷海光與蔣介石》，汪幸福著，2000／6／湖北人民出版
- 《1949 大撤退》，林桶法著，2009／9／聯經出版
- 《十信風暴》，王駿著，2020／8／鏡文學出版
- 《保釣風雲錄：一九七〇年代保衛釣魚台運動知識分子之激情、分裂、抉擇》，邵玉銘著，2013／1／聯經出版
- 《保釣運動全記錄》，本田善彥著／風間鈴譯，2019／11／聯經出版
- 《青春之歌－追憶 1970 年代臺灣左翼青年的一段如火年華》，鄭鴻生著，2001／12／聯經出版
- 《兩岸密使 50 年》，魏承思著，2005／香港陽光環球出版
- 《海島中國》，高立夫著／艾思明譯，1987／8／洞察出版
- 《中美外交祕辛》（上），唐耐心著／徐啟明、續伯雄譯，2002／2／時英出版
- 《1949 年後的海峽風雲實錄－美中台三邊互動關係大揭祕》，唐耐心著／林添貴譯，2012／2／黎明文化出版
- 《上海大亨杜月笙》，胡敘五著／蔡登山編，2013／5／秀威出版

- 《上海大亨杜月笙續集》，簾外風著／蔡登山編，2013 ／9 ／秀威出版
- 《戰後臺灣政治史－中華民國臺灣化的歷程》，若林正丈著／洪郁如等譯，2017 ／12 ／臺大出版中心出版
- 《點燈的人－南懷瑾先生紀念集》，編寫組編，2013 ／3 ／北京東方出版
- 《高宗武隱居華盛頓遺事》，夏侯敘五著，2008 ／2 ／湖南教育出版
- 《高宗武回憶錄》，高宗武著／陶恆生譯，2009 ／1 ／中國大百科全書出版
- 《百年南師－紀念南懷瑾先生百年誕辰》，劉雨虹編輯，2018 ／3 ／南懷瑾文化出版
- 《休戀逝水－顧正秋回憶錄》，顧正秋著，1997 ／11 ／時報出版
- 《兩岸波濤二十年紀實》，蘇起著，2014 ／10 ／天下文化出版

後記

　　寫作本書的初始動機，可以說是早在三十年前已經萌芽。當時筆者就職於臺灣《聯合報》從事新聞採訪工作已近十年，彼時海峽兩岸的民間交流剛剛啟幕不久，間中偶爾也聽聞關於兩岸密使接觸的耳語或想像，卻無從證實。1990 年春節前，筆者偕同家兄首度赴大陸老家探親旅行，回程專程到香港拜見南懷瑾老師，聆聽他對大陸發展前景的看法及海內外大陸人士同他往來的新鮮事，斯時就興起一種時代探秘的職業好奇心。

　　約莫在兩年後，有一回南老師電請家兄到香港跑一趟，當面錄音口述此前他在香港主持兩岸官方人士密談的梗概，以及 1985 年他離開臺灣避地美國前後的臺北政情變化和他與臺灣當局往來的一些回憶。後來筆者有幸閱讀了口述錄音初稿二萬餘言，家兄囑咐筆者結合當時臺灣政情和兩岸關係的變化等時代大背景，整理補充為長篇紀實留存，遺憾的是筆者力有未逮，難以成篇。在通讀初稿時，筆者注意到南懷瑾老師對於中國未來的發展，主要寄望於中國文化的治道；至於兩岸政權的問題，則主張「和平共存，協商統一」八個字，希望大家求同存異，來討論如何促進國家和平統一。

　　當時海峽兩岸「貧富差距」的現實，南老師的「治道」，傾向於如同現今倡議的兩岸「和平發展」、「心靈

契合」。後來他甚至提出「大陸劃出從浙江溫州到福建泉州、漳州和廈門一塊地方，臺灣劃出金門馬祖，兩岸合起來搞一個經濟特區，吸收臺港等地百年來的經濟工商經驗。有力出力，有錢出錢，做一個新中國的樣板。」不僅如此，他的遠略竟是「最重要的是為國家建立南洋海軍強有力的基地，控制南沙及東沙群島，對東南亞 — 太平洋海域建立管制權力。」當年這些建議，可謂「石破天驚」，兩岸國人也都難以想像；然而三十年後的今日此時，放眼國際現勢的發展路徑、兩岸關係的演變，幾乎離不開南懷瑾先生預示的藍圖框架。諸如亞太經濟合作會議（APEC）、東南亞國家協會（簡稱「東協」或「東盟」）及其「區域全面經濟夥伴協定」（RECP）、一帶一路（B&R）、南海爭議、印太經濟框架（IPEF），也都一一成為現實。

　　三十年的時間，不過歷史的瞬間，但畢竟經過三個世代。疫情之前，筆者剛好結束在上海二十餘年工作、生活的歲月，回到臺灣；不久疫情肆虐，閉門居家重溫南懷瑾老師的若干述著，講演集和講課影片，勾起不少時代故事的回憶，特別是他壯歲在臺灣（也是避時、避地）生活三十六年的隱士蹤跡，與他所處的兩岸變亂時代，息息相關。先生關於道家的隱士思想和他一輩子所走的隱士之路，其軌跡恰恰投射出他所謂中國文化治道的光譜，更是他勘破中國幾千年歷史秘密的具現。南師說：「細讀中國幾千年的歷史，會發現一個秘密。每一個朝代，在其鼎盛

的時候,在政事的治理上,都有一個共同的秘訣,簡言之,就是『內用黃老,外示儒術』。自漢、唐開始,接下來宋、元、明、清的創建時期,都是如此。內在真正實際的領導思想,是黃、老(黃帝、老子)之學,即是中國傳統文化的道家思想。而外在所標榜的,即在宣傳教育上所表示的,則是孔孟的思想,儒家的文化。」又說:「中國歷史上,每逢變亂的時候,撥亂反正,都屬道家思想之功;天下太平了,則用孔孟儒家思想。這是我們中國歷史非常重要的關鍵。」南懷瑾老師強調,身為中國人,這個歷史關鍵是應該知道的。

南師經常說,他的一生是「應劫」而來,「五四新文化運動」,文化斷層了,「我不能不來」。這正是百年來中國歷史的寫照,而他深刻體悟這些歷史關鍵,走過包括新舊文化斷層、軍閥割據、全面抗戰、國共內戰、兩岸對峙、白色恐怖、改革開放等歷史現場,以他特殊法緣的經歷,獨具「歷史之眼」的觀照,澄清了他親歷的民國史真相,見證了時代的靈光。多年來,不論是講課或講演,他都指出一百五十年來一切問題的總根源,就是文化教育問題;而他非常崇敬的一代大儒馬一浮先生也曾概括百年來中國的問題是,「一代蒼生誤富強,時人數典必西方」。基於此一認識,南師終生堅定走培養後一代,等待下一代的教化之路。

本書主旨僅僅是從一個側面重新探索南師處在臺灣威權時期的歷史關鍵年代,他與當道和其他相關人士交往的

點點滴滴，在在體現他的道家精神和隱士蹤影。而兩蔣父子到臺灣近四十年的關鍵年代，則開創了「意外的國度」（林孝庭語），這中間先是蔣中正的「反共復國夢」破滅之後，蔣經國改走「革新保臺」路線，自認「我是臺灣人，也是中國人」；其後政權交給李登輝，李以「我不是我的我」自居，大步朝向「中華民國台灣化」（若林正丈語）之路前進，及至後李時代，政權終於轉軌來到「中華民國臺灣」時期。

　　本書以非小說形式書寫，為方便閱讀，行文不用制式的論文格式，除了必要的引述註釋，一般均以第三人稱直接敘述為主，並省略對全書主軸人物的稱謂敬詞。全書敘事行文，力求句句皆有所本，避免文意疏漏或以訛傳訛，達到紀實的初衷。至於其他可能的舛誤，文責自負。本書書寫期間，斷斷續續，脫稿無期，期間又受新冠確診影響而停筆，後來又赴上海會晤師友，徵詢書稿意見，使得寫作進度嚴重延宕。幸好同住的小兒泓琳，在工作之餘願意撥冗相助，除了幫忙校稿訂正，有時也漏夜協助打稿；加上喜好書藝金石的老同事王馨苹居士，拔刀相助，快手打印手稿，趕超進度，這些都令筆者備感溫馨。必須一提的是，這幾年寫作期間，日常作息往往顛倒脫序，幸賴賢內助鼎力扶持，毫無怨言，且為書稿第一位讀者，實為筆者的精神支柱，書稿殺青的第一功臣，更應立此銘記。

2023 年 11 月 26 日

說史敘事 10

重尋南懷瑾的隱士之路
Rediscovering Master Nan Huaijin's
Hermit Legacy

作　　者　吳瓊垶
總 編 輯　陳新林、呂芳上
執行編輯　林弘毅
封面設計　溫心忻
排　　版　溫心忻

出　　版　開源書局出版有限公司

香港金鐘夏愨道 18 號海富中心
1 座 26 樓 06 室
TEL：+852-35860995

民國歷史文化學社 有限公司

10646 臺北市大安區羅斯福路三段
37 號 7 樓之 1
TEL：+886-2-2369-6912
FAX：+886-2-2369-6990

初版一刷　2023 年 12 月 31 日
定　　價　新臺幣 450 元
　　　　　港　幣 116 元
　　　　　美　元 17 元
I S B N　978-626-7370-47-6
印　　刷　長達印刷有限公司
　　　　　臺北市西園路二段 50 巷 4 弄 21 號
　　　　　TEL：+886-2-2304-0488

http://www.rchcs.com.tw

國家圖書館出版品預行編目 (CIP) 資料
重尋南懷瑾的隱士之路 = Rediscovering Nan
Huaijin's hermit legacy/ 吳瓊垶著 . -- 初版 . --
臺北市 : 民國歷史文化學社有限公司 , 2023.12

　　面；　公分 . -- (說史敘事 ; 10)

ISBN 978-626-7370-47-6　（平裝）

1.CST: 南懷瑾　2.CST: 傳記

783.3886　　　　　　　　　　112021985